Emilia Roig

Why We Matter

Das Ende der Unterdrückung

終結壓迫

從日常生活到特定場域，覺察你我無意識的內化歧視

作

艾蜜莉亞・羅伊格

譯

陳冠宇

獻給莉娜

「不要灰心，我們是為那些時刻而生的。」

——克萊麗莎・平蔻拉・埃思戴絲
（Clasrissa Pinkola Estes）[1]

Contents

一、序言——妮娜

　　一個涼爽的秋日，我裹著床單坐在辦公桌前，一隻又肥又亮的藍色蒼蠅在我身邊飛來飛去，時不時地停在我的螢幕上。我對它感到惱火和些微反感，但我認為它可能是今年我公寓裡的最後一隻蒼蠅，而且在這種溫度下，它短暫的飛行生活很快就會結束，因此我決定接納它。一天過去，它不再打擾我了。兩天後，它得到了一個名字：妮娜，如同一隻小寵物。第三天，妮娜消失了一會兒，我有點擔心，它死了嗎？總之它陪著我一起，活了將近三個星期。從我決定接受它的那一刻起，我的意識就發生了翻天覆地的變化：一隻煩人的、噁心的、微不足道的、與我生死無關的蒼蠅，變成一個我可以與之相連的生命，用新的視角看待它。我覺得它值得活著，就像我一樣有價值。在那一刻，它和我之間沒有了等級區分，沒有了動物和人類的分別、優越和低等、值得活著和毫無價值的差異，沒有了那些幾個世紀以來人們用來分門別類的二分法。一切都是角度問題，意識的集體轉變是有可能的，可以朝向更多的連結、更多的團結、更多的同理心和最終朝向更多的愛。

二、讓壓迫被看見

「選擇書寫就是拒絕沉默。」
——奇瑪曼達·恩格茲·阿迪契
（Chimamanda Ngozi Adichie）[1]

　　不被看見、不被聽到是件難以忍受的事，因為它挑戰我們的人性。那些既沒被看見又沒被聽見、不被相信的人會遭受多種形式的暴力，其中甚至包括謀殺。幾個世紀以來，他們是壓迫下的受害者，這種壓迫使地球上的大多數人失去了人性，使他們成為隱形人、無聲者和犧牲品。簡單來說，這種壓迫是透過以下方式發生的：首先，透過建構及主張「自然」差異；其次，透過將這些差異分門別類至一個定義生命價值、賦予權利，並且能夠影響同理心程度的等級制度中；第三，透過一套強而有力的敘述，主張我們在這套等級制度中都值得擁有一席之地。位於等級制度的越低階，能被看見、聽見及被授予的同理心就越少。壓迫的終結——這聽起來或許帶有烏托邦色彩，但無非就是意識的轉變，讓我們**所有人**而非只有少數人能被看見、被聽見以及被重視。

　　壓迫制度乃是基於社會類別，這些類別按照嚴格但通常無形的等級制度將人類劃分為不同的群體。幾乎所有類別皆是在現代被視作生物範疇而被建構出來的，本質如此且不可改變。例如，曾經被當作共識且現今仍舊存在的說法有：男

人和女人*天生如此，兩者之間的差異都是基因決定的；黑人**所表現出的各種特徵表現都是基於他們體內的基因；跟非障礙者相比，障礙者**不健康**且**能力較差**。然而，這些看似生物學的、自然的特徵實際在很大程度上經過設計，它們是被定義、被組織且被討論出來的，並為我們社會中許多不平等的現象提供辯護。

從孩提時代起，我便開始思考貧窮和社會不平等的問題。我的童年很幸運，直至十四歲父母分開前，我們都住在巴黎郊區一座附帶花園的房子裡，我還學會拉大提琴和滑雪。我母親在馬丁尼克島（Martinique）的童年跟我截然不同。從小，她和她的兄弟姐妹就飽受食物匱乏和軟骨病、發育遲緩等疾病的折磨。抵達法國後，全家人還經歷了許多的種族歧視，無論是來自同學還是老師，無論是在街上、看醫生時或是在商店裡。與此相比，發生在我身上的種族歧視簡直不值一提。當我聽到母親的故事時，我深深感到愧疚。究竟基於何種原因，那個年齡的我和她過著完全不同的生活？為什麼我比她幸運？這些問題一直伴隨著我直到今日。我想

---

* 本書不將女性和男性視為生物學上的客觀分類，而是將其視為社會、歷史和政治的建構。我承認有無限多種的性別認同和表達方式，其中包括那些處在二元性別秩序之外、反對它或超越它的所有人。我所指的「女性」和「男性」既與社會化有關，也涉及自我認同，而不僅與生物性別有關。

**「Schwarz」（黑）是大寫，「weiß」（白）是小寫。「Schwarz」並不是描述皮膚顏色的中性形容詞，而是一種被建構為劣勢的歷史、政治和社會身分，是一種與白人標準不同的類別。就像「Schwarz」一樣，「weiß」也不是中性特徵，它是一種被建構為優越的標準。這種寫法的目的是為了解構、展現和質疑這種階級結構。

知道爲什麼我們之中的有些人能擁有的比其他人更多。我很清楚這個問題不會只有一個答案，社會不平等可以透過許多因素來解釋。那些個體因素我們都清楚：動機、意志、技能、智力、性格。但這樣的解釋無法說服我，因此我決定尋找拼圖缺失的部分。

通過我的父母、他們的父母以及他們完全不同的人生道路和經歷，我很早就清楚，生活之所以看起來完全不同，全是取決於我們觀察它的角度，譬如是通過一名黑人護士或是一名白人醫生的角度。我很早就了解到，除了我們複雜的個性之外，我們是怎樣的人很大程度上由外部歸因決定。例如，我注意到膚色較淺的人通常更受人敬重，這現象在我與膚色比我深的親戚朋友之間同樣適用。我還注意到，由於父親的性別、膚色和社會地位，我父親比母親更受重視和尊重。我了解到人的價值是由許多隨機因素決定的：膚色、出身、性別、外貌、財富、教育程度。

時代變了，我們已經準備好看見我們之前不想看到的東西，但不公正有時是無孔不入的。有太多的壓迫在發生，我們該如何同時對抗它們？解決社會不公難道不應該循序漸進、依照優先順序解決嗎？首先是氣候變化，然後是對女性的暴力，接著是種族主義，再來再處理排擠身心障礙者的問題？*到目前爲止，這種方法並不是特別成功。爲什麼？因爲所有形式的歧視和不平等都是相輔相成的。這意味著除了性別歧視之外，種族主義、對同性戀、變性人和身心障礙者

---

* 這是一個任意的順序，但也反映出了社會的階級結構。

的歧視也必須平等地相互對抗。這種方法有一個名字：交織性（Intersektionalität）。基本上它的意思是：在歧視中打擊歧視，讓不平等中的不平等被看見，賦予少數群體中的少數群體權力。換句話說就是**不讓任何人掉隊**。

結構性不平等持續增加，全球的少數民族、原住民的權利和生存遭受迫害、全球經濟形勢不穩定、全球溫度上升，更重要的是我們必須對抗全球性的傳染疾病，可說是天下大亂。然而，混亂往往先於一個典範的轉變，一個重大的全球轉變，甚至可能是一個好的改變，即使這在當前情況下似乎違反了直覺。與史迪芬・平克（Steven Arthur Pinker）在其著作《人性中的善良天使：為什麼暴力減少了》（*The Better Angels of Our Nature: Why Violence Has Declined*）中所闡述的不同，我雖不願將歷史性的現在評價為積極的，但我將這場介於想要擺脫壓迫的人（譬如「黑人的命也是命」運動〔Black-Lives-Matter-Bewegung〕）與那些害怕解放的人之間的對抗解讀為變革的標誌。那些在世界各地反對社會進步的反動運動是被恐懼驅動的一種抵抗表現。若以這種角度詮釋，德國另類選擇黨（AfD）、匈牙利青民盟（Fidesz）、馬琳・勒龐（Marine Le Pen）、艾爾多安（Recep Tayyip Erdoğan）、波索納洛（Jair Bolsonaro）、杜特蒂（Rodrigo Duterte）以及川普（Donald Trump）便是世界即將朝著更加公正、平等與和平的方向轉變的跡象，而有些人正在與之對抗。我們可能無法目睹這種變化的整個過程，但我們可以充分利用這股當前混亂的變革潛力，而且是有建設性地使用它。

時代不停在變。西元一九五○年的世界與今天截然不同，今天與西元二○八○年的世界也不會一樣。常態性的界限不斷被重新討論和重新定義。然而，壓迫的基礎至今沒有改變，權力只是被轉移。三十年前，或許很難想像在柏林看到一張海報，上面有一對同性戀情侶熱情地親吻（我說的不是柏林圍牆上的兄弟之吻）；如今，這樣的畫面已成為常態的一部分。兩百年前，奴隸制度在世界大部分地方都是普遍的，而現今則不然。混血兒（例如孩子父母是一位白人和一位黑人）在現代早已不再是新鮮事，他們的父母可以結婚並住在一起；在上個世紀，這在包括德國在內的許多國家都不是理所當然的事情。同性伴侶也可以在越來越多的國家結婚，這在二十年前是完全不可能的。

　　這些變化並不是隨著時間的推移而輕易發生的自然發展，它們是長期社會抗爭的結果。在歷史的發展過程中，社會變革常被視為有權之人及機構所做的一連串決定下而產生的結果：「舍爾薛（Victor Schoelcher）廢除了法屬安地列斯群島（Antillen）的奴隸制度」、「二○一七年十月一日，聯邦眾議院通過了同性婚姻法」、「婦女在一九一九年獲得了投票權」、「二○○六年，聯合國《身心障礙者權利公約》授予身心障礙者接受平等教育的權利」、「自二○一九年起，跨性別不再被世界衛生組織歸類為精神障礙」。這些進步和收穫背後的運動經常被隱藏起來，其中的對抗與鎮壓很少被提起。我們幾乎不記得一九六九年在美國發生的石牆暴動以及警察對LGBTQI+抗議者使用的公然暴力，瑪莎・強森（Marsha P. Johnson）和希維亞・里維拉（Sylvia Rivera）

的名字鮮為人知，這兩位跨性別女性在這些騷亂中扮演了重要角色。現在男同性戀者和女同性戀者可以結婚，至少有部分要歸功於他們，而不是聯邦眾議院。

茱蒂絲‧霍伊曼（Judith Heumann）、基蒂‧科恩（Kitty Cone）和瑪麗‧珍‧歐文（Mary Jane Owen）在身心障礙者權利運動中發揮了重要作用，但誰又知道他們的名字呢？在所謂的「504抗議」（504-Proteste）期間，來自美國各地的身心障礙者和他們的支持者盟友進行靜坐和絕食抗議，以促使政府合法承認他們的權利，並停止在學校、職場、政治、文化、婚姻和家庭、醫療保健和其他社會領域中對他們的排擠。這些行動的影響遠超出了美國。在德國和法國，艾德‧格雷夫（Ed Greve）、蘿拉‧葛哈（Laura Gehlhaar）、妮妮雅‧格蘭德（Ninia LaGrande）、勞‧克勞豪森（Raul Krauthausen）、艾莉莎‧羅哈斯（Elisa Rojas）、瑪莉娜‧拉摩斯（Marina Ramos）和伊蓮娜‧查莫羅（Elena Chamorro）等身心障礙人權活動家的工作扮演了至關重要的角色。電梯、鐵路坡道和融合教育並不是突然神奇地出現，在這背後有一群人不得不為之奮鬥。人們經常有身心障礙者應該感謝他們被賦予權利的印象。身心障礙人權活動家霍伊曼說得對：「我不想為設立無障礙廁所感到感恩。我若必須為此感謝，我們什麼時候才能終於被平等對待？」[2]

而那些具有魅力的解放運動領袖所說的言論也經常被淡化，以至於那些他們與之反抗的殘酷壓迫能不被人們想起。例如馬丁‧路德‧金恩（Martin Luther King）的佈告大多被簡化為愛與和平，有時甚至被用來詆毀當今的反種族主義

運動，譬如「黑人的命也是命」運動，這類抗爭運動被批評過於激進。同樣地，曼德拉（Nelson Mandela）的名言也無法倖免於相同的命運。人們忘記了，這兩個人當時都被國家憎恨，以至於被判處多年監禁和遭到謀殺；人們忘記了，他們不是簡單地為愛與和平挺身而出，而是起身對抗白人至上主義對黑人的殘酷壓迫。甘地（Mohandas Gandhi）、曼德拉、羅莎·帕克斯（Rosa Parks）和馬丁·路德·金恩等人因他們為正義而戰的方式而被世人所銘記：非暴力抗爭。儘管他們當時發起的**和平**抗爭在今日被世人大肆表揚，可在當時，這可是一場場對抗可怕國家、種族主義暴力的抗爭運動。

在種族主義、性別歧視、對身心障礙者、歧視同性戀者和跨性別人士以及其他形式的壓迫現象的背後，是一套我們都根植於其中，並強烈影響我們對現實看法的機制和模式。這些概念都帶有負面涵義，而且大多會引發不適和抵制。透過這本書，我想將這種不安轉化為變革的力量。然而，在這種轉變發生之前，我們首先必須了解究竟是什麼影響了我們對世界的看法。生活是多元的，根據我們看待它的角度不同，現實便會呈現出不同的形式，但我們大多停留在我們看待「常態」的同一個視角。而這本書是打開我們存在多樣性之門的一份邀請函。

然而，何謂「正常」呢？有些觀點和看法被認為是中立的、客觀的和普遍的，而另一些則被認為是主觀的、單獨的和特定的。儘管所有觀點皆能並存，但有些觀點就是比其他觀點更有解釋權。在這本書中，我想解構所謂的普遍規範，

也就是那些無處不在的「常態」。這種常態如何產生？是基於哪些等級制度？爲什麼有些人的經歷和生活現實被認爲是特殊的，另一些人則是普遍的？若從一個僅有部分符合此規範的人的角度來看，現實又是什麼模樣？

如果你屬於多數人，屬於常態，屬於主流群體，你就被迫壓制他人，即使這多半是在無意識和非故意的情況下發生的。關於其他群體的負面訊息是如此內化，以至於這種微妙的優越感被認爲很正常。無論是男性在公共交通工具上張開雙腿擠進女性的私密領域、白人男子撫摸黑人女子的頭髮，或是身體健全之人爲了騰出座位而不經詢問推開輪椅的行爲，他們都沒有察覺自己不只侵犯隱私、越了界，更屬於整個壓迫體系的一部分。

假定的常態中隱藏了各種生活經歷，從而創造出一個被認爲是客觀和普遍的一維現實。這套現實充斥在媒體、教科書和主流文學中，並且很受到重視。即使這個一維現實包含不同的陰暗面，它也具有一定的同質性。它符合主流媒體、政治、文化和宗教的觀念，譬如家庭是由父親、母親及親生子女所組成，又或者所謂的「美」主要與白皮膚、苗條身材、直髮、年輕以及性別一致性＊有所關聯。

我們很少意識到常態，因爲對於我們大多數人來說，它就在那裡，如同水之於魚一樣。它是潛移默化的，所以不被質疑，因而不斷再生。例如，父權制度下對女性的壓迫同樣受到女性自身維護，女人之間無情的批判，無論是針對外表

＊ 例如典型的女性和男性服裝、女性的長髮、男性的短髮等等。

還是她們的母親角色，皆表明了我們可能同時成爲父權結構中的受害者與鞏固者。

我們對於那些看似不受社會隱性規則影響的人的嫉妒，很好地說明了這種矛盾心理：一個自我感覺良好、美麗、散發著自信和幸福的胖女人會受到懲罰。人們會告訴她，她應該要感到羞恥、不快樂和醜陋。這些人會削弱那些我們認爲不可改變且不可侵犯的規範與界限。這樣的人令人懼怕，因爲他們可能會開啟我們靈魂中已經關閉的部分。一維現實中隱藏了各種已經存在的，抑或是可能會出現的、超然於強大規範與規則的生活模式。若我們無視這些規則，自己支配自己的人生，那會怎麼樣呢？

想要質疑「客觀」現實，需要擁有自我反省的意願和抱持發現新觀點的開放態度，卽使這些會引發內疚、羞恥、憤怒、自憐和脆弱的感覺。現在手裡拿著這本書的你，對於現實的一維表現或許沒有全盤接受，或者至少準備好要質疑它。我們之中那些生活經歷（或其中一部分的生活經歷）與一維現實非常吻合的人，經常會懷疑這種對一維現實的質疑是否必要。對所有人來說，質疑現實伴隨著質疑一部分的自我和歷史。通往新的、微妙的和複雜的世界觀的這條道路並不平坦，但這是值得的，因爲它可以爲所有人開啟一個從壓迫性社會階級制度中解放出來的過程。對社會階級較高的人是如此，對社會階級較低的人也是如此，我們每個人都能從中受益。一方面，因爲壓迫抑制了我們人性的整個部分；另一方面，因爲我們的自我價值觀念取決於他人的壓迫。社會階級制度使我們仰賴他人的優劣來覺得自己有價值或一文不

值。如果我們集體擺脫這種情況，每個人都認識到自己的價值，而不必依賴與他人的比較，那會怎麼樣呢？

　　那些受到常態性牽制的壓迫的過程、規則和原則，如何才能被看見？我們之中有些人不斷碰到的、至今看不見的界限，如何才能瓦解且變得透明？政治覺醒是一個長期過程，其中也包含了許多憤怒的情緒。我們越享有特權，就越難以承認和接受特權與不平等。許多沒有特權的人也覺得這很困難，因為這顛覆了他們對世界的看法。由此產生的不適有時難以忍受。精神分析學家、政治家和理論家弗朗茲・法農（Frantz Fanon）在《黑皮膚，白面具》（*Black Skin, White Masks*）一書中寫道，當一個非常強大的核心思想遭到牴觸時，就會引發認知失調的不舒服感覺。倘若在眼前的證據與這種信念相互矛盾，這些證據便令人難以接受，因為保護核心信念是如此重要，所以任何不符合核心信念的事物都會被合理化、忽視甚至否定。

　　我的家庭背景、我的生活經歷和我的工作使我對資本主義、父權制度、以白人至上為基礎的嚴密體系進行解構，這讓我得以闡明另一套反映我生存與觀點的論述，給了我重新思考現有框架與創造全新框架的能力，以及最後，加入一個由活動家、思想家、藝術家和追隨者組成的全球社區，致力於建設一個沒有系統性壓迫的世界。在攻讀博士學位期間，我進入了一個社群，它就像沙漠中的一片綠洲，在那裡我可以暫時擺脫對錯誤感覺的持續抵制。這是罕見能讓我感到歸屬感的地方之一，一個團結和默契的地方。在這個過程中，我意識到自己的許多個人經歷都是一個更大的集體現象

的一部分。當我發現諸如「微侵害」（Mikroaggression）、「內化種族主義」（internalisierter Rassismus）、「強制異性戀」（Zwangsheterosexualität）以及「男性說教」（Mansplaining）等術語時，我心裡輕鬆了不少，因為我終於找到詞語來描述和命名我的經歷。更重要的是，我知道自己並不孤單。沒有這些詞彙，體驗就沒有真實性，因為無法命名的東西是不存在的。庫布拉・古慕塞（Kübra Gümüsay）在其著作《我說，所以我存在》（*Sprache und Sein*）中描述了語言空虛的影響力：「這種語言學缺口留下的無力感很是顯著：受害者無法以言語表達問題，加害者不覺得做錯事。於是不公義無法化成語言，沒有足夠多的人察覺這個不公義，大家依然無言且無能，結果就是他們遭遇的事實持續被他人無視。」[3]這就是 #MeToo 運動如此強大的原因。數以百萬計的女性以及超越二元性別秩序的人走出隱形狀態，看到自身經歷的集體，知道自己不再孤單。

近年來，我試圖了解生活各個領域的壓迫如何發生，以及被我們經歷所嵌入的社會系統是如何運作。在了解的過程中，我接觸到了在傳統以歐洲為中心的大學框架內不容易獲得的寶貴文章、書籍、文獻和電影，例如奧德雷・洛德（Audre Lorde）、貝爾・胡克斯（bell hooks）、蓋雅翠・史碧華克（Gayatri Chakravorty Spivak）、安吉拉・戴維斯（Angela Davis）、弗朗茲・法農、艾梅・塞澤爾（Aimé Césaire）、迪佩許・查克拉巴蒂（Dipesh Chakrabarty）、阿基里・穆班布（Achille Mbembe）、愛德華・薩依德（Edward Said）、金柏莉・克雷蕭（Kimberlé

Crenshaw）、錢德拉・塔爾帕德・莫漢蒂（Chandra Talpade Mohanty）、瑪雅・安吉羅（Maya Angelou）、諾瑪拉・艾爾佛雷司（Nirmala Erevelles）、梅・阿伊姆（May Ayim）、卡特琳娜・奧貢托耶（Katharina Oguntoye）、法蒂瑪・艾塔（Fatima El-Tayeb）、佩吉・皮艾舍（Peggy Piesche）、金・哈里塔沃恩（Jin Haritaworn）、格拉達・基隆巴（Grada Kilomba）、法蘭索瓦斯・維格斯（Françoise Vergès）、艾莎・多林（Elsa Dorlin）、娜希拉・蘇拉瑪（Nacira Guénif-Souilamas）、迪恩・思培（Dean Spade）等人的作品。我也認識了批判種族理論研究（kritische Rassismusforschung）、交織性理論（Intersektionalitätstheorie）、酷兒女性主義（Queer-Feminismus）、黑人女性主義（Schwarzen Feminismus）、障礙研究（Disability Studies）和後殖民理論。這些解放理論（我喜歡這樣稱呼它們）幫助我抽絲剝繭，揭開壓迫的機制，邁出克服壓迫的關鍵第一步。如果沒有這些對全球不平等現象有著不尋常觀點的大量讀物，我的政治覺醒將受到侷限，我可能無法跳脫直覺和假設。在這段引發憤怒和極度絕望的過程中，社群也是一個避風港。對於靈魂來說，沒有什麼比未處理的憤怒情緒更糟糕的了。我常常後悔走上這條路，有時甚至嫉妒不踏上這場旅途的朋友們。然而，對我來說，內心的不安感受太過強烈，從我還是個孩子的時候起，我就覺得呈現在我面前的世界不對勁。我可以在大局中看到一條裂痕，它讓其他現實得以透出光芒。

　　「我釋放了一千名奴隸。但如果他們知道自己是奴隸，我本可以釋放更多。」這句話出自哈莉特・塔布曼（Harriet

Tubman），她是著名的非裔美國逃犯，在內戰結束前一直幫助逃亡的奴隸逃離南部各州。從我們目前的角度來看，很難想像當時被奴役的人竟不覺得自己被奴役。據說蘿莎·盧森堡（Rosa Luxemburg）曾說過：「一個不動的人不會知道身上有枷鎖。」倡議者看見許多人看不見的鎖鏈，並且希望能釋放每個人。然而，許多人並不想獲釋，對這種想法充其量只是懷疑，最多只是憤怒和義憤填膺。起初我以為那些受壓迫的人都需要解放，但如今我不會再這樣做了，因為每個過程都是獨一無二的，而且非常個人化。例如，我的妹妹在巴黎一家著名醫院擔任心臟病專科醫生，她曾一度對我發起的家庭革命感到不滿。她告訴我：「如果我在不變得尖酸刻薄及憤世忌俗的情況下，必須繼續在這個世界過日子，我就不能對我們的社會抱有這種看法。」當我告訴她，她不該繼續讓她的老闆叫她「我的女孩」時，因為這帶有性別歧視與父權意識，我們發生了爭執。她發火了，說抵抗比接受要付出更多的代價，因為她與我不同，她不是激進主義者，不能將時間和精力投入到這種抗爭中。我現在可以理解了。至於我的另一個姊姊，她是一名足病醫生，日常的種族歧視和性別歧視也是她工作的一部分：「日常的性別歧視和種族歧視在我的工作中無可避免，如果我開始為此不安，我就輸了。」她們用她們的方式看待壓迫的體制，她們走自己的路，不能與我的相提並論，但同樣有效。

可以這麼說：跳出現有體制，盡可能地迴避社會規範，就像被一盞明燈刺瞎了雙眼。大多數人都受不了光，想回到舒適的黑暗中。柏拉圖在他的洞穴寓言中說得很好：大多數

俘虜都不想被釋放，那些可能從不同的角度看世界的人既不被相信也不被理解，而是被放逐和迫害。

讓我們勇敢地走出舒適的洞穴。

三、在家中

我是法國殖民主義下的產物。我母親出生在馬丁尼克島，它是加勒比地區最後和永恆的法國殖民地之一，用政治正確的話來說要稱為海外省。她的非洲血統可能與泰米爾人的印度血統混在一起，但沒有人確切知道，因為她的家族史尤以不確定、壓抑和沉默為特徵。整個家譜早已丟失了，或者只能在有限的範圍內解讀。這與奴隸制度的歷史有關：在非洲大陸被強行俘虜後，人們的出身、姓名、出生日期和血統都被抹去了。我的母親仍然沿用她祖先的奴隸主人的姓氏「格里菲提」。一九五七年，在她三歲的時候，她和三個兄弟姐妹隨祖母離開馬丁尼克島，經過長途乘船和飛機旅行，他們最終到達了馬達加斯加，他們的父親在那裡的法國軍隊服役。三年後，她乘船將現在的七口之家帶到了諾曼第海岸。後來我母親和她的家人住在法國小鎮卡昂（Caen）和利摩（Limoges）。

反之，我的父親是一位猶太母親的兒子，他母親的父母是西班牙裔和阿什肯納茲猶太人。他的父親是加泰隆尼亞黑腳（Pied-noir），也就是阿爾及利亞裔的西班牙人，但出

生在阿爾及利亞，我父親同樣出生於此。一九六二年獨立戰爭結束後，他像所有黑腳一樣，全家不得不離開阿爾及利亞。他們去了馬賽。祖父在大都市裡感到不自在，突然發現自己成為「難民」的角色，並面臨著當地居民的敵意。幾個月後，全家移居中非共和國，後來又移居象牙海岸，在那裡他們得以恢復殖民時的生活方式。一九七二年，我父親離開非洲去馬賽學習醫學。同年，他的第一個女兒，我同父異母的姊姊維克多琳，在阿比讓（Abidjan）附近的一個小村莊出生，她的母親非常年輕。在接下來的七年裡，我父親住在留尼旺島（La Réunion），後來又住在法屬圭亞那（Guyana）。在此期間，我母親在巴黎接受護士培訓，然後去了巴西，後來去了圭亞那。我父母於一九七七年在那裡相識，他們在亞馬遜流域中部的一個小鎮可可（Cacao）又住了三年，接著在巴黎附近定居。六歲時，維克多琳離開她的母親和在象牙海岸的生活，也到了巴黎。我出生於一九八三年，比我姊姊阿娜依小一歲，比我妹妹克萊蒙絲大四歲。

在家裡，在家庭中，我們學會了愛、感情、欣賞、自尊和安全感，但也學到等級制度和父權。在家裡，我們的身分由形塑和協商而來，我們所有的關係都植根於權力動態之中。然而，權力並不一定是由看似最有權勢的人所行使，任何經常與兒童和年輕人相處的人都知道，社會權力結構會潛在我們最親密的關係中，而且大部分情況下都毫無意識。例如，自詡進步和平等的夫婦往往會陷入父權模式，由女性承擔大部分家務和撫養孩子；父母與子女之間以及兄弟姐妹之間的關係絕對擺脫不了種族主義、同性歧視或性別歧視。

　　但是像我這樣擁有不止一種種族或膚色的所謂**跨種族**家庭呢？它們不正是可以克服種族主義的證據嗎？它們不就是包容、開放和社會進步的象徵嗎？不，不幸的是，這些家庭特別容易受到種族主義影響。

「我，作為黑人女性⋯⋯」──家庭中的種族主義

　　我很早就不得不了解到膚色不是一種中性特徵。我的母親是黑人，父親是白人，而我是**梅蒂斯**（métisse），這是法文中混血兒的意思。我小時候和長大的生活都離不開這個字。梅蒂斯經常與美麗、異國島嶼和女性氣質聯想在一起，雖然我現在知道這種涵義看似正面，卻同時具有種族主義和性別歧視的意味，但我相當積極地接受了這種歸因。當學校裡的孩子對我說：「你是黑人！」我會回答：「不！我是**梅蒂斯**！」對我來說，梅蒂斯比黑人好是理所當然的。確實如此：在一個四歲孩子的眼中（從整個社會的角度來看），當梅蒂斯比當黑人好，當白人又比當梅蒂斯好。如果幼兒園老師聽到一個孩子對另一個孩子喊「你是黑人」時，她會說：「不可以這樣說話，這樣不好。」她的本意良善，但透過她的陳述，她讓兩個孩子明白「黑色」是個骯髒的詞，因此黑色本身就是種負面特質。兩個孩子都看到彼此不同的膚色，老師本來可以直接說：「是的，他是黑人，你是白人。你們與眾不同，而且都很漂亮。」然而，她並沒有想到這點，因為在她（以及集體）的潛意識中，「黑色」帶有負面涵義。無論在

書籍、歌曲、電影、廣告還是玩具中，我們的集體潛意識一直不斷被灌輸劣等黑人的形象。人與人之間存在的差異不是問題，問題在於與其相關的評估。如果將上述的「黑」換成「胖」或「殘障」，我們會得到相同的結果，理應被中性看待的身分被賦予了負面評價。絕大多數人很難在說「他很胖」或「他是殘障」時，不覺得自己在以某種方式侮辱這個人。

當膚色不再重要

在跨種族家庭中，差異往往會被否認，因為不去處理差異和等級制度更方便。黑人、亞裔和混血兒的白人父母往往會忽視孩子的膚色。如果他們基於膚色而得到的現實和經歷不會被逐漸抹去的話，那的確不是件壞事。父母都想在孩子身上找到自己，尋找相似點和相同點。雖然膚色只是身分特徵之一，一如眼睛和頭髮的顏色、雀斑、身材和性格特徵，但它不是中性的，它承載著白人無法分享的特殊體驗。白人永遠不會知道，作為多數白人中的有色人種去體驗世界是什麼感覺。因此，意識到自己的孩子對世界的體驗不同，並且可能會遭受某些自己不會遭受的事情的困擾時，這可能會讓人感到痛苦和沮喪。然而，同理心並不一定需要自己擁有相同的經歷。

我在一個種族主義家庭長大。我的祖父一生都是勒龐的支持者，並且非常活躍於法國極右翼政黨「國民陣線」（Front National）。在競選期間，法國北部的每條街道上都可以看到印有他照片的海報。他甚至在我六歲時帶我去了

巴黎附近的國民陣線總部。我仍然記得有人摸著我的頭，對著我微笑，甚至可能是勒龐本人。在我的整個童年時期，我都會聽到祖父說出侮辱黑人、阿拉伯人、穆斯林的話，偶爾還會侮辱猶太人。但同時，他也是一位非常慈愛的祖父，對待我和我的姐妹們就像對待他的其他白人孫輩一樣。我的祖母自第二次世界大戰以來一直隱藏著她的猶太人身分，她的許多家庭成員都在二戰中被謀殺，她甚至讓四個兒子受洗，這樣他們就可以在需要時出示證書。在我祖父之後，她先後嫁給另外兩個同樣公開擁護種族主義和反猶太主義的男人。也許接近敵人是他們的保護機制。儘管如此，我們這些孩子也不得不聽著他們那些關於黑人和阿拉伯人的種族主義言論。祖父母都曾在我們面前貶低黑人，貶低他們的梅蒂斯孫輩和他們的黑人兒媳，他們對此並不感到難過，而我父親也從未反對過。他們是怎麼把我們和其他黑人區分開來的？為什麼我父親不為我們辯護？他們可以做到是因為他們沒有**看到**我們。他們忽略了我們的膚色，好讓自己可以接受和愛我們，而不會引起他們內心的衝突。他們是對某些少數群體帶有負面偏見，卻仍然可以與這些群體成員發展密切關係的一群人。當一位白人朋友懷上她的第一個梅蒂斯孩子時，她告訴我：「我希望她非洲人的特徵不要**太**明顯，希望她沒有毛躁的頭髮，希望她會像你一樣。」乍聽之下，這像是她要給孩子愛的一個先決條件。如果她女兒對她來說太黑了，她會怎麼對待她？當我開始回答「作為一個黑人女性……」時，另一個朋友打斷了我：「艾蜜莉亞，你對我來說不是黑人。我不認為你是黑人。」當時我思考著，她真的把我看成白人

嗎？她會對棕色眼睛的朋友說「你的眼睛對我來說不是棕色的」嗎？這與我是梅蒂斯的事實有什麼關聯？但是我的黑人母親也經常從她的白人朋友或熟人那裡聽到這句話。此外，這位女性友人來自美國，一個我顯然會被當成黑人的一個國家。她的聲明呈現出很多人的認知失調：「黑色是負面的，我喜歡這個人，所以這個人不是黑人。」

正如同德國另類選擇黨的首席候選人愛麗絲‧魏德爾（Alice Weidel）可以跟一個來自斯里蘭卡的女子結婚一樣，我的祖父可以既是種族主義者又可以愛他的黑人孫子。當我在一部由德法公共電視（Arte）製作的關於正義的紀錄片中採訪我的祖父時，再次驗證了這種狀況。祖父見到我很高興，擁抱了我，親吻了我。在檢查完攝影機和聲音後，我問了我的第一個問題：「爺爺，您認為我們社會面臨的最大問題是什麼？」在他回答後，我驚訝地目瞪口呆了幾秒鐘：「種族通婚是我們這個時代最大的問題。」儘管我很驚訝，但我知道他沒有意識到情況的荒謬。他顯然沒有想到這樣一句話竟然會深深地傷害到我。我的姐妹也經歷了類似的情況：我們的祖母告訴她，我們的父親應該停止與黑人及異國女性在一起，因為她們貪婪而且善於欺騙，而她沒有「意識」到，她的孫女就是她口中這樣的女人。在這兩次互動中，我們的祖父母都刻意忽略了我們的膚色，我們身分的一部分。這是缺乏同理心的表現，也是權力不平等的表現。我們的感受和脆弱不如我祖父母表達意見的自由重要。

我父親沒有譴責這種言論是種族主義的行為，進而加強了這種權力的行使。相反地，祖父母都被描述和保護為

「一點也不種族主義」和「有愛心」的人。在接受紀錄片採訪時，我父親就坐在後面，他可以聽到一切。在持續數小時的拍攝結束時，我感到筋疲力竭，同時也爲無法再否認祖父的種族主義而鬆了一口氣：這一切都不是我做夢，他眞的在鏡頭前說了這些話。在回程路上，父親表現出的態度是在責備我，並堅稱祖父不是種族主義者。他讓我不得不向他解釋這部紀錄片的正當性，我需要從他那裡得到的是同理心，以及從不爲我們辯護的一個道歉。

舉證責任總是落在那些經歷過種族主義的人身上，白人享有不可動搖的無罪推定。除非某個行爲能被證明是種族主義，否則它肯定不是。在這個過程中，再明顯的證據也不夠充分。那些說他們看不到膚色的人也同樣看不到種族主義，他們一直在問要怎麼知道這些言論眞的是種族主義。他們不明白，種族主義言論不是關乎它的意思，而是關於它如何被接收。因此，黑人和有色人種經常會懷疑店裡態度不好的人是否只是心情不好，假設他們的攻擊性與自己的膚色、頭巾或口音無關。必須反覆問自己這樣的問題是個巨大的心理負擔，你必須不斷設身處地爲他人著想，並且越來越懷疑自己的直覺。順便說一句，同樣的事情也會發生在一個男人對女人咄咄逼人並將其置於不安全的處境時，女人會想，或許這只是男人對自己的體貼和關心的表現。

人類差異是如何變成「種族」的

但是人類「種族」眞的存在嗎？正如今天幾乎每個人都

同意的那樣，這不是生物學意義上的。相反地，「種族」一詞是一種歷史、社會和政治概念。儘管人與人之間存在表型差異，例如不同的膚色、頭髮質地、鼻子和眼睛的形狀，但假定的種族是由任意標準和特徵定義而來，譬如根據眼睛顏色、身高或腳長來定義，這完全是有可能的。許多科學研究表明，比起兩種不同的種族，假定的單一種族之間存在更大的遺傳差異，例如來自俄羅斯與巴西的白人之間的差異會比同樣來自加拿大的白人與黑人之間的遺傳差異要大。二〇〇三年，美國科學家完成了人類基因組計畫，這使得利用遺傳學研究人類血統變得更加容易。對人類遺傳學的熱情吸引了大眾的目光：線上企業提供種族起源基因分析的譜系檢測試劑盒，美國更出現了以名人親子鑑定為主題的真人秀節目。

二〇一八年，我參與了一個名為「我們的德國」（WE:DEUTSCHLAND）的計畫，該計畫主要透過肖像、個人故事和DNA分析來介紹德國多元人口的一小部分。我當時必須使用郵寄給我的拭子做口腔基因採集，然後寄回去。幾週後結果出爐，檢測結果與我的實際出身完全不符！我先前就對這個計畫抱持懷疑態度，因為我非常清楚種族作為生物類別是不存在的。與熱情的大眾不同，科學家們對親子鑑定也相對持懷疑態度，因為種族之間的界限比DNA檢測公司讓我們相信的要模糊得多。

儘管種族並不存在，但光是「相信種族存在」的想法就對人類歷史產生了巨大影響，種族觀念甚至在個人層面仍然發揮著作用。雖然「黑人」這個類別沒有生物學基礎，但一個人被視為黑人的經歷中，在很大程度上還是受到其身分認

同的影響。也因此，聲稱「種族」一詞已成爲過去，並且應該從法律文本中刪除、從日常使用中消失的這種說法，其實只是適得其反。這種要求表明，種族在德國及歐洲繼續被理解爲一種生物學範疇，而非一種社會政治結構。正如法國理論家柯萊特・吉勞明（Colette Guillaumin）所說的：「種族不存在，但它會害死人。」[2]

對絕大多數的德國人來說，種族主義是他們不想認同的東西，卽使是那些明確有種族主義觀點的人也不想要，譬如一些德國另類選擇黨的政客和他們的選民。因爲德國基於納粹政權的過往歷史，與「種族主義」和殘忍的種族滅絕有著千絲萬縷的連結。這就是爲什麼媒體在討論納粹時期發生的事情與現今觀察到的歧視時，會在兩者之間劃清界線，現在的歧視不一定那麼殘酷，而是更細微和具有結構性。出於這個原因，媒體直到最近都更喜歡採用負面涵義較少的詞語，例如「仇外情緒」或「仇敵心理」等字眼。「種族」和「種族主義」這兩個字詞的不適感，深刻影響了國內關於壓迫的討論。在德國，我們迴避談論種族主義，因爲比起接受種族主義是二戰遺留下的產物、種族主義在二戰前就已存在，並且至今以其他的表現方式繼續發揮作用，想與過去保持距離的這種集體需求更加強烈。

拉蒙・格羅佛格（Ramón Grosfoguel）根據法農的理論，將種族主義描述爲沿著「人性線」（Linie der Menschlichkeit）的全球優劣等級，這是過去五百年來，白人至上主義、資本主義制度、歐洲殖民主義和父權制度在政治、經濟和文化上產生和維持的一種體制。在這條人性線

以上的人，處於法農所說的存在區域（Zone des Seins），
他們的人性在社會、法律和政治上得到承認和保護；人性線
之下的人則生活在非存在區（Zone des Nicht-Sein），被
認為是次等人類。存在和非存在的區域是變動的，可以在世
界任何地方找到，它們無法被歸類到特定的地理或政治制度
中。例如，在柏林既有存在區也有非存在區，它們有時會重
疊，並且沒有明確的劃分。在家中無法進入勞動力市場並遭
受右翼暴力的難民處於非存在區，而在同個地方的人擁有德
國公民身分、高薪工作、安全的家和法律保護。來自不同背
景的女性在所謂的**全球照顧鏈**（Global Care Chain）中相
遇就是一個典型的例子，兩個區域在一個家庭中靠得很近。

我認為法農的闡述特別有助於理解種族主義的系統維
度，並將種族主義理解為等級制度。根據法農的說法[3]，人
性線的優劣可以根據不同特徵來構建。這種種族化是藉由將
某些群體歸因於他們低人一等，將他們解釋為「不同的」。
例如，英國可以在宗教特徵而非膚色上構建對愛爾蘭的優越
感，認為愛爾蘭人因其天主教而「不同」，進而將他們視作
次等種族。很長一段時間，愛爾蘭人因此被剝奪了白葡萄酒
產業中的強勢地位。在德國，穆斯林人被看作「不同」和低
人一等，不僅是因為他們的宗教信仰，還因為他們的種族出
身、階級歸屬和移民背景。例如，在德國的學校和教育系統
中可以看到這種等級制度，「多語制」只有在德語之外包含
另一種歐洲語言才會被重視，如法語、英語或義大利語。相
反地，除了德語之外會說土耳其語、阿拉伯語、烏爾都語、
羅馬語、阿坎語或印度語的兒童，他們的多語能力反而被視

為掌握完美德語的障礙。這種情況正在慢慢改變，但這已經深遠影響了德國學校體制近幾十年。「移民」和「難民」這兩個類別被歐洲邊境制度視為低等，也因而被種族化了。所謂的歐洲一體化政策是建立在歐洲基督教文化優於**其他**文化的基礎上，這讓人想起殖民同化政策。根據所謂整合的說法，屬於被視為低等文化的人，即使沒有明確表明，也必須適應優越文化、學習其語言並適應其習俗。

「從今天起，我只說克里奧爾語。」

我的母親經常要忍受來自兩邊姻親的種族歧視，卻總是保持沉默，沒有為自己或我們辯護。這種行為是如何產生的？ 在馬丁尼克島，就像在許多法國（前）殖民地一樣，政治、經濟和文化權力按種族劃分，因此社會流動性與膚色密切相關。膚色越淺，社會地位越高。這種現象有一個名字：膚色主義（Colorism），意即將不同黑色膚色的等級化。膚色主義源於奴隸制度，被用作分而治之的策略，膚色較淺的黑人會分得較輕鬆的工作。這看似簡單，但後奴隸社會的社會關係仍然符合這個邏輯，如果你想向上移動，你必須讓自己盡可能地「白」。那些不是白人的人無可避免地會產生自卑感和內化的自我厭惡。馬丁尼克島本地人法農在他引人入勝的著作《黑皮膚，白面具》中描述了這種現象。我的祖父母將他們的自卑感傳給了他們的孩子，他們又將其傳給了自己的孩子。種族主義代代相傳，直到其強大的邏輯被揭露，它留下的創傷才得到承認和治療。

　　二〇一四年拜訪馬丁尼克島期間，發生了一件讓我深受感動的事。我的祖母強硬地對我的祖父說道：「從今天起，我在家裡只說克里奧爾語！我一生都不被允許說克里奧爾語，現在我八十歲了！這是我的語言，無論我多麼努力，我永遠都不會變白。你可以繼續努力變白，但對於白人，你永遠是黑人＊。」我從隔壁房間聽到了這段對話，暗自高興。當我母親還小的時候，家裡是禁止說克里奧爾語的。孩子們只被允許說法語，以消除他們黑人的痕跡，進而增加他們在社會上進步的機會。我的母語是法語，主要是因為法國的殖民歷史。我父親在阿爾及利亞長大，使用的是殖民地語言法語，只有他祖母有時會和他說阿拉伯語，而他的祖父在他鮮少的拜訪中會跟他說意第緒語。像許多其他扎根於古老法國殖民地的孩子一樣，面對消失的語言，我失去了部分的歷史和身分認同。我的母親和她的兄弟姐妹說的是沒有口音的法語，這為他們開闢了道路，而這所謂的道路對他們的堂兄弟來說是封閉的，因為他們說話帶有濃重的克里奧爾口音。說著一口沒有口音的法語當然不足以保護家庭免受種族歧視之苦，他們經常在電話中被以友好和開放的方式對待，但在與同個對象面對面時卻遭到粗暴地拒絕。

　　種族主義對一個人造成的傷害可以透過徹底接受、通過自愛來治癒。為此，種族主義作為一種「去人性化」

＊ 法語中「Nègre」的涵義與德語中的「N-Wort」不同，後者在德語中具有強烈的種族歧視和貶低意味。而「Nègre」被「黑人性」（Négritude）運動視為一個賦予力量的詞語。所謂的「黑人性」是一種政治潮流，主張所有非洲人和對他們非洲血統的文化自我肯定。

（Entmenschlichung）的體制不僅必須得到承認，還必須被解構。藉由公開反對貶低克里奧爾語並承認自己的黑人身分，我的祖母邁出了解放的一步，並幫助治癒了整個家庭。那時，我母親無法對丈夫和公婆的種族歧視作出辯護，因為她下意識覺得自己低人一等。自從與我父親分開後，她走了很長一段路。若是現在，她不會再容忍公婆的種族主義攻擊。那時候，對我們這些孩子來說，儘管出於非常不同的原因，我的父親和母親都接受了種族主義，但這似乎是對黑人自卑的含蓄肯定，因此是對我們重要部分的詆毀。若是否定差異和抹去膚色，就等同否認身分認同裡的一個重要組成，並會在往後的生活中留下痕跡。我們之中的一些人將無法面對創傷，並且會繼續隱藏自己的膚色，而有些人會主動嘗試找回、尊重和慶祝他們身分中丟失的部分。

「啊！多可愛啊……」—— 戀膚色癖

跨種族家庭中經常發生迷戀混血兒、黑人和亞裔兒童的現象，膚色被當作妝點自己的裝飾品。有人稱之為「積極種族主義」，但我拒絕使用這個說法，因為種族主義從來都不是積極的。跨種族家庭也包括收養來自非洲、亞洲和拉丁美洲的孩子的家庭。白人父母很少考慮種族未來在他們孩子生活中所扮演的角色，以及在白人家庭中長大將如何影響他們的發展。當種族主義令人不快時，種族主義就會消失；當膚色可以被利用時，種族主義就會被迷戀。因此，在跨種族家庭中，許多孩子冒著被異化以及被當作物品對待的危險。這

不意味著孩子不被父母所愛，但愛是複雜的，並不能擺脫潛意識的壓迫模式，其中也包括種族主義。

在**雙種族**的戀愛關係中也可以觀察到類似的現象：除了一名阿拉伯女子，我父親一生只跟黑人女性交往。在外人看來，可能會覺得我父親特別國際開放，但這種僅執著於黑人女性的現象更表明了，有些與她們內在個性無關的東西被投射到這些女性身上，而這與跟她們膚色相關的幻想和刻板印象有關。我父親在法國殖民地長大，在中非共和國和象牙海岸度過他的青春期。正如他自己所說，在那裡他不得不在兩個世界之間做出選擇，一邊是極端種族主義的法國殖民者白人社區，另一邊則是當地居民，也就是黑人。當他周旋於白人殖民者的社交生活當中時，他也開始與黑人年輕女性祕密約會。跨種族關係在當時的圈子裡並不受歡迎，所以他並沒有選擇全心全意經營當地的社交生活，純粹只是為了女人。後來他離開非洲大陸時，便一直保持著這種交友模式。有一天，當我試圖和他談論種族主義時，他對我說：「看到了嗎？這就是我想要梅蒂斯孩子的原因。戰勝種族主義，為未來的社會做貢獻。」父親用這樣一句話說明了很多與我和母親的關係。母親在他眼中是可以取代的，只要膚色是黑色就好；而母親也被禁錮在這樣的模式中，對她來說，生下梅蒂斯孩子也是向上提升的一種手段，好讓自己遠離自身的黑人身分。

混血兒被很多人認為特別可愛漂亮。Instagram 上有無數標記 #混血兒（#biracialkids）的帳號，可以在那找到混血可愛嬰兒和兒童的照片。在這些帳號中最受歡迎的是擁有

淺色眼睛和金色捲髮的孩子，我還記得自己小時候在馬丁尼克島和法國都因此被人迷戀過。

我的一位在白人收養家庭長大的黑人朋友告訴我，她經常被告知跨種族收養是對抗種族主義的最佳方式。然而，白人父母卻很少有能力保護他們的孩子不受種族歧視。大多數時候，他們不得不獨自面對這些戰鬥。我的這位女性朋友也必須獨自經歷這個過程。而我和我的姐妹們是在父系家庭中經歷這些，我們的白人父母再愛我們，也無法輕易幫助我們對抗這些他們自己從未經歷過的歧視形式。所有家庭都可以與種族主義作抗爭，跨種族家庭也並非注定要失敗，事實上恰恰相反：他們可以讓自己擺脫種族主義模式，前提是身處其中的成員願意採取令人不適但有效的方式來面對他們自己的種族主義模式。這需要努力、謙遜和重要的認知，也就是明白打擊種族主義主要與白人的感受和需求無關。

因為我小時候主要在白人圈子裡活動，所以我對白人有一種本能的理解，我培養了通過白人眼睛看世界的能力。當然，這並不意味著所有白人都一樣，但他們確實有個共同點：他們都有屬於無形規範的特權。無論你是窮人、富人、年輕人、老年人、男性、女性、非二元性別、跨性別者、異性戀者、同性戀者、女同性戀者、男同性戀者、雙性戀者、身心障礙者，只要你不想，你就不用處理種族主義的問題。儘管種族主義對他們的生活確實有影響，但影響通常是無形的，而且大多是正面的：他們並沒有因為膚色而處於不利地位，反而更受歡迎。經由這種對白人的本能理解，我也對白人產生了深深的同理心。我知道種族主義問題經常讓白人處

於防禦立場，因為他們覺得被冒犯了。當我真正面對家裡的種族歧視時，我花了很長時間才意識到，對家庭的愛並不一定意味著保持沉默，而是我也有權利憤怒，我的感受和需求同樣很重要。

正如這小節的內容所示，聲稱雙種族夫婦和跨種族家庭中沒有種族主義是個天真的想法。按照這個邏輯，所有的異性戀夫婦都不會受到性別歧視。

父權之巢

我母親除了全職的護士工作外，還要承擔所有的家務。她負責買菜、做飯、幫家人洗衣服、打掃衛生、為我們買衣服、檢查我們的作業、裝飾房子、送我們上學、協調家庭慶祝活動和生日，以及家庭生活的所有方方面面，例如課外活動和假期。若有興致，父親偶爾會參與其中。他有時會在週末去市場，平靜地做他最喜歡的菜。作為父親，他幾乎從不缺席，與我們一起做了很多事情，陪我們經歷了至今仍影響著我的事情。在一九八○和九○年代，這樣的分工在很多家庭中理所當然，我的母親也不例外。在法國，許多日托中心和小學的孩子接送時間仍被稱為「媽媽時間」（Die Stunde der Mamas）。這種夫妻分工在德國也很普遍，尤其是在前西德。我父親和他那一代人以及後代的許多人一樣，並不認為照顧和家務勞動的工作是自己的事。每當他注意到母親被所有工作壓得喘不過氣時，他通常會對我們喊道：「去幫

你媽！」卻絲毫沒有意識到自己也可以幫上忙。

父權制度之所以如此強大，是因為父權制壓迫和男性統治的許多方面都在親密領域運作，並被情感掩蓋著。愛、情感聯繫和依賴的感覺與權力動態混合在一起，使它們變得無形。事實上，我認為絕大多數每天在父權關係中受到壓迫的女性都沒有意識到這一點。人們傾向於談論「感情問題」，而忽略了這些問題是基於社會制度的現實。父權制度的壓迫微妙而強大，不容易被識別，因為它往往是看不見的。很多人常常落入所謂「個人化」的陷阱，覺得是個別男性被妖魔化；然而，父權制度是關於一個體制。

究竟何為父權？

父權制度意味著女性要盡量讓自己變小，不要占據太多空間，不要說太多話，不要笑太大聲，不要顯得太聰明，不要太引人注目（美貌出眾除外）。凡事做小，這樣男人就不會受到威脅。小時候，我經常得聽父親說我嚴厲、叛逆和蠻橫。當我嫁給我孩子的爸時，父親勸告我：「不要太霸道，別跟他爭。」又因為我不符合順從文靜女孩的形象，總比姐妹們更受到管教。在任何情況下，我都不配擁有他的同情和溫柔。當我懷著第二個孩子和他一起躺在沙發上，懷孕的妊娠併發症和我另一個兩歲半的孩子讓我筋疲力盡之時，他還讓我去廚房做點事。當我的孩子去世時，他對我的狀態如此糟糕而感到有些惱火，他起初不明白我是如此難過。因為我以前總是勇於展現自己的強勢，以至於不容許自己示弱。

在父權制度的意義下，我基本上像個男孩子一樣，因為我在父親的撫養跟關注下長大。這可能就是為什麼我對那些無權在父權制度中示弱的男孩有著同理心。同時，我也很感謝我的父親，因為他給了我自我主張以及在父權社會中立足的機會。父親經常把我「當作男孩」對待的這個事實也打開了可能性，並顯示出父權制度的不公正，因為我仍然被社會化為一個女孩，並且已經將女性的自卑感內化於心裡。透過和我前夫一起生活的經驗，我已經隱約明白我必須假裝自己比實際上更「笨」，我要向他提問，問他關於世界、關於政治、關於一切的事，然後讓他向我解釋。我的這一切行為都很自然，我發覺在這段關係中形成了一種脆弱的平衡。

男性統治是一種基於男性優於女性的假設的制度。為了實現這種等級制度，女性氣質和男性氣質必須被定義為先天自然：在二元性別順序中，典型的女性和典型的男性特徵與角色被定義、被階級化以及被歸因給性別。人類被分為這兩種嚴格的類別。有人會激動地問：「現在真的還是如此嗎？」答案很簡單：只要穿裙子、穿粉紅色、留長頭髮和塗指甲油的男孩讓我們感到不舒服，只要「女孩」對男孩來說是罵人的詞彙，就意味著我們的社會還沒有脫離厭女症狀。

在異性戀規範的世界裡，性取向、性別認同和社會角色都與生物學連結在一起。直白地說：有外陰的人被期望與有陰莖的人在一起並發生性關係，然後生下親生孩子。作為女人，最重要的應當是她的外表，如果不是天生麗質，至少必須努力做到讓自己好看。她應該留長髮，穿著女性化的衣服，全身心地投入家庭以及工作中。重要的是，她不能

因爲工作而忽視家庭的需要。在所有情感中，一個有陰莖的人應該只表達憤怒（有時是快樂），他不能表現出自己的弱點；他應該性慾旺盛，並且表現出較少的情感波動，而他的價值主要體現在他爲家人提供的物質和經濟條件上。並非所有的女孩、男孩、女人和男人都遵守以上行爲，但如果他們不這樣做，就會引起注意並因此受到懲罰，包括排斥、污名化、欺凌，甚至謀殺。⁴或許在某些人耳裡，這一切聽來太誇張，但是跨性別女性被謀殺就是一種體現。另一個例子：我兒子在五歲半之前經常被誤認爲是女孩，因爲他的頭髮很長，而且經常穿粉紅色，這是他最喜歡的顏色。看到大人與小孩在發現他是男孩之前對待他的方式有多麼不同，著實令人訝異。當我們在法國的遊樂場度假時，嚴格的性別角色是常態，他和一個同齡皆爲兩歲半的女孩因爲玩洋娃娃成爲朋友，這引起了集體憤怒，孩子們和母親們紛紛找我確認他是個男孩。隨著他年紀越大，遵守男性規範的壓力就越大。

　　這回他四歲半，場景依舊是法國的遊樂場：他想和一群孩子踢球，卻以「我們只和男孩子踢球」爲由被拒之門外。另一個孩子告訴他，他很「奇怪」，因爲他看起來既不像女孩也不像男孩。幸運的是，他在柏林的日常生活中還沒有經歷過這種排斥，因爲他可以在新科隆（Neukölln）的小型日托中心享受安全感，那裡的老師們對性別問題很敏感。情況最晚會在小學開始有所改變，因爲那裡屈服於二元論的社會壓力仍然很大。他最近讓我把他的頭髮剪短，因爲他不想再被誤認爲是女孩；僅僅花了一天的時間，他就決定不再喜歡粉紅色，而是把藍色當成自己最喜歡的顏色。事實上，我兒

子對汽車、足球和挖掘機產生熱情，並且越來越忽視洋娃娃和其他被認為是女孩子的玩具時，讓我有一段時間很不安，並開始反思男女差異並非先天存在我們大腦結構中的這套論點。然而，我不得不意識到，我們在觀察孩子時會產生一種**確認偏誤**，因為當小女孩玩汽車時，這種偏好與性別無關。我們會過濾符合二元性別順序的特徵，進而確認二元論。早在孩子還在母親的肚子裡時，不同的特徵、抱負、個性和願望就根據性別投射到未出生的嬰兒身上。嬰兒的性別問題是孕婦被問到的第一個問題，這並非巧合：儘管我們經常設法忽略如性取向或社會出身等這類的身分其他特徵，卻很難忽視性別。

許多人對性別是一種建構而來的概念表示懷疑，因為男人和女人實際上就不同。男女之間存在差異，承認性別是社會和歷史建構並不妨礙這點。其中許多差異只是建構而來的，在某種意義上是表現出來的。美國理論家朱迪斯‧巴特勒（Judith Butler）使用「性別展演」（gender performativity）一詞來批評她認為過時的性別觀念。巴特勒認為，這種觀點的侷限在於它堅持將性別描述為二元特徵的普遍社會約束。她的核心論點是，身體並不是獨立於文化形式而存在的，因此對它們沒有中立的看法：即使身體看起來是自然的，它們也只是規範理想的建構。她希望男性／女性的類別被理解為言語行為重複的產物，而不是被視作自然或不可避免的，意即我們從出生開始就通過重複、模仿和社會互動來學習我們指定的性別。性別不是我們的身分，而是我們所做的事情。我們的行為、聲音和語調、步態和肢體語

言都不是天生的，而是在童年時期學習而來。女孩被教導不要占用太多位置，不要說話太大聲和說太多話，並保持雙腿併攏。男孩可以占據更多的空間，說話的聲音更大，相對而言也說得更多。他們被允許憤怒，有時甚至被鼓勵憤怒。然而，他們絕不能表現出任何弱點，男孩（六至七歲及以上）的眼淚至今仍然讓大多數人感到不舒服。

　　由上個世紀女權運動在西方世界發起的性別規範的彈性（Flexibilisierung），迄今為止主要朝著一個方向發展：女性逐漸被允許透過服飾、行為和超越家庭範圍的社會角色來表達她們男性化的一面。然而，克服父權也意味著將男性從嚴格的父權社會期望中解放出來。為什麼女權運動最終不能讓男性全面通過行為、外表和社會角色部分地表達和活出他們女性的一面？到頭來，為了育兒而短暫中斷事業的男人還是例外，更別說敢穿裙子去上課的男孩了。這種差異要如何解釋？為什麼我們仍然排斥男性「女性化」的一面？這種可能演化成蔑視的不適感可以用女性氣質在社會中的重要性較低來解釋。因為只有不斷地、微妙地貶低女性氣質，父權才得以生存。父權制度的力量來自於女性氣質的貶值，因此，社會對女性以及女性氣質的普遍欣賞，將意味著男性權力的喪失。同性戀恐懼症和跨性別恐懼症是父權制度下的產物，因為酷兒、跨性別者、雙性戀者和泛性戀者、男同性戀者和女同性戀者僅憑存在就威脅著男性的統治地位。一方面，因為他們破壞了二元性別秩序的界限，從而破壞了兩性之間的等級制度；另一方面，因為女性氣質被賦予了更多的空間和尊嚴。不幸的是，即使是在LGBTQI+社群內，也不是沒有

厭女症和重男輕女的問題。

婚姻中的平等是有可能的嗎？

即使我稱自己爲女性主義者，我也受到父權模式的影響。它在不被察覺的情況下，悄悄地進入我們的生活。許多自詡爲平等主義者、女性主義者和進步主義者的人（包括女性和男性），大多是在不知不覺中陷入父權制度模式的。我過往一段九年的異性戀關係充斥著明顯的權力失衡，事後看來，我可以看見、命名和分析這些模式，但在這麼做的過程中，我感受到的只是一種模糊的不滿，這種不滿逐漸傷害我，削弱了我的自尊。當時我在自己不完全理解的情況面前無能爲力，也因此無法改變。在外人看來，這種關係不僅「正常」，而且令人嚮往，對某些人來說甚至令人羨慕。一對彼此相愛的年輕夫妻：有著漂亮公寓、一個可愛的嬰兒和一份好工作，似乎達到這一切是如此不費吹灰之力。然而在那外表的背後，是每天的緊張、沮喪、不斷的權力鬥爭，而且，就我而言，我在孩子出生後的這些年裡還有幻滅、被剝削和監禁的感覺。就像許多女人一樣，我感覺自己被婚姻綁住了。

從我還是孩子的時候，我就深信結婚和生孩子不是選擇，而是人生中必不可少的階段，女人沒有這些就無法找到滿足感。所以我自小就把它作爲我的目標，等待我**終於**成爲母親的那一刻。我認爲婚姻和與男人的關係是必要條件，而不是目的本身。如果他們沒有與孩子密切相關，我大可以不要丈夫和婚姻。今天我問自己：我想要孩子的強烈願望

有多大程度是出於個人動機，又有多大程度上是來自外部動機。我不是唯一在很小的時候就注定未來的女孩。幸福家庭的形象塑造了所有被社會化爲女孩的人的決定和自我意識，這聽起來可能又有點誇張，但是成年女人只有有了孩子和男人才有價值。只有自己孤身一人意味著缺失，這就是爲什麼單身女性在我們的社會中經常受到憐憫和懼怕。對於女性來說，單身意味著更渺小、不完整；但這套準則卻不適用於男人身上。如果單身生活在我們的社會沒有被污名化，也許很多人不會安於不幸的婚姻而改選單身。因爲單身可以和戀愛一樣充實。父母離婚後，不僅在經濟上，我家的社會地位急劇下降。當母親成爲三個孩子的單身媽媽時，我們不再享有父親的特權，那些基於種族、性別和階級的特權。當我和我的白人丈夫分開時，我也經歷了類似的「降級」（Deklassierung）。我的鄰居們不再以同樣的方式看我，在醫院、銀行、餐館、酒店或街上，人們對我的看法發生了微妙但顯著的變化。夫妻在社會上受到更好的待遇，並享有許多金融性質的特權。與大多數歐洲國家一樣，德國的稅收制度對單身人士不利，他們繳納的稅款遠多於已婚夫婦。快樂而不積極尋找戀愛關係的單身女性是一種冒犯。

在自己家裡與父權對抗是我做過最困難的事情之一，而且我輸得很慘。首先是因爲父權制度不是單靠一個人能打敗的，需要關係中雙方的決心。另一方面，因爲它是關於暴露和改變無意識的思維模式和本能行爲。此外，愛情和親密關係與對許多人來說天方夜譚的抽象理論混合在一起，而這些天方夜譚在我們的生活中並不重要。在與其他女性的交談

中，我越來越能意識到這些思維模式。在別人身上識別這種模式總是比在自己身上更容易。我經常聽到女性說：「幸運的是我丈夫在家裡會幫忙！」又或者：「我很感激他照顧孩子，這樣我每週可以出去一次。」「幫助」這個詞充分說明了男性和女性伴侶之間家務勞動的分配不均，當她們的伴侶承擔起家庭責任時，許多女性會充滿感激。當我的伴侶做一些正常不過的日常家事時，我也很感激，比如掃地、倒垃圾，或者花幾個小時照看我們的孩子，因為我下意識地認為這些是**我該做的**家事，而他把我從**我的**工作中解放出來。這種感覺在某些女性身上比在其他女性中更為明顯。許多男人毫無疑問地接受了這種感激之情，誰會拒絕別人的感謝呢？當然，如果他們是相互的，那就沒有問題，太好了。不幸的是，感激很少互相。這種狀態並非異性戀伴侶獨有，也會發生在一些在有意無意間適應異性父權模式的同性關係身上。然而，我想把焦點放在異性婚姻關係上，因為父權制度模式是根據男女關係所構建，而且身為女性和男性的社會化過程對我們的期望、行為、思想和行動有很大的影響。

這種父權式的劃分在我們的家庭模式中得到體現，並藉由從小塑造我們的媒體形象得以促進。就連政府措施都推波助瀾，因為國家政府將「家庭」視為組織，也是承擔無償與多半無形的家務、照顧和教育工作的單位。國家之所以這麼認為，一方面是因為目前這些無償的照顧工作所費不貲；另一方面，如同我稍後會在書中解釋的那樣，婚姻制度維持著國家現狀。這就是為什麼我不喜歡談論「傳統」的角色劃分，因為「傳統」一詞具有積極的涵義。它描述了給予我們

支持、安全感和歸屬感的一切，但實際上父權角色充滿壓迫。

　　婚姻的意義深植於父權制度和性別不平等，惟有雙方都願意拒絕婚姻的基本要素，平等的異性婚姻才有可能。這聽起來很違反直覺，我的意思是這樣的：在過去，資本主義社會的女性除了婚姻之外幾乎沒有其他經濟保障的選擇。在福利國家尚不存在的時代，女人最好的生存機會就是嫁給一個更富有的男人。但這椿婚姻卻得付出高昂的代價，也就是她的權利、獨立性，甚至她的身分都取決於她丈夫的意願，而丈夫在各方面都是她的法定監護人。儘管當今普遍認爲婚姻完全基於愛、信任和感情，但它仍然是父權制度的工具。它確保女性的權利、需求和感受維持在次要地位，生育也保持在男性和國家所能控制的範圍內：那些在異性戀關係中尚未意識到她們在父權世界中是女性的女人們，最終也會在她們爲人母時意識到這個事實。卽使在所謂的平等家庭中，「傳統」的性別角色也是根深蒂固。女性不僅被排擠在全職工作之外，而且還首當其衝地承擔了家務和照顧孩子的責任。在一個有酬工作比無酬工作更具價值的經濟體系中，爲了從事更多無酬工作而減少有酬工作的女性，意味著在婚姻內外都失去地位、金錢和權力。

　　在我廣泛的朋友圈中，許多想要分手的女性仍然深陷在不快樂、不平等（有時是失衡）的戀愛關係中，因爲她們擔心分手會導致經濟不穩定。法律確保多年從事家務和撫養孩子的全職主婦在分居時不會陷入貧困，並爲其所做的貢獻得到公平公正的補償。應計收益均等化之類的規定是以性別中

立的方式制定的，但卻是基於男性在婚姻過程中積累了更多資產這樣的假設。法官對家庭無償工作的分配方式並不感興趣。那些希望在經濟上獨立於丈夫，並確保她們在婚姻期間自己賺錢並可能因此累積財富的已婚女性，如果承擔了大部分家務和撫養孩子的工作，可能會因這些規定而處於極大的不利地位。我就是這樣的情況。獎勵和鼓勵所謂「主要家計承擔者模式」（das Haupternährer*in-Modell）的其他稅法和家庭法，例如所得分割制（Ehegattensplitting），更有利於一方收入遠高於另一方的夫婦，導致男女之間以及家庭與單身人士之間的系統性不平等，在所有其他偏離父權制異性戀規範的生活形式中都體現了這一點。

　　就連希望公平分擔家務和撫養孩子的夫婦（例如配偶雙方兼職工作）在稅法下也處於不利地位，因為他們比一方收入多於另一方的夫婦需要繳納更多的稅款，難怪許多女性為了優先考慮丈夫的事業而大幅減少工作或慢慢放棄。這一切都有跡可循。女性的經濟依賴和由此產生的權力失衡是情感虐待的溫床，這並不意味著關係中的虐待只發生在男性身上，但虐待源於不對稱的權力，在異性婚姻中（以及在整個社會中），目前掌握經濟、政治和文化權力優勢的是男性。婚姻是建立在兩個不平等部分結合基礎上的制度，但這個說法的前提是男人在這段關係中有很大的經濟控制權。

　　許多夫婦都結婚了，其中包括那些認為自己是女性主義者和進步主義者的夫婦。毫無疑問，這些夫婦中的許多人會重新定義婚姻的概念，以適應他們自己的需要、願景和個性，因此可能會偏離這個制度的歷史結構。然而，重新定義

婚姻和克服來自國家、社會期望、規範的父權制度限制困難重重。我完全理解很多人（包括我自己在內）希望正式與所愛的人結為連理，並向家人和朋友證明這種感情。問題在於國家的干預以及婚姻制度作為父權照妖鏡的事實，它歧視女性、酷兒、單身人士和任何不符合異性戀規範的人。

許多人說，解決辦法在於好好撫養男孩，讓他們長大後成為**好**丈夫，在家裡承擔很多責任，撫養孩子，尊重妻子。是的，男孩需要好好養育，但這不是解決辦法。我認識很多好老公，但問題不只是男人的行為，而是婚姻中權力分配不均的事實，在絕大多數婚姻中，男人都是強勢方。因此，解方不單是要培養男人成為好丈夫，還要拆除造成權力失衡的制度和其他社會結構，其中包括導致對配偶之一產生經濟依賴的稅收規則。即使丈夫是好丈夫，大多數情況下他仍然握有經濟實力，這就是問題所在。

相較男性，女性更願意在她們的關係中克服父權制度，因為她們在**物質**上處於劣勢，她們也是對關係表現出更高程度不滿的人。根據民意研究機構 Innofact 於二〇一八年的一項研究，三十九·五％的男性考慮過離婚，而想結束婚姻關係的女性比例則為四十九·一％。所以男人似乎在婚姻關係中感覺更快樂，更少感到沮喪。作為合乎邏輯的結果，離婚案件中多達五十二％是由女性提出，只有四十％由男性主動提出，剩下的八％則是協商離異。不過不該過度認真看待這個統計數據，因為提出離婚並不一定能說明主動性，尤其是在男人負責行政任務的單位中。即使是在男方提交申請的情況下，也可能其實是女方做出了這個艱難的決定。

　　反對父權制度的對抗經常被誤解爲男女之間的鬥爭。這是很多夫妻犯的最大錯誤，因爲只有一起才能將父權制度打敗。快樂、平等的異性戀關係不僅有可能發生，而且還可以爲後代子孫重新定義伴侶關係。

　　父權制度是一種對所有人都有害的制度。對於女人，對於男人，對於所有將自己描述爲既不是女人也不是男人，或兩者兼而有之的人。父權制度迫使我們進入狹隘的社會形式，而男性在資本主義社會中經常被忽視的精神層面上，也同樣承擔父權制帶來的高昂代價。

父權的垮台

> 「學會戴面具是男孩學習父權男子氣概的第一
> 課，而面具（Maske）這個詞早已包含在男子氣概
> （Maskukinität）這個字裡。為了實現父權制度理想
> 而被要求放棄真實自我的男孩很早就學會了欺騙自
> 己，並且因這些謀殺自己的靈魂而得到回報。」
> ——貝爾・胡克斯[5]

　　女性深受父權制度之苦，這我們都知道。但男人同樣也是父權制度的受害者，從他們被賦予男性性別的那一刻開始：在出生時，通常是在子宮裡。小男孩從小就學會羞愧和拒絕他們「女性化」的一面。漸漸地，他們了解到「女性化」的表演和著裝在我們的社會中並不受歡迎，包含表達情感、穿裙子、當眾哭泣、與朋友牽手等。父權社會賦予男性的權

力是要付出高昂代價的。講白了，他們不得不拒絕人性的一部分：他們學著不去談論自己的情緒狀態，鮮少尋求專業幫助，而且傾向壓抑和否認自己的情緒與痛苦。因此，他們在經歷困難時期時，往往會感到社交和情感上的孤獨。雖然女性更容易產生自殺念頭，但男性更容易自殺。二〇一八年，德國約有七十六％的自殺者為男性。[6]德國男性的自殺率是女性的三倍，這並非巧合，同時比男性更多的女性尋求憂鬱症治療。這種差異可以用多種因素來解釋，其中之一無疑是許多男性面臨著獨立生活而不表現出情感弱點的社會壓力。

女人在父權制度中也發揮著積極作用。是女性自行監督其他女性，以確認她們的行為是否被認為可以接受：太性感、太胖、太瘦、太有職業企圖心、太母性、太女性化、太男性化、太體貼、太自私、太獨立、太依賴……母親傾向教導女兒說話時輕聲細語，不要引起注意；教導兒子則是要表現自己，大聲說話。女性是自己受壓迫的共犯，這是一個母親傳遞給女兒的隱晦祕密：「你會受苦，但閉嘴，讓所有其他女性至少和你一樣受苦。」所謂的「女性報刊」（它們同樣由男性控制著）在堅持傳統的男性和女性形象方面，發揮了重要作用。這些雜誌延續了阻止女性從小就無法自由表達自己的社會父權壓力：她們必須美麗、矜持、順從、甜美、有母愛和善解人意，並被教導她們的價值是由目光來判斷的，意見取決於男性。這種觀點伴隨著男性的刻板印象，而這種印象極大程度地限制了女性追求值得嚮往的特徵、特質和個性的範疇。許多女人覺得，會表達自己的感受並且不害怕表現出脆弱一面的男人沒有吸引力。這樣的男人讓人害怕他們

失去作爲堅強保護者的角色;同樣地,當男人不履行他們作爲養家者的角色時,許多女人會感到難受。

　　所有人類都具有被理解爲女性和男性的特徵。然而,在父權制度下,我們都壓抑或否定很大一部分的自己。美國作家貝爾·胡克斯在她二〇〇四年出版的《改變的意志:男人、陽剛之氣和愛》(*The Will to Change: Men, Masculinity, and Love*)一書中,對此一現象進行了令人印象深刻的描述。不符合父權男性形象的男性會受到社會的懲罰,也會遭受女性的懲罰。胡克斯建議:「我們需要審視女性在鞏固和維護父權文化中所扮演的角色,以便我們承認父權制度是一種男女平等共同承擔的制度,卽使男性往往從該制度中獲得更大的利益。父權文化的瓦解和變革是一項男女必須共同完成的工作。」[7]

　　女人的難處在於,她們不僅難以無條件地接受男人感性的一面,而且在家庭領域也難以給他們更多的空間。女孩被含蓄地(有時甚至明確地)告知,她們作爲女性的價值取決於她們管理家庭和撫養孩子的能力。對許多女性來說,放棄部分的照顧工作也意味著(儘管是在不知不覺中)放棄了得到社會認可和自尊的重要來源。一些女性難以放手家務的另一個原因是:照顧的工作很快樂,對許多人來說也很充實。如果我們的社會更加重視關愛和家庭的照顧工作,那麼男性就更容易承擔起這些責任,而不會覺得這是犧牲自己,並在這個過程中失去或錯過了什麼。

　　父權制度是適用於世界各地的制度。與其他地方相比,在某些國家、洲和文化中,對女性的父權制壓迫可能更爲直

觀，因此更為顯而易見。這並不是說父權制度的力量在世界上較為隱蔽的地區或文化中不那麼強大。西方基督教國家父權制壓迫的程度、影響和範圍往往是相對的，因為與其比較的是更暴力或更明顯壓迫女性的時代和地區。然而，在德國，每天都有人試圖殺死他的伴侶，而且每隔三天便有一起謀殺案。[8]父權制度往往被歸因於其他的文化和宗教，尤其是伊斯蘭教以及南亞和非洲文化。這種現象被稱為女性國族主義（Femonationalismus），在〈在街上〉那一章節中會有更詳細的討論。

父權制度在世界各地運作的這個事實引出了一個問題：男性統治是否符合**自然的**世界秩序？克服父權制這個想法是完全可能，或是實際的嗎？男人對女人的壓迫根植在我們的基因裡頭嗎？

答案當然很簡單：男性統治並不是天生的。世界上有些例子，女性、男性和其他性別之間在社會中的關係是平等的，而不是由異性一夫一妻制所組織，例如哥斯大黎加的布里布里人（Bribri）、肯亞的無魔家村莊（Umoja）、迦納的阿坎族（Akan），以及生活在中國西南部的納（Na），也稱摩梭人（Mosuo）。西方社會也在慢慢走向平等，但重要的是要解決父權制度的根本原因，以實現一個真正不同的制度。維吉妮・德龐特（Virginie Despentes）曾在其著作《金剛理論》（*King Kong Theorie*）中寫道：「只有男人的身體在和平時期屬於勞動生產、在戰爭時期屬於國家時，女人的身體才屬於男人。徵收女性身體應該與徵收男性身體同時發生，（……）傳統的男子氣概與擁有女性氣質一樣具有傷

害性。」[9]

父權制度被推翻，我們都能從中受益，因為父權制度是暴力的根源，一種源於虐待男孩和男人，以及剝奪他們人性核心概念的暴力行為。

（我的）酷兒覺醒

> 「有些人聽到你的故事。
>
> 收縮。
>
> 其他的人聽到你的故事後，
>
> 擴張。
>
> 而你就是這樣知道的。」
>
> ——納伊拉・瓦希德（Nayyirah Waheed）[10]

我出櫃的時間很晚，時間也很長，就是那種經典的出櫃故事，過程持續了好幾年。因為那些自始至終都知道自己是男同性戀或女同性戀並在十三歲就出櫃的主流出櫃故事，並不能代表絕大多數認定自己是跨性別者、雙性戀者、同性戀者、女同性戀者或男同性戀者的那些人。

十三歲時，我的初戀是十六歲的艾拉，她和我在同一個管弦樂隊演奏大提琴。這是一場柏拉圖式的戀愛：我們牽著手，表現得像一對情侶，寫情書，但從不接吻。也許這就是為什麼我們當時並沒有那麼認真看待我們的愛情，甚至沒有問自己是否可能是女同性戀。不，這不可能。我們只

是非常非常要好的朋友，僅此而已。當我意識到這不僅僅是友誼時，艾拉已與我徹底斷了聯繫，從我的生活中消失了，我再也沒有見過她。多年來，我一直斷斷續續地與我認為是我最好的朋友的女孩發展柏拉圖式的戀愛關係，我們非常親密，身體上也很親密，但我們沒有做愛。我會非常嫉妒她的其他朋友，並想要獨占她一個人。同時，我也有過一些男性朋友，我和他們談過**正常的**青少年戀愛。跟男孩子交往也可以，但心中的感覺、嚮往和渴望的深度，比起我同時間不知不覺愛上的女孩子，質感大有不同。

那時，我從來沒有想過我可以成為異性戀以外的任何人。在艾拉之後，我與自己的一個女性好友在身體上非常親密，她曾在某個時刻對我說：「你不覺得我們可能是女同性戀嗎？」當時，我認為成為女同性戀是種污辱。「蕾絲邊」在學校是個用來罵人的髒話，有時別人會這麼說我跟我最好的女性朋友。因此我不假思索地回答她我們當然不是，要她別擔心。事後回想起來，她真的是在擔心嗎？也許她的提問是試圖創造一個我們可以有後續發展的空間。這種否認狀態持續了很多年，直到我無法再對自己撒謊，並慢慢接受我是誰。為了永遠埋葬我的渴望和那一部分的我，我嫁給了當時的男朋友，並決定與他組織家庭。我內心深處覺得這段感情給予不了我內心的渴求，就好像我把自己鎖在異性戀生活的理想中以逃避真實的我。這不僅是社會對我的期望，而且也伴隨著我的家人自很久以前就暗示的禁令，導致這種表面生活的不和諧和內心衝突發展到如此程度，以至於在某些時候我別無選擇，只能擺脫它。我把這個過程稱為「酷兒覺

醒」，我認爲這比出櫃一詞更合適，因爲我用新的眼光看待世界。

關於內化的愧疚與羞恥

「如果你要出櫃，你必須先在自己面前出櫃。你在這一步擁有你自己，以一種非常神聖的方式擁有自己的需求和欲望，進而打開自我接納、自愛的大門，並能夠以一種全新的方式控制自己的生活。」

——佚名

同性戀在我家是禁忌。我出櫃之後才發現，我的很多家庭成員都是男同性戀、女同性戀或雙性戀，包括我自己的母親。我和我母親的關係很親密，所以很多私事都會跟她說。她知道我在性取向上有多麼掙扎，並且正在考慮離開我新婚的丈夫，因爲我覺得自己實際上是女同性戀。同時，我又有非常強烈想要孩子的願望，並且很糾結。我暗自希望女性對我的吸引力最終會消失，這樣我就不必把我的生活顛倒過來，我會逐漸接受一段異性戀愛。然而，使事情變得更加複雜的是，事實證明生孩子比預期的還要困難。我們當時正在進行試管受精手術，我等待受孕的時間越長，我就越覺得宇宙在給我一個信號，要我結束這段關係，好讓我從此過上我的酷兒生活。我母親一直到我懷孕四個月，有天在浴室刷牙的時候不經意地告訴我，在遇到我父親之前，她和一個女人交往了四年，並且瘋狂地愛著她。我張著嘴在那呆站了五

分鐘，半是欣喜若狂，半是憤怒。我媽是酷兒！但為什麼她對我隱瞞了這麼久？這可不是一個無關緊要的分享，而是我母親曾與我分享的最重要的事情之一。如果我早點知道這件事，會改變我的人生軌跡嗎？大約在同一時間，我得知我母親的姐姐在嫁給她現任丈夫並生孩子之前，也曾和一個女人有過長期的戀愛關係。我和她那時的女朋友很熟，她被認為是我姑姑的「好閨蜜」。她參加了所有的家庭活動，並且被我祖父母當成自己的第五個女兒。此外，我母親的弟弟出於不明原因，與整個家庭斷了聯繫。現在我才知道這是因為他的同性戀取向。在這三個案例中，我的母親、我的姑姑和我的舅舅，他們的性取向都一直是個祕密。我的母親和姑姑在交過女友後都嫁給男人，並且能將自己的過去隱藏起來，但我舅舅卻沒有。我很晚才發現我父親那邊的另一個舅舅也是同性戀。在一個身為同性戀者並不容易的家族中出櫃後不久，他就死於一場車禍，年僅二十五歲。

我的出櫃感覺像是也為我的上一代人出櫃，好像他們也都被看見，而且他們的行為被合法化了。打破這個禁忌對我來說是種解放。但我不是我家裡的唯一：我姑姑二十歲的女兒，我的小表妹，以她母親無法想像的坦然自若方式跟女友大方戀愛。在我母親的家庭中，種族主義和必然不能引人注目的需求強化了圍繞同性戀的禁忌：兩個談戀愛的黑人女性或是跨種族的同性戀關係都會在一個恐同和種族主義的社會中造成額外阻礙。雖然我的母親和姑姑不能公開討論她們過去與女性的愛情故事，但她們現在得到自己酷兒女兒的認同。雖然不能代表整個家族裡的其他成員，但這確實表明了

我們已經更進一步了。

在經歷幾年混亂的戀愛和激烈的離婚過程之後，我終於能夠過上我的酷兒生活了。漸漸地，愧疚感和羞愧感消退。我正慢慢地從隱形的狀態中走出來，這種感覺是如此自由。離婚兩年後，我和父親一起吃飯，父親是唯一沒有被我告知我是同性戀的人（我母親和姐姐都密切關注我的出櫃歷程）。吃飯的時候，我不經意地說道：「爸爸，我想告訴你一件事，只是我不知道怎麼說。」他回答：「說吧，我知道你想說什麼！」他抱著我，告訴我說出來沒問題，這不會改變什麼。結束談話後，他向我保證這是個祕密，他不會告訴任何人。我笑著告訴他這不是祕密，但他的回應讓我知道，同性戀對他來說仍然是禁忌。我後來問他，他是怎麼知道我是同性戀的？他回答，在青春期很明顯就看得出來。事後我看著自己十幾歲的照片時，也有同樣的想法。但他那時候就可以接受了嗎？我父親是一名船長，每年我們都會去布列塔尼航行。有一年艾拉和我們一起去，我和姐姐都習慣與同來的朋友合住一個船艙，但那次我父親卻堅持要我和艾拉分開睡。整整一個星期，我都接收到了父親指責的目光，我對那次假期印象深刻。

兩年後，那時我十五歲，我想去刺青。我和一個朋友去了刺青店，翻了翻書，尋找不會過時的圖案。我找到了：異質符號，一個帶有箭頭和十字的交織著的圓圈。那時的我深信這個符號代表一個永恆不變的真理：愛。我毫不猶豫確定自己找到了一個永遠不會後悔的刺青，很多事情都會改變，但男人和女人的結合代表愛這件事肯定不變。以前我經常考

慮要除掉這個刺青，因爲我對紋在身上的異質符號感到尷尬；隨著時間的推移，我學習去喜歡它，因爲它提醒我生活中沒有什麼是一成不變的，我們的潛意識可以對我們做出許多惡作劇。基本上，烙印在我身上的是那道透過我的家庭祕密和不言喻的反對，禁止同性戀的隱晦禁令。

強制異性戀和看不見的欲望

恐同症的另一面是強制異性戀。美國女性主義者艾德麗安‧里奇（Adrienne Rich）在一九八〇年代創造了「強制異性戀」一詞，用以描述唯一正常的性關係是發生在順性別男性（Cis-Mann）和順性別女性（Cis-Frau）之間的這種假設（順性別即非跨性別）。根據這個理論，社會強制實施異性戀，並污名化超出這種建構規範的欲望和關係。我身上的刺青完美地說明了這一點：在那個時候，除了異性戀作爲愛的表達之外，沒有其他可以想像的選擇。

異性戀作爲唯一的愛的形式，透過書籍、電視、電影、廣告、玩具和我們每天無意識接收的許多其他圖像，在很小的時候就被灌輸給孩童。我們從一開始就學會了對異性的渴望，對此在腦海中產生了浪漫愛情的畫面。我的許多異性戀女性朋友告訴我，她們可以想像與女人發生性關係很舒服，但她們無法想像實際與女性發生關係。異性戀對所有人來說都是「可以想像的」，因爲我們從出生起就將這種模式與愛情連結在一起。愛情故事常常被投射到男孩和女孩之間的友誼上，彷彿他們之間不可能發展一段柏拉圖式的友誼。強制

異性戀一詞說明了異性戀並非天生，而是透過文化產生的。這並不是說如果沒有了強制異性戀，我們都會變成同性戀，而是說我們的性取向將會更加靈活，我們也將不再為同性戀欲望感到羞恥。性取向既非固定也非恆定，它可以在一生中發生變化，並且在某些人身上會不停發展。性取向應該被視為一個連續體（Kontinuum），而不是一個固定的狀態。

針對這點，性研究學者阿爾弗雷德・金賽（Alfred Kinsey）於一九四八年開發了一種定義人類性取向的新穎方法，也就是使用分級量表來定義一個人的性取向。在金賽之前，人們不是被視為異性戀，就是同性戀。金賽認為性取向是一個連續體，這個連續體很少將人們形容為絕對的同性戀或絕對的異性戀。異性戀從我們出生起便根深蒂固，所以我們都被認為是異性戀，直到事實證明並非如此。對於處於連續體中間的人（雙性戀、泛性戀、靈活的、流動的），強制異性戀有加強的效果，因為他們也能感受到被社會規範認為是正常的欲望。因此，壓制和排解這些被認為越線了的其他形式欲望也就變得更加容易，直到再也無法壓抑。倘若我在兒童和青少年時期就接觸過異性戀以外的其他選項，但凡是通過電視、書籍、一般媒體對同性戀關係的描述，或是在家庭環境中遇到同性戀者，我可能就不必承受這麼久的痛苦。

強制異性戀在父權制度中有個重要的功能：它透過禁止探索非異性的、越軌的性行為來控制女性的性行為，例如沒有男性的性行為。男性主導表達了對女性自給自足能力的深深恐懼，這是一種對於「多餘」的恐懼。這就是為什麼人類的性行為幾乎總是與插入和陰莖聯想在一起，許多人認為沒

有陰莖和插入的性行為不算是性行為，沒有插入行為的性行為被稱為「前戲」並非巧合。正因如此，沒有陰莖的人之間的關係通常被描繪成低劣的，甚至是不存在的關係，許多跨性別者和女同性戀者的身分與戀愛關係並沒有像男同性戀者和順性別男性的身分那樣得到同等認可。這種現象深深植根於男性主導中，並透過其他身分維度（如膚色或身心障礙）得到強化。八〇年代中期，首字母縮略詞LGBT（以前稱為GLBT）順序的變化，表明了女同性戀身分應該受到更多的關注。其實最好是把最邊緣化的群體移到前面：TBLG（跨性別、雙性戀、女同性戀、男同性戀）。當然，這只是一種象徵性的行為，因為它不會削弱男性和順性別的主導地位。

　　父權制度經常主張女性天生就渴望男性，而女同性戀的身分是基於對男性的強烈反對，而非根據有效的認同。這種觀點闡明了父權制度的核心思想，意即對男性的理想化（以及女性的貶低）。這種動態反映在人們對於男女雙性戀者的看法上，因為無論是雙性戀男性或女性，都被認為**實際上**更喜歡男人。雙性戀男性與女性發生關係是因為他們不想承認自己的同性戀身分，並且還沒有完全出櫃；而雙性戀女性並不是真正對女性感興趣，只是出於實驗心態。這就是為什麼雙性戀是被遺忘的、最被污名化的性取向之一，就連在LGBTQI+群體中也是如此。

　　去承認男人和女人以及所有其他性別者都可以同等地、同樣強烈地被追求的這一事實，打破了男性至上的地位，並且違反了父權制度的理念。女人追求女人、成為女同性戀並不意味著討厭男人，而是意味著喜愛女人，對女人的欲望超

過男人。這本身就是種革命性的行為，酷兒之所以具有革命性，是因為我們在一個迫使我們拒絕自我的部分社會中，選擇從根本上擁抱和慶祝我們的個性與性別認同的多樣性，這也意味著堅決反對非人化和根除跨性別身分。反跨性別、反雙性戀和恐同症都是基於對女性氣質的貶值和厭女症。我們如此深陷二元模式的思維中，以至於我們自動將女性氣質與順性別女性連結在一起，同時也承認了其他所有性別不得享有自身的女性特質。承認並擁抱所有人的女性氣質，也就是接納，並活出自己心中那些在我們價值體系中幾乎全然被錯誤描寫為「女性化」的特質，如情緒表達、關愛、同理心、直覺、愛、奉獻、謙遜、同情、脆弱，好去挑戰二元性別秩序，打破男性和女性這兩種建構性別之間的等級制度。雙性戀意味著克服這種嚴格的等級制度。人們通常偏好使用「泛性戀」（pansexual）和「酷兒」（queer）這兩個詞，以避免雙性戀當中的二元涵義。但即使雙性戀中的「雙」指向二元秩序，雙性戀也已打破了二元論，因為它承認了廣泛的性別認同和性取向。出櫃並沒有將我的性取向引向特定的方向，而是在總體上打開了它，並將它從僵化的男性／女性類別中解放出來。

四、在學校與大學裡

　　作爲博士學位的一部分，我於二〇一二年秋天前往紐約，以哥倫比亞大學法學院的訪問學者身分進行研究。我的計畫內容經過精心策劃：我已經報名了我想上的課程，也已經爲我的博士論文草擬了概念和分析框架，並與我的導師決定了時程計畫。在我抵達紐約前不久，一位朋友將我介紹給法學教授金柏莉‧克雷蕭，她也是「交織性」一詞的創始人。與她的相遇打亂了我的計畫，我不假思索地作出決定，一頭栽進這套出現在我面前的嶄新理論方法。克雷蕭教授同意擔任我的導師，因此我放棄了所有其他課程，全心投入到她的兩門課程中：「交織性」（Intersektionalitäten）和「批判種族理論」（Critical Race Theory）。我立刻就被她的課程迷住了，我的好奇心變成一股永不滿足的衝動，想要解開我腦中每個打結和謎團。德國、英國和法國大學那套以歐洲爲中心的白人課程規劃並沒有帶給我想要的答案。說好聽一點，它頂多讓我感到格格不入；說糟糕一點，它令我惴惴不安。

　　在學習法律和政治學的期間，我從未聽說過後殖民、女性主義和其他批判性研究。在紐約進行研究訪問的前幾個月爲我之後上克雷蕭教授的課程打下了基礎，我正在了解去殖民化理論、酷兒女性主義和批判種族理論研究等課題。在進入哥倫比亞大學之前，我拜讀過克雷蕭的開創性著作，但我

從來沒有預料到它會對我的個人和職業生活產生如此深遠的影響。在紐約的這段時間從根本上改變了我的研究過程，並豐富了我的研究內容，豐富程度是我以前做夢也想不到的。這次停留推進了我的批判性思維，加強了我的理論論證，深化了我對女性主義、反種族主義、交織性的學術知識，也許最重要的是，它提供了一個分析框架來理解和闡明我的混合身分。終於有一個字可以用來形容它：交織性！這個概念超越了個人層面，在政治結構層面上釋放巨大的潛力：我們這些處於各種不平等和壓迫制度交叉口的人們，現在可以被看見，並且終於得以走出法律和話語的真空。

我認真研讀了教學大綱，迫不及待走進教室想討論前導文章。我有生以來第一次坐在大多數其他黑人女性的對面，並由一位極具魅力和鼓舞人心的黑人女性教導。我很難描述這一切對我產生的巨大、鼓舞人心的影響。這是我人生中第一次被與我有著相似方式去體驗世界的人所包圍，這是一種壓倒性的體驗。除了課程上令人著迷的內容之外，那股私人和政治之間的模糊氛圍，也為一群生活在多重身分交匯處的人們彼此進行啟發性和開闊思維的對話奠定了基礎。

在哥倫比亞大學的研究期間，讓我產生了兩個問題：為什麼我有機會進入這樣的菁英機構而其他人卻沒有？為什麼我必須等到我的博士學位才能發現來自非歐洲白人男性的不同世界觀？

教育在我們社會中扮演的角色具有多重意義。它提供了實現的途徑，也開闊了更清楚理解和改變世界並在其中找到一席之地的可能性。「知識就是力量」這句名言在許多解放

運動中得到迴響，因爲教育和知識在表達和貫徹抵抗這方面發揮著極其重要的作用。麥爾坎・X（Malcolm X）將教育形容爲「通向未來的護照」；曼德拉將其描述爲「最強大的武器」。然而，儘管教育具有**賦權**作用，它也可以被當成維持社會階級制度和系統性排斥機制的障礙和過濾器，沒有任何其他領域的歧視模式像在教育體系中那麼明顯和強烈。在日托中心、學校和大學裡，根據性別、種族、膚色、宗教、移民歷史、社會背景和財富，會再次出現階級社會。特權、途徑和權力在學校中隱晦地分配，彷彿它們是努力工作後應得的結果一樣。在這個教育體系中，知識大多呈現出普遍和客觀的狀態，然而卻是一種強化社會不平等的客觀現實，一種歧視性的客觀現實。只有在消除所有與主流的一維敘述不相符的觀點、來源和知識形式之後，所謂的普遍主義和客觀性才會出現。我稍後會透過範例詳細說明。

結構性歧視如何運作

我在學校感覺很自在，並且相當適應嚴格的法國教育體系。作爲一個算是焦慮的孩子，學校的結構化流程得以讓我平靜下來。在攻讀博士學位之前，我在法國和德國的教育體系中表現得相對出色，也很快樂。許多人會把我描述成一個**成功的人**，但我明確拒絕這個標籤。首先，因爲它隱約地意味著成功是每個人都可以做到的事，而那些「做不到」的人就應該受到指責。另一方面，因爲如果我今天是白人，就不

會有人談論這個我的**成功故事**。

歧視需要四個相互關聯的不同維度相互產生作用：除了個人之外，還有制度性、結構性和歷史性維度。個人維度包括個人對其他人表達和實施的作爲、觀點和行爲，例如種族羞辱和言論、性別歧視暴力或公然歧視。歧視的個人層面還包括可能是間接和無意的行爲和行動，例如寫著「德語爲母語」的招聘廣告，實際上是對非德國血統的人的歧視，另一個例子則是輪椅使用者無法進入的那些工作場所。個人種族主義很大程度上受到無意識偏見的影響，因此，透過基於個人惡意與不道德程度所實行的道德和刑事措施，並無法有效打擊，比方說「歧視零容忍」之類的言論在這方面來看絲毫起不了任何作用。

歷史維度描述了過去體制和事件遺留下來的影響，以及其對當今社會不平等和歧視的後遺症。例如，如果不了解掠奪和侵占，就無法理解許多法國殖民者後裔的邊緣化和貧困議題，它們與時至今日仍在發揮效力的殖民化和被固化的不平等現象有關。同樣地，女性在瑞士參政代表性不足的事實，與她們自一九七一年以來才能夠投票的歷史有關係。制度維度的歧視指的是，位居高位的人所執行與做出的個人行爲和決策的總和，例如法官、警察、教師、公務員、醫生、銀行行員、人力資源經理等。讓我們以一位女老師爲例，她對穆斯林和黑人女孩抱有負面偏見，認爲她們尤其適合家庭和社教領域，所以她不僅不會在課堂上協助這些女孩，也不太可能推薦這些女孩就讀文理高中。另一方面，即使是無意識和非故意的，她總體上會傾向於偏愛男孩和白人女孩。若

這只是老師個別的行為，幾乎不會產生任何社會後果，但制度層面的歧視透過這些行為和決定的總和發揮作用。集體偏見之所以強烈，是因為它們源自相同的來源，並由相同的表述和訊息產生。因此，教師的行為並不是單一的、孤立的、個人偏見的結果，而是與許多其他行為同時發生，因其所累積效應形成歧視和壓迫的結構維度。

因此，這些行為的總和導致了結構性歧視。特定社會領域的人口分布統計數據點出了過度代表和代表性不足的問題。事實上，德國僅有十二％的移民學生就讀過文理中學[1]，這個事實表明了社會中存在結構性歧視。這些統計數據可以用許多因素來解釋，其中包括系統性問題，例如具有移民背景的人往往面臨經濟障礙以及無法獲得經濟資源，尤其如果教師更願意推薦白人學生繼續就讀文理中學，即使他們的成績相同，白人學生讀高中的比例也會因此偏高。當然動機和行為也很重要，但這方面在政治和媒體話語中要比系統、結構和體制因素更受到重視。有些人甚至宣稱，某些群體的代表性過高或過低可以用天賦來解釋，也就是他們的智力較低[2]，其中隱諱地意指白人兒童被認為具有較高的智力。德國教育體系中的社會和種族不平等，以及在德國勞動市場上的不平等，其中一個原因出在這個多層次體系上。基本上，即便是年僅十歲的兒童，也早就在這套體系中決定了他們將來的收入水準和社會地位。

每個人都得到他／她應得的？

我父親是一名醫生，直至今日仍然是他父母最大的驕傲，他的父母屬於工人階級。儘管我的祖父母沒有光鮮亮麗的學位，但也不窮，屬於中產階級。我父親的職涯是線性的，沒有任何阻礙，他一生都是「成功」的。我母親在走過一條蜿蜒的道路後，最終在法國成為一名護士。十歲那年，當時的老師為她的未來定下的職業是清潔女工，但我母親當時就想當護士。在培訓期間，她得到一位白人老師的幫助，並向老師表達了她想成為護士的願望。這意味著她必須回歸校園，幾年後才能進入護士的職業培訓。如果當時沒有遇見這位老師，如果這位老師不相信我的母親，她很可能永遠不會成為護士。在當時的老師眼裡，是什麼讓我母親注定要成為一名清潔女工？她在班上名列前茅，是個積極進取的學生。為什麼她想成為護士的願望這麼早就被否定了？

我母親的故事並非特例。幾年前，我和其他有色人種女性一起參加了一個研討會，就我們的非白人身分與家族移民歷史反思我們的背景和共同經歷。結果令人震驚的是，在場每個人都有過類似的經歷，都或多或少走過德法兩國教育體系的彎路。雖然最後大家都高中畢業上了大學，但總是有結構性和制度性的障礙需要克服。

在法國，十五歲的學生被分配到不同道路：高中畢業會考（Abitur/Baccalauréat）或職業培訓。自從我開始上學以來，除了八年級時我的成績略低於班級平均以外，我的成績一直在班級中排名前百分之十五。在對我未來生涯至關重

要的那一年，我的父母離異，這件事對我的學習成績產生了負面影響。我的情況老師們都知道，我的成績下降顯然與此相關。令人驚訝的是，當必須決定我是否被允許參加高中畢業會考時，我沒有得到老師的升學推薦，而是被建議去做美髮師的學徒。頓時間，我對未來職業生涯的想法發生了天翻地覆的變化。儘管如此，我現在也不時在想：為什麼不當美髮師呢？另一方面，我母親對此並不買帳，隔天她衝進校長辦公室，要求給我一份文理中學推薦信，她和我的每位老師都談過。她的努力得到了回報。三年後，我以優異的成績獲得高中畢業文憑，主修文學、哲學和語言。

即使這些升學建議在德國沒有明確的效力，無數學生還是會因此被置於一條不是自己所選的教育道路上，這限制了他們以後對生活的選擇。如果我當時的目標就是成為美髮師，這個故事就沒什麼好說的了。例如，我的表妹在開始會計師培訓的幾年後，決定轉修美髮課程。就我而言，我被分配了一條與我的抱負無關的職業道路。我的身分和校長對我的刻板印象與偏見，讓她將我分配為一名美髮師。在這種情況下，我不得不再次問道：如果我是白人或／和男性，來自相似的家庭，如果我的成績相同，校長會給我相同或相似的建議嗎？如果我母親沒有經歷過類似的情況，她敢質疑校方的建議嗎？

無意識和有意識的偏見會影響我們的日常決定。幾世紀以來，教師們並沒有擺脫種族主義、階級主義和性別歧視的等級制度，這些制度對於當今資本主義制度的勞動分工依舊至關重要。男孩和女孩仍然分為典型的男性和女性職業，在

建築、清潔、照護、駕駛和送貨服務、垃圾處理和幼教等低收入職業中更是如此。根據社會背景和種族血統，還會再進一步地區分女孩和男孩。一個白人女孩和一個戴頭巾的阿拉伯女孩來自相似的社會經濟背景，卻很可能因爲投射到她們身上的形象和表徵，而具有略微不同的教育和職業經歷。

高中畢業幾年後，我再次面臨制度性歧視。大學開放日當天，高中畢業生得以參觀大學，在每個講堂內會有人介紹各種科系。我和妹妹決定前往。在第一個講堂內有人介紹了應用外語這個科系。我非常喜歡外語，但我真的不想投入一個成功機會相對渺茫的學科。父母的離婚對母親和我們來說意味著嚴重的經濟危機，我們不得不一邊讀書一邊工作。另外，當時我在嘻哈舞蹈界非常活躍，想一直待在圈子裡。參加壓力大且耗時的大學預科班（Prépas）以期望進入菁英學校，對我來說是不可能的選項。毫無疑問，我知道母親肯定會支持我，如同她四年後支持我妹妹就讀醫學研究一樣，其中包括母親經常準備讓她帶到學校、用特百惠餐盒裝的自製便當。當時我覺得自己無法勝任，所以決定走一條對我來說更容易接受的道路：外語學系。正如我所說，我覺得它很有趣，但我也批判性地看待這個專業。我慢慢意識到，這個科系的工作前景只能侷限在無聊產業的助理工作。透過外語科系，我與法律這門學科相遇，並產生極大的熱情。我去諮詢了法學院的轉系機會。當院長在初步電話會談中告訴我，以我的好成績要轉系過去以及申請去英國交換都很有可能時，我感到非常高興。他親自邀請我轉系過去。他的助理寄了一份轉系所需的文件清單給我。我準備得非常仔細，買了最好

的透明資料袋和一個閃閃發亮的文件夾。前一天還試了好幾套衣服，最後選了一套看起來有點便宜的人造纖維西裝，整理好頭髮，編了一個保守的辮子，並拿掉了我的鼻環。

在這重要的一天，母親開車送我去法學院，一路上的緊張氣氛顯而易見。她在車裡等我，下車時我可以看到她開始禱告。在等候室稍作休息後，院長從辦公室出來叫我進去。我一坐到椅子上，他就對我說：「我很高興您想轉系，但您知道，這比您現在意識到的還要困難得多。法律需要某種您在外語課程中沒有學到的思維方式。因此很遺憾地通知您，您的轉系不被受理。我們歡迎您加入法學院，但您必須從一年級開始就讀。」我回答說，我非常清楚這門專業的難度，願意不惜一切代價趕上進度，而且在動機信中都說明得非常清楚。我還提到在我之前從外語轉系進入法學院的同學，他們幾個月就補齊了之前的課程，我親自打聽過。但他只是說：「那些是特例。」他們有什麼特別之處？他們有什麼我沒有的？我非常失望地離開了房間，對突如其來的氣氛變化感到有點惱火。這場談話持續不到十分鐘。是我高估了當時在電話裡聽到的一切嗎？還是我選錯了衣服？回到家裡，我把我的文件連同我那封連讀都沒被讀、我的法學教授所寫的表揚信塞進抽屜裡，開始了我的 B 計畫。幾個月前，我申請了我所在大學的工商管理和國際法碩士學位，同時也申請了柏林自由大學法學院的交換計畫。不管是碩士還是柏林，都進展地相當順利。

就算我直覺想著「如果我能讓我的皮膚變淺，我就會這樣做」，當時我也沒想過這種奇怪的拒絕方式跟歧視有關。

我母親早就想到了，但她當時什麼也沒說。直到我在幾年後讀到制度性歧視並聽到許多類似的故事後，我才明白這不是個案，我的經歷是一個更大的結構性現象當中的一部分。這份認知對我產生了深遠的影響。我並沒有穿錯衣服，也沒有錯估當時在電話裡談的一切。相反地，我知道我的經歷是集體經歷的一部分，我並不孤單。

法學院院長對成功的法學院學生有個精準的想像，而我不符合那個想像。另一方面，他提到的「特殊情況」才符合那個想像。如果我是白人，又或者院長是黑人女性，這場談話會有所不同嗎？制度性歧視產生的特權是潛移默化的，因為「特例」本身無法想像他們被允許轉系的原因之一是因為他們屬於無形規範中的一份子，因為他們是白人，或者他們有個聽起來像法語的姓氏，又或是他們可以與院長聊聊高爾夫或網球。我父親有個線性的、成功的學職涯，是因為他是個勤奮的學生，但不只因為他認真。他的膚色和性別無疑在一路上為他提供了幫助，這兩個特點為他清除了道路上的障礙。他又怎麼能想像到其他人會遇到阻礙呢？

在功績制度下，無論社會背景、性別和膚色，每個人都獲得相同的機會，至少人們是這麼說的。我們可以想像一場比賽，所有人在相同條件下相互競爭。獲勝者可以將他們的勝利歸功於他們的努力、勤奮和才華。如果失敗者更加努力，他們本可以獲勝，又或者也許他們沒有對的天資。在菁英制度中，統治階級通過天賦、努力和積極性贏得地位。社會地位、薪水和其他特權都是連同功績一同獲取的東西。這就是為什麼享有特權的人在被稱為「特權」時經常會做出防

禦性反應，因為他們的一生被人質疑：難道我的成功生活不是我努力奮鬥得來的嗎？我不是通過自己的工作、能力獲得了一切嗎？還有什麼決定了我的成功？如果我不賺錢，我還有價值嗎？我的生活並不總是一帆風順！

有了「特權」這個詞，功績制度的概念就崩潰了。在一個建立在個人主義之上的社會（甚至到了自戀的程度），這種深刻的質疑會遇到強大的、充滿恐懼的抵抗。特權與我們內在的能力和才能無關。許多成功的人確實勤奮、上進、有才華，但不僅僅如此，他們被一座隱形電梯送上了頂點。特權也可以比作紙牌遊戲中的鬼牌（又稱百搭牌）。我們都拿到了同樣的牌，但我們當中的某些人從一開始就得到了無上限的鬼牌，就是這麼簡單。玩家仍然必須展示戰略能力、才能、智慧、勤奮和積極性，才能在遊戲中取得進步。單靠鬼牌並不保證能贏，但有鬼牌卻有很大的優勢。鬼牌被分配給了符合單一或多重面向上具有優勢的人：白人、異性戀、順性別、中產階級、男性、身體健全的人、苗條、年輕和大眾眼光中美麗的人。這些面向特別強大，因為它們透過所謂的**隱性偏見**產生並強化了。

享有特權尤其意味著低估了某些問題，或是根本沒有意識到這些問題，因為這些人從未遇到過這些問題。這不是說到目前為止這個人的生活有多艱難或多輕鬆。例如，我永遠不會真正知道身心障礙者面臨什麼樣的問題，因為我從未經歷過身心障礙人士遭遇的社會排斥。從這個意義上說，我很幸運，因為我「沒有障礙」，我手裡拿著一些鬼牌，但這並不意味著我過著輕鬆的生活。我必須克服的困難並不是因為

身心障礙，只是如果我有身心障礙，困難會**更**大。同樣地，工人階級的白人可以因為他們的膚色而享有特權，即使他們出身貧寒。當我們享受特權時，也會假設每個人都有特權，手上都有鬼牌。因此，很難想像沒有特權的生活會是什麼樣子，以及其中的困難。

鬼牌帶來的積極成果幾乎完全歸因於人的功勞，而不是運氣和巧合。正因如此，取消特權對那些習慣擁有鬼牌的人來說感覺並不公平。在經過漫長的篩選過程後，我終於得到了海因里希・伯爾基金會（Heinrich-Böll-Stiftung）的博士生獎學金。在過去攻讀博士學位的研究中心的走廊上，我與朋友們分享這個好消息時，我的熱情突然被一句可疑的評論打斷：「難怪他們選了你，你是擁有移民背景的女性，人家當然喜歡你！他們根本不需要像我這樣的白人男性。」就像平常一樣，我禮貌地笑了笑，什麼話也沒說。直到晚上快睡著時，我才想出一個完美的回覆：「如果你拿到獎學金，我永遠不會跟你說，你被錄取是因為你是個沒有移民背景的白人男性。雖然這件事很有可能發生。」可惜為時已晚，我的挫敗感也沒有因為這樣的內心對話而平復。幾天前，在 Instagram 上看到的一個笑話在我腦海中揮之不去：「親愛的上帝啊，請賜給我一個平庸白人男性的自信。」因此，這名男子能用他是白人男性這個事實來解釋他今天沒有得到獎學金的原因，但他從來不會想到，**撇除**他是白人男性這件事，或許他就是不夠優秀。他的言論不僅完全貶低我的能力，還完全否定了這個反映出女性和有色人種處於系統性劣勢的社會結構。這就是功績制度的運作方式：它忽略了構成

這些劣勢和特權的社會階級制度，留下一種非贏即輸的典範幻覺。在這種模式下，只要贏家屬於看不見的大多數，他們的成功就是理所當然。

我父親完全符合值得讓人信賴和稱職的醫生形象。如果教授或其他有權勢的人對此表示懷疑，他們可能會阻礙他的職涯發展。這就是為什麼我們有意識和無意識的偏見是如此強大，尤其是當我們（例如警察、教師、法官、醫生和記者）經常要做出與他人相關決定時。

事後看來，被法學院院長拒絕無疑是絕對的幸運，但這一切本來可以有不同的結局。許多人不如我和我母親那般幸運。有多少具有移民背景的孩子被拒絕進入文理高中？有多少羅姆人（Rom*nja）和辛堤人（Sinti*zze）*的孩子被錯誤分配到專為有智力和學習障礙的兒童所開設的特殊學校？之後又導致後者的特殊需求再一次被完全忽視了？有多少阿拉伯和土耳其血統的兒童被幼稚園老師通報具有「一般發育困難」，以為此獲得融合教育日托中心（Integrationskita）可以申請的額外國家補助？又有多少女孩在想學習數學、物理或工程時，卻只得灰心喪氣？

這種歧視模式非常隱蔽，通常不會引起注意，許多人甚至沒有意識到自己在生活中的某個時刻經歷過制度性歧視。如果我後來沒有專門研究這個主題，我不僅會忘記這個故

---

*「Siti*zze」和「Rom*nja」是在德國一個人數約數十萬人、內部差異極大的少數族群的集體自稱。這個名稱涵括了許多羅姆人族群，因此也有一些人拒絕使用這個名稱，更傾向於使用自己的族群名稱，例如「Lowara」、「Lalleri」或「Kalderasch」。在德國，這個名稱也指涉具有東南歐血統的羅姆人。

事，而且可能永遠不會認為這是歧視。在與其他有色人種女性的研討會上，我們有一個共同的認知：當時發生在我們身上的就是歧視！在 #MeToo 運動中，許多女性也遇到了同樣的情況。而這就是連結的力量。

為什麼「逆向種族主義」並不存在

認為白人（作為多數群體）也是歧視和種族主義受害者的這套論點具有誤導性，因為歧視一方面需要滿足四個維度，另一方面需要社會**多數人**行使權力。以巴黎郊區一所學校裡的一個白人孩子為例，他身邊都是阿拉伯和黑人孩子。假設這個孩子每天都被叫「Toubab」和「Gaouri」（都是用來形容白人的負面詞）而被排除在遊戲之外，以至於被霸凌。在這種情況下，這個孩子需要被保護，學校管理層絕對應該採取行動打擊霸凌行為。事實上，這個孩子確實在個人層面上經歷了基於膚色的歧視，然而，在這種情況下，體制性、結構性和歷史性歧視並不存在。學校作為一個機構（無論是教師或是學校管理層）不會因為他的膚色而歧視他，因為整個社會並不存在歧視或不利白人作為一個群體的結構性因素，況且白人在法國歷史上也沒有受到迫害或壓迫，反而擁有政治、經濟和文化權力。即使這個孩子的個人遭遇很糟糕，卻不能說這是所謂逆向種族主義的體現，因為這個孩子仍然站在權力的一邊（即便他可能沒有感覺到），而那些欺負他的人並沒有政治、經濟和文化的權力。種族主義作為一個體系，只有在偏見通過政治、文化和經濟權力行使下而導

致有效歧視發生時，才會產生作用。而在巴黎第十六區一所被白人兒童包圍的學校裡，黑人、阿拉伯人或羅姆人兒童的情況恰恰相反，個人層面的歧視將伴隨著制度性、結構性和歷史性的歧視。再者，無論是在學校裡還是在整個社會中，他們也將成為少數的一方，而不是站在權力的一邊。「逆向種族主義」忽略了潛在的權力動態和種族主義的制度層面。即使「逆向種族主義」本身不存在，對白人的個人偏見和歧視行為也確實會發生。然而，這不是更大的社會政治、歷史現象的一部分，而只是軼事。

　　與所有其他種族類別一樣，白人類別也是基於膚色的歷史、政治和社會建構而來，但不僅如此。例如，許多生活在德國的人就算膚色較淺，在政治意義上仍然不是白人；但他們在土耳其當地卻是白人，因為他們在文化和種族上屬於多數。身分是靈活的，並取決於整體情境的相對關係。我在德國是黑人，在法國是梅蒂斯，在塞內加爾對許多人來說是白人。有的人全身黑，有的人全身白。聲稱白人有時是黑人（建立在「膚色不同」這個意義上）的這個言論，就像在莫三比克、印度或中國一樣，是非常有問題的，因為它掩蓋了這種經歷發生的整個背景。我經常聽到別人說：「我非常了解移民在歐洲的經歷。作為白人，我在布吉納法索實習期間，我也是少數。」然而，雖然白人的數量在布吉納法索或南非比黑人少，但他們仍然擁有強大的政治和經濟權力，因此位居多數地位。布吉納法索的一名白人實習生可能是少數，但由於他的膚色和歐洲護照，他同樣擁有許多特權和權力。旅遊或外派不僅是暫時的、自願的，同時還不受經濟或政治困

境的影響，而且還是基於並非世界上所有人都能平等獲得的一些特權的基礎上。

我在肯亞、坦尚尼亞、烏干達和柬埔寨工作時，因為我的法國護照和較淺的膚色，我獲得了許多特權。我在聯合國東非辦事處的老闆是一位加拿大白人女性，其他團隊成員來自坦尚尼亞，都是黑人。這位上司極其不尊重員工，會用居高臨下的語氣與他們說話，而且她一直試圖讓我站在她那邊。一天，她把整個團隊叫到她的辦公室，讓除了我以外的所有人都排好隊，而我應該站在她旁邊。她開始發表長篇大論，講述他們是多麼不專業和無能，接著看向我說：「我們是不是必須讓白人（Mzungus*）來做你們的工作，因為你們這些人什麼都做不好？」她不只想藉由這種方式貶低團隊，還透過稱呼我為白人來利用我，儘管我很確定她在加拿大或德國不會叫我白人。我在柬埔寨工作時也發生了非常相似的事件，狀況幾乎一模一樣。我的老闆是德國白人，而團隊的其他成員則是柬埔寨人。當我到達時，她非常熱烈地歡迎我，似乎特別高興地歡迎另一個來自歐洲的人加入團隊。我很早就意識到我受到優待。我很快就被委以重任，承擔的職責甚至比在該計畫中工作時間更長、會說高棉語，並且比我更了解政治、社會和文化背景的同事們還多。我的同事安妮曾在法國和英國留學，精通法語、德語和英語，並有多年的發展合作專業經驗，但由於她是柬埔寨公民，收入遠低於她的資歷所應得的水準。

---

*「Mzungus」在斯瓦希里語中是「白人」的意思。

　　在大多數的發展組織中，都有根據國籍制定薪資的兩級薪酬體系，因此，外派人士的收入比當地人高得多。其中一個原因是，**外派人士離開北方世界**（Globaler Norden）前的生活水準更好，因此有權因爲外派到發展中國家工作而獲得一些補償。然而，這種理由並不符合現實情況，因爲外派人士在許多國家的生活並不意味著生活方式的降級，反而恰恰相反，外派人士配有女傭、保母、司機和園丁是很常見的。有次，我的同事安妮要求加薪，但是被拒絕了，理由是：「你應該要覺得自己很幸運，以一個柬埔寨人來說你賺的太多了。」作爲一個幾乎沒有任何專業經驗的年輕歐洲人，我對高棉語一竅不通，也對政治和文化背景一無所知，收入卻幾乎和他們一樣多。另一件軼事說明了這種權力動態和不平等待遇：在紅色高棉大審判（das Rote-Khmer-Tribunal）的一個重要日子裡，我主管放了我一天假，讓我可以觀看審判。她好幾個星期都不在，並暫時把全部計畫的責任交給了我（這又是另一個不應有的特權）。一位在種族滅絕中倖存下來，並在種族滅絕中失去許多家人（其中包括她的父親）的同事也跟我一起前往觀看審判。我的主管發現這件事之後，馬上打電話給我，對我帶上同事感到不悅：「我只給了你這個機會，沒有給其他柬埔寨同事，不然整個團隊都沒人上班了。」

　　結束在柬埔寨的工作後，我回到德國，在工作中再次遇到我的前主管。我在柬埔寨獲得的優勢和責任突然不再適用於德國了。相反地，我清楚知道自己作爲一個外國人在德國必須怎麼表現。有次，我開會遲到不到五分鐘，就得聽她

說:「我們已經不是在柬埔寨了,在德國你必須準時。」這個言論一方面表明了她對柬埔寨文化的誤解(極度守時是我所知的柬埔寨文化之一),另一方面表明我應該調整成我不屬於他們的狀態。身分以及與之相關的特權和劣勢取決於整體情境的相對關係,並且是靈活的。

上述我在聯合國和德國國際合作機構(GIZ)的經歷,以及我主管的行為並非個案,而是全球體制的一部分,該制度在很大程度上仍受殖民模式影響,而白人女性也屬於其中。所謂發展合作的基礎是殖民階級制度、白人至上和資本主義世界秩序。這個制度不僅受益於這些層次結構,它們也是它**存在的理由**。有些批評家將南北關係以及由此產生的金融和政治依賴稱作「新殖民主義」(Neokolonialismus),這個詞彙描述了殖民列強對前殖民地的剝削和壓迫持續至今。雖然在一九五〇至六〇年代的去殖民化浪潮中,大多數國家廢除了行政殖民主義(der administrative Kolonialismus),但殖民制度本身和潛在的階級制度仍繼續運作,維持著南北之間的權力不平衡狀態。新殖民主義透過國際貨幣基金組織(IMF)、世界銀行(Weltbank)和世界貿易組織(WTO)等國際組織得以制度化,相較於較為貧窮的國家(前殖民地),富國(前殖民地大國)透過這些機構得以確保自身的經濟和政治利益,保證經濟增長,並且消除對資本主義生存至關重要的經濟不平等。

許多白人會被「白人至上」這個詞激怒,因為這讓他們想起三K黨或新納粹份子。儘管這些團體無疑崇尚白人至上的理念,但白人至上不應淪為與此相提並論。就這個意義來

說，白人至上不僅是一種觀點和意識形態，還是一種我們**都**融入其中的社會制度。時至今日，它塑造了世界上的所有社會，包括那些沒有或只有少數白人居住的社會。正如父權制度不僅只藉由男性的行為運作一樣，白人至上也不只透過白人才發生壓迫。雖然男性和白人都受到這些制度的青睞，但父權制度和白人至上的整體影響與邏輯遠遠超出了個人層面。

白人至上或白人霸權（supremacy）是歐洲殖民主義與隨之而來的種族滅絕、剝削、奴役和掠奪的理由。白人至上既是歐洲帝國主義的產物，也是其基礎。因此，它將繼續對所有直接與間接受到歐洲殖民主義影響的社會產生影響。特別欣賞白皙皮膚的現象在世界各地普遍盛行，例如在印度、喀麥隆、巴西或越南，許多婦女都使用有害健康的乳霜以漂白皮膚，這既是白人至上主義的症狀，也是它帶來的後果。（可能的反駁論點是：許多白人想要曬黑，並且對自己白皙的皮膚不滿意。但這種不滿與幾個世紀以來，因不斷吹捧白皙，以及認為白人更優越、更美麗、更聰明、更強大的正面描述所產生的根深蒂固自卑感無關。想曬成棕褐色更像是一種實際上已經過時的流行趨勢。）

藉由盧安達（Ruanda）針對圖西族（Tutsi）種族大屠殺的例子，可以清楚說明白人至上主義和殖民主義在白人不再扮演重要角色的背景之下所產生的影響。在一九九四年發生的種族滅絕期間，生活在盧安達的少數民族圖西族，其中約有七十五％（約八十萬名成人和兒童）的人在幾個月內被占多數的胡圖族人（Hutu）殺害。這樣的罪行來自盧安達軍隊、總統護衛隊、國家警察和行政部門。這種種族滅絕在

國際媒體上被錯誤且刻板地描述為部落戰爭（順便說一句，
部落戰爭〔Stammeskrieg〕這個詞具有原始涵義，幾乎只
在非洲和南亞語境中使用）。這種敍述幾乎難以區分受害者
和肇事者，無視任何權力動態、歷史來源和階級制度，也將
受害者描繪成無法辨認的群眾。這類戰爭的原由與起因幾乎
沒有被分析，還被說成是由於過去爭端所引發的行動。如
此敍述不僅帶來泯滅人性的觀感，還助長了抹消殖民主義
遺留的問題。雖然殖民時期之前的胡圖族與圖西族之間並
不是沒有緊張關係，但德國和比利時都在胡圖族和圖西族
之間建立了種族階級制度，這個制度提供了有利於圖西族
這個少數族群的基礎。早在種族滅絕之前，殖民者就透過
種族理論解釋了圖西族這個少數族群的種族優越性。英國
研究員斯皮克（John H. Speke）曾於一八六四年寫道，胡
圖族是「蠻族」，是有著眞正的捲髮、塌鼻、袋狀身形的黑
鬼（the N-word）；而圖西族則是擁有最優秀衣索比亞血統
的後裔，因此非常優越。[3]比利時來的定居者不僅傳播了這
套僞理論，還利用圖西族這個少數族群來實行他們的統治。
一九二六年，比利時人引入了一種區分胡圖族與圖西族區的
種族身分證制度。殖民主義引入的種族階級制度和精心建構
起的圖西族優勢，是殖民者分而治之戰略的重要組成部分。
儘管胡圖族和圖西族之間的緊張關係不是殖民主義下的產
物，但後者在將兩個群體之間不平等的權力分配制度化方
面，發揮了非常重要的作用。類似的觀察也適用於印度的種
姓制度，儘管種姓制度作爲印度教的一部分已經有兩千五百
多年的歷史，因此不是歐洲人的發明，但它被英國殖民者改

編、強化和利用,以實施他們的帝國統治。

並非所有類型的不平等和社會階級制度都只能用歐洲殖民主義來解釋,但歐洲殖民主義和白人至上主義對當代全球、國家和地方系統性不平等的影響與範圍著實是巨大的,世界上沒有人、沒有國家可以聲稱不受其影響。

「你想成爲清潔工嗎?」

我母親在學校的經歷對她產生了深遠的影響,以至於當我們懶得做作業或成績不佳時,她老是用「你想成爲一名清潔工嗎?」這樣的話來威脅我們。這個反問具有雙重效果。一方面對我們施加壓力,要求我們必須不擇手段地在學校取得好成績;另一方面,它一再貶低清潔工的職業價值,一個她差點就要選擇的職業。我們都很清楚一件事:我們絕對不能成爲清潔工。這種壓力激勵了我和我妹妹,但是對我姐姐來說卻是一種威懾。這對我們三個人都產生了長期的負面影響,因爲我們將自我價值取決於我們表現的想法內化於心裡,而任何人都不應該這麼想。這讓我們學會要重視外在肯定,並過分關注他人的意見。社會流動性意味著獲得更高的社會地位、更多的資源和更多的機會,同時也意味著貶低自己原有的社會背景。我們不僅要追求更好的生活,還有更好的自己。如果沒有正規的教育和文憑,便很難提高社會地位,擁有更多錢的人並不一定被視爲在社會上平步青雲。一個擁有賺錢修車廠的汽修工人賺的錢比他的父母還多,不太可能被視爲社會上的高位者。另一方面則可能出現相反

情況：一位擁有博士學位的社會科學家在大學裡的工作不穩定，收入低於她在新科隆擁有一家夜間商店的父母，但她肯定會被視為高位者，並且是一個成功的融合好榜樣。因此，無論是向上攀爬還是向下移動，教育在社會流動中扮演著重要角色。

社會階級是一個複雜、靈活和多面向的分類，它囊括了社會背景、財富及教育水準。一個人可能來自弱勢的社會背景，但仍能獲得高水準的教育，並在中長期內擁有良好的財富水準。社會階層還包括各種社會規範，諸如穿衣風格、言談舉止、興趣愛好和音樂品味，這些都會洩漏你的階級歸屬，也就是「特定圈子的氣味」（Stallgeruch）。許多人同時屬於好幾個社會階級，尤其是如果他們曾經歷過社會階級的晉升。在大多數情況下，移民會伴隨著向上或向下的社會流動。有人在原籍國屬於較高社會階層，但由於缺乏語言能力、沒有受承認的學位以及遭受歧視，而在抵達移民國後突然被降到工人階級；也有人在抵達移民國時位居社會底層，但在一兩代人的時間內向上爬升幾個層次，晉升為中產階級。以上兩個例子都存在於我的家族中：我的父親和他的父母在獨立戰爭後離開阿爾及利亞，抵達法國之後失去了在殖民時代作為阿爾及利亞黑腳所享有的所有特權。他們不得不住在馬賽的社會住宅中，不僅沒有工作，同時還要面臨法國人民的抵制和敵意。祖父只忍受了這種情況幾個月，便帶著全家去了仍存有殖民特權的中非共和國首都班吉。另一方面，我的外祖父母在馬丁尼克島擺脫了赤貧，經歷了社會階級的向上流動，在一代人之內，他們成為中產階級的一份

子。然而，社會晉升不會自動與可續性的財富獲取齊頭並進，因為打理錢財是一門代代相傳的藝術。雖然我的祖父母積累了三十多年的財富，但在生命盡頭幾乎失去了一切，因為他們沒有從父母那裡學會如何理財。

皮耶‧布赫迪厄（Pierre Bourdieu）使用了「繼承」的概念，但遠比經濟財富的意義更為廣泛，因為除了金錢之外，姓氏、文化地位、人脈、說話方式和「同類的氣味」也會被繼承，也就是所謂的社會和文化資本。在資本主義菁英社會中，文化繼承比起經濟繼承更是運作的核心。因此，「繼承」在社會階級的再生產中發揮著極其重要的作用。在家庭層面，它是旨在維持或提高家庭成員社會地位的策略的手段。這曾婚姻的目的，而現在轉移到了學校，學校已成為分配社會地位的關鍵機構。

我可以肯定地說，我在專業和學術上的「成功」要歸功於我祖父母和母親的種族主義自卑情結。他們當時不僅追求想變得更「白」，還追求更多的教育，基本上來說就是追求更多的價值。這種巨大的壓力始於說話禁止帶有克里奧爾口音，並透過我母親的日常言論和行為遍地開花，這些言論和行為都促使我們做得更多、做得更好。除了學校課程外，我們還有繁忙的音樂、舞蹈、戲劇和體育課程，這些活動旨在增加社會資本，並開闢許多途徑。我為此非常感謝我的父母，但是一想起我的母親，想起她覺得我們做得還不夠的時候（基本上是**她**做得還不夠多），我仍然很難過。她想為我們提供最好的，想為我們開啟她小時候無法擁有的通道。然而，我在她身上感覺到一種持續的、下意識的焦慮，一種擔

心我們會「做不到」，並因此可能失去價值的那份焦慮。這不僅是她的恐懼，也是我的祖父母、曾祖父母和他們祖先的恐懼。因為奴隸真正的價值是以他們的體能、外貌和膚色來衡量，一個不工作的奴隸毫無價值，會被判處死刑。

有趣的是，我們從未感受到來自父親的任何壓力。我父親這邊的堂兄弟幾乎都沒有大學畢業，也沒有經歷過什麼社會地位的晉升。由於從前殖民地移民到法國，這個家庭甚至經歷了一兩代人的社會衰落。作為阿爾及利亞、中非共和國和象牙海岸的白人，無論文憑或教育水準如何，他們實際上都處於社會階級的頂端。（對許多人來說是無意識的）內化的優越情結從我的祖父母和父親那一代，傳到了我們這一代。但是對我和我的姐妹們來說，這已經演變成為身分衝突，與母親那邊遺傳下來的相互牴觸。然而，如果我們是白人，我們也肯定會在沒有意識到的情況下將這樣的優越情結內化。

阿拉丁・馬法拉尼（Aladin El-Mafaalani）在他的著作《教育的神話》（*Mythos Bildung*）一書中寫道，教育一詞被用於描述「一種『高貴』，即人類地位的提高。因此，若沒有教育，人將是『原始的』，因此首要必須將自己發展成為一個真正的人」。[4]這種人文主義觀點與歐洲殖民主義文明使命的核心思想是一致的。當時的殖民列強認為，將西方文明帶給他們認為落後的民族是他們的責任。根據一個以「同化」著稱的殖民意識形態，殖民者試圖西化和教育原住民，進而根除了他們自己的文化、知識、傳統和歷史的任何痕跡。文明使命是基於假定的白人優越性，也是殖民主義正

當化的理由。

　　文明使命並沒有隨著殖民主義的結束而消亡，它仍繼續影響前殖民地和前大都市（Ex-Metropolen）之間的後殖民關係。所謂的發展政策旨在使南方世界（Globaler Süden）的國家達到西方國家的水準（因此被稱為「發展中國家」），這不僅侷限於經濟層面，而是延伸到文化、語言、社會規範與風俗習慣。另一個彰顯文明使命的領域是許多歐洲國家的一體化和語言政策。來自非歐洲文化的移民及其後代需要達到他們居住的歐洲國家的語言、文化和教育程度。然而，在國際新興都市柏林的新科隆區有許多來自創意領域的法國人、英國人和美國人，人們卻不會期望他們學習德語和不帶口音地說話。另一方面，德國聯邦移民和難民辦公室正在策劃所謂的概況課程（Orientierungskurs），除了必修的語言課程之外，新移民可以在其中了解「德國法律制度」、「歷史和文化」、「社會共存的形式」以及「在德國很重要的價值觀」，如宗教自由、寬容和男女平等權利。[5]這讓人很不愉快地想起了殖民時代。不僅是蒂洛·薩拉辛（Thilo Sarrazin）的觀點如此，連教育體制和嚴格的（幾乎是教條式的）語言政策一再確使「具有移民背景」的兒童被描繪和視為德國教育體制的污點。他們必須被同化、整合、塑造，用馬法拉尼的話來說，他們必須要被教育「成為真正的人」。這就是「沒受過教育」這個詞帶有一定貶義的原因之一，即使這個字也可以用於德國白人家庭身上。

　　根據布赫迪厄的說法，學校參與了社會不平等的再生產過程。學校透過菁英話語讓這些不平等合法化，也因此，學

校繼承了社會和文化遺產，從而加劇了社會不平等，然後藉由將此歸因於學生的個人優點而使它們被接受。這與提倡平等機會的理念大相徑庭。

學校的篩選功能基於績效的定義和衡量。成績、考試、標準測驗和入學考試都反映了特定的觀點，既不中立也不客觀。它們不僅衡量客觀能力，而且總是衡量文化參考、通識教育、表達方式，基本上也就是社會資本。就其本身而言，「通識教育」一詞暗示了一種普遍主義，意即它是普遍的、客觀的知識。然而，這種知識並不普遍，而是反映了一種被構建為普遍的特定觀點。我將在下一章中嘗試解釋這是什麼意思。

何為知識？

> 「我們的感受是我們最真實的知識之路。」
> ——奧德雷‧洛德[6]

有些文化領域被認為是高尚的，例如所謂的古典藝術被稱為高雅文化並非巧合；而其他領域則被認為是大眾的，如電影、流行音樂、電視、影集和漫畫。如果來自南方世界的文化、文學、藝術、音樂和科學作品沒有被徹底忽略的話，它們一律會被自動歸入「世界」、「民族」或「異國」的類別。音樂、文學、藝術、電影和科學不帶任何前綴，都是「白」的和西方的（而且主要是男性的），而我們從來不會想到要

去談論西方音樂、男性文學或西方藝術。因此，我們應該捫心自問：誰擁有定義文化的權力和特權？

課程的安排也遵循這種層次結構，所以事實上有利於那些每天都能在家裡接觸到學校教授的文化和知識的學生，而被獲准了解其祖先歷史的兒童和青少年因此享有重大特權。馬丁尼克島、瓜德羅普島、圭亞那、留尼旺島和其他法國殖民地的孩子們在歷史課上學習高盧人、歐洲中世紀和文藝復興時期。幾乎沒有提到奴隸制度和殖民主義，更不用說這些島嶼被殖民前的歷史了。在文學和哲學課堂上，幾乎只研究白人和男性作家。課程以法語授課，克里奧爾語直到不久前仍禁止進入校園。讓前殖民者的歷史消失在法國土地上會對他們的後代產生負面影響。無論是在學校、電視、書籍、博物館還是任何其他文化機構，許多兒童無權體驗到他們的歷史、語言、文化和宗教的積極體現。儘管許多人察覺不到，但這種缺乏代表性的現象會對社會群體的集體自尊和自信產生深遠的影響。

如果我母親在學校就知道她祖先的故事，會怎麼樣呢？如果他們的文化、語言和膚色在學校和媒體上得到認可呢？如果哲學家和思想家中有黑人女性呢？如果她看到兒童讀物中出現黑人兒童，而不僅只是紅唇厚得離奇的黑人僕人，會發生什麼事？我的祖父母和母親會因此看到自己的價值嗎？他們會覺得有必要為了被接受而戴上假面具嗎？他們會禁止我們在家說克里奧爾語嗎？

知識的抹去與獲取

「歷史不是過去。它是現在。
我們隨身攜帶我們的歷史。
我們就是我們的歷史。」
——詹姆斯・鮑德溫[7]

我們的普遍知識、歷史觀和**高雅**文化為何會如此單一又片面？為什麼實際上只來自人類一小部分的東西卻被認為是普遍的？來自少數幾個國家（義大利、法國、英國、德國和美國）的白人思想如何主宰知識世界？知識的殖民結構是在何時被如何創造出來的？哲學、文學或社會學等學科在全世界都使用相同的作者和相同的思想進行教學，這種情況又是怎麼發生？

說到這裡，大多數人首先想到的當然是啟蒙運動及其成就。然而，在西方殖民化的進程中，摧毀被殖民者的文化、知識、傳統和歷史的文明使命在顛覆性意義上發揮了更大的作用。葡萄牙社會學家桑托斯（Boaventura de Sousa Santos）將知識被剝奪的過程稱為「epistemicide」，意即「知識屠殺」。「Episteme」是一個哲學術語，源自古希臘詞「epistēmē」，指的是知識、科學或理解；字根「-cis」及其變體「-cid」和「-cide」則來自拉丁字根，意思是「切割」或「殺死」。

具體而言，知識屠殺、語言滅絕（語言的殲滅）和文化種族滅絕意味著，現今的大學和學校只代表了世界上浩瀚多

樣知識的一小部分而已。它們排除了許多不同的知識體系，包括原住民和邊緣化的少數族裔群體的知識體系，以及那些因性別、階級或性取向而被排除在外的知識體系。為什麼會這樣？

　　牛津大學和其他中世紀大學的建立是一種封鎖知識的行為，這限制了獲取知識的機會，並對知識實行某種形式的控制。大學為少數菁英提供資源，讓他們獲得這些知識，以執行精神、政府或文化性質的領導任務。大學裡的人成為知者，大學外的人成為無知者。學院的與世隔絕剝奪了絕大多數知識守護者的財產，並將他們的知識歸為巫術、傳統、迷信，或者充其量只是某種形式的常識。[8]直至今日，我們仍然可以觀察到這種「大學知識」與其他形式知識的分離。知識成為一種可以買賣的商品，因此有助於維持資本主義制度中的階級差異。

　　社會學家拉蒙·格羅佛格將當今知識的一維性，或他所謂的知識殖民（intellektuelle Kolonisierung），追溯到「漫長的十六世紀的四次種族滅絕／知識滅絕」[9]。第一次是占領安達盧斯（Al-Andalus）和驅逐歐洲的穆斯林和猶太人。第二次對美洲原住民的殖民化，由西班牙人開始，一直持續至今。第三次是奴隸貿易制度，導致數百萬非洲人在海上和美洲各地的種植園被謀殺、奴役和非人化。第四次則是對印歐女性的大屠殺，主要是將她們放在火刑柱上焚燒，因為男性無法控制她們的知識實踐。一四〇〇至一七八二年間，歐洲有多達八萬名被懷疑是女巫的女性被殺害[10]，這同時也是對女性特定知識、靈性和實踐的謀殺。獵巫行動強化

了父權制度[11]，主要瞄準的對象是治療師，他們在當時被認為比官方醫生更有能力，這些醫生藉由消滅競爭對手而從中受益，並侵占了許多治療師的技術發現。[12]

莫娜‧喬萊（Mona Chollet）在她的作品《女巫》（Sorcières）中描述了政治迫害的元層級：在啟蒙運動期間，人們經歷了從中世紀的宇宙中被連根拔起的過程，到達一個以「清晰、確定和分離」為特徵的新世界。[13]這種自我意識形成的過程伴隨著對所有被認為是「女性化」和「母性」事物的拒絕，其中也包括自然。結果就是催生了一種「陽剛和雄性」的認知風格，它冷靜、非個人、客觀、純粹和有紀律。啟蒙運動的哲學家將男子氣概與新興的知識精神聯結在一起。英國哲學家培根（Francis Bacon）甚至在十七世紀宣稱「男性時代的誕生」（Masculine Birth of Time）[14]。男性時代的誕生伴隨著女性時代的消亡。倘若沒有發生長達幾個世紀對女性的屠殺，今天的世界會是什麼樣子？在考慮啟蒙運動帶來了什麼的同時，我們還必須考慮在啟蒙運動中失去的，以及再也找不回的東西。歷史學家蓋伊‧貝希特（Guy Bechtel）寫道：「獵巫運動也是一場在不知不覺中催生了孟德斯鳩、伏爾泰和康德的運動。」[15]伏爾泰在寫作時似乎沒有意識到他的思想也是從女巫的灰燼中升起的。「只有哲學的工作才能治癒這種可惡的幻想，並教導人們不要燒死傻瓜。」[16]

除了迫害女巫的行動之外，十六世紀的其他占領活動也將歐洲從以前在知識上占主導地位的伊斯蘭帝國的邊緣，轉移到一個新建立的中心位置。西班牙人燒毀了哥多華圖書

館，還銷毀了大部分的瑪雅、印加和阿茲特克手抄本，裡面記載了他們的宗教、神祕主義、天文學和數學知識。[17]婦女的知識主要透過口頭方式傳承，這些與非洲大陸的知識一樣被壓制了。對於北美和世界各地對美洲原住民語言的持續壓制，證明了十六世紀征服所創造的模式仍深植於我們的腦海中，無疑也在我們的高等教育機構中扎了根。非洲奴隸在抵達美洲後，被賦予新的歐洲名字，他們的非洲語言在種植園中被禁止使用，如果被發現閱讀或寫作，就會被處以絞刑。我母親的姓氏「格里菲提」就是我祖先的英國奴隸主人的姓氏。黑人被描繪成非人類，不具備西方思維模式。例如，黑格爾（Hegel）寫道：「黑人的特色是，他們的意識還沒有辦法直觀到任何確定的客觀性……黑人是如野獸一般的人。」[18]

　　知識屠殺不僅涉及消滅其他知識體系和形式，還涉及對它們的侵占。許多為知識形成做出貢獻的人都被有系統地抹殺了，知識繼續被提取和記錄，其來源卻沒有被命名和承認。作為研究的一部分，人類學家和民族學家自十五世紀開始就從他們研究的對象那裡獲取知識，然後將其加以補充。殖民地人民的實踐和知識豐富了農業、醫學、生物學、物理學和美食學的知識領域。例如，如果沒有殖民主義，法國料理將會完全不同。自殖民時代以來，知識的形成被描述為一個單方向流動的過程，從西方白人殖民者到原住民，似乎幾乎無法想像雙向的交流。下等人要怎麼教上等人呢？這也符合二〇〇五年二月二十三日在法國提出的、極具爭議性的「承認法國僑民的國家和國家貢獻」法案（*Anerkennung der Nation und den nationalen Beitrag der französischen Repatriierten*）。根據該法律，學校課程應該承認法國在海外，特別是在北非殖民的正面影響。[19]

另一個知識侵占的具體例子是愛因斯坦的第一任妻子米列娃（Mileva Einstein-Mari），她對愛因斯坦工作的巨大貢獻從未得到承認。一九八六年，人們發現了愛因斯坦和他妻子在學生時代的大量通信，他們的故事才浮出水面。根據通信可以得知，米列娃是位才華橫溢的數學家，恰好在一九〇五這個「奇蹟之年」對愛因斯坦最著名的作品做出了不為人知的貢獻，其中包括愛因斯坦的狹義相對論。米列娃是她那個時代少數完成高等教育的女性之一，然而，她的雄心壯志遭卻遭遇一連串挫折：文憑考試失利、與博士導師意見不合、婚外懷孕並懷上了愛因斯坦的孩子，而她當時正處於男性主導的科學界厭惡女性的領域。無論是當時還是現在，她的貢獻都沒有得到認可。

珍妮・馬克思（Jenny Marx）對她丈夫作品做出的貢獻同樣也沒有得到多少認可，她手抄了馬克思的所有文章和書籍手稿。恩格斯（Friedrich Engels）是如此評價她的：「這樣一個女人，擁有如此敏銳、批判性的腦袋，具有如此的政治智慧，擁有如此充沛的活力和熱情的性格，對她的戰友如此忠誠，她在將近四十年的運動中所取得成就，沒有展現在公眾之前，也沒有記載於當代媒體的編年史中。……因此，我們其他人仍會經常想念她大膽而聰明的建議——大膽而不自誇，聰明而不貪圖榮譽。」[20]歷史上還有多少女性被遺忘？法國有句老話說：「每個成功男人背後都有一個女人。」這句話真正的意思是指情感上的支持，但這句話也可

以按字面去理解，因為確實有很多女人消失了。

　　文化挪用（Kulturelle Aneignung）意指對少數民族文化的宗教和文化傳統、時尚、符號、語言和音樂的剝削，並深植於殖民邏輯當中。許多人對這個詞很感冒，認為它限制了個人的自由，或是轉移了對更重要的種族主義形式的關注。然而，對文化挪用進行研究非常重要，因為它加劇了不同文化和人之間的等級制度。在殖民主義統治下被剝奪了遺產、文化、語言和知識，如今仍在努力保護和維護其文化的人群，受到了文化挪用的負面影響。譬如，對美洲原住民錯誤和商業化表現的批評便是一例，雖然這些批評經常輕描淡寫。儘管聽起來很刺耳，但這是種族滅絕的象徵性延續：對原始文化可能具有深刻意義的文化元素，將被時尚或玩具中的主流文化完全曲解，而這種歪曲往往會丟失或扭曲原意。對特定文化的真正興趣與文化挪用之間存在著微妙的界限，所以不該將全球化世界中的每個文化交流都批判性地簡化為文化挪用。文化挪用與定義和擁有文化（大多是南方世界的文化）的特權有關。主流文化的成員從那些被主流群體系統性壓迫的人類文化中汲取元素，因此文化挪用與文化交流並不相同。在這層意義上反過來說，被邊緣化的人接受主流文化的元素並不是文化挪用，而是因為如果不這樣做，他們的生活將會變得更加困難，譬如捨棄頭巾、拉直頭髮，或為孩子取一個聽起來像歐洲人的名字。邊緣化群體並不總是有權決定是要堅持他們的習俗，或是要嘗試採納主流文化的傳統。文化的挪用和迷戀會疏遠那些自身文化被挪用的人。文化成了一種消費商品，而與該文化相關的人卻在這個過程中

消失了。因此,重要的是不要將文化挪用視爲個別現象,而是應該將其視爲殖民歷史的延續。

大學教育毫不猶豫地將白人、男性、以歐洲爲中心的作家和思想家置於他人之上,這會導致人們駁斥其他觀點,以及全盤否定歷史長河中所有非白人思想家提出的思想觀念。教科書所傳達的歷史往往是選擇性的、站在主導群體角度的白人至上主義敘事。正如一句辛巴威的諺語所說:直到獅子講述他的故事之前,狩獵的故事永遠都是榮耀獵人。

十七歲那年,我在歷史課上百無聊賴,但是當老師開始談論阿爾及利亞戰爭時,引起了我的注意。這場戰爭長期被稱作「發生在阿爾及利亞的事件」。這是這堂課第一次與我的家族歷史有關。班上還有另一名學生薩米拉,她的父母在一九七〇年代作爲移民工人從阿爾及利亞來到法國。但老師並沒有在阿爾及利亞戰爭的話題上停留太久,因爲他無法忍受這在課堂上帶給他的不適:薩米拉指責老師沒有說到任何關於法國軍隊對阿拉伯人的酷刑,其中包括法國士兵強暴阿爾及利亞女孩和婦女。她對這場戰爭被歪曲爲兩個對手之間的平等鬥爭感到憤怒,這實際上明明是一場鎮壓。下課時她很生氣,所有其他學生都是第一次在學校聽說阿爾及利亞戰爭的事,並且都用懷疑和不贊成的眼光看著她:她怎麼敢頂撞老師?她到底有什麼問題?一名學生甚至在她離開時對她大喊大叫:「如果殖民這麼糟糕,你今天爲什麼來到這裡?如果法國人這麼壞,那歡迎你回阿爾及利亞!」當時我深受我父輩家族觀念的影響,不敢公開爲他們辯護。時至今日,我仍對此感到內疚。我感受到了她的憤怒,而我本該展示我

的同理心，但我卻發現自己很難質疑老師的觀點，畢竟這和我從小就被灌輸的黑腳家族的觀點一致。

德國課綱中幾乎沒有提到德國的殖民歷史。即使在法國的課綱中有提及這部分，但教科書中講述奴隸制度的方式也存在很大的問題。它主要講述的是一五〇〇至一八六六年間的大西洋三角貿易，除了香料和其他商品，其中包括將近一千兩百五十萬被奴役的非洲人，書上針對奴隸船上無法言語的惡劣條件和殘酷虐待隻字不提，也沒有提到貿易背後的殺人意識形態和制度。過去我只在課外閱讀過幾本關於奴隸制度或殖民主義的法語書籍，因為它們不是學校課程的一部分。之前的暑假中，我如飢似渴地閱讀了艾力克斯・哈利（Alex Haley）的《尋根》（*Roots*）這本書。它講述了昆塔・金德（Kunta Kinte）的故事。他在一七六七年被奴隸獵人綁架，並乘坐奴隸船「利戈尼爾勳爵號」（Lord Ligonier）被帶到當時的英國殖民地馬里蘭州。這是我第一次了解到遭受奴役的人們的命運和生活。讀《根》時我正在馬丁尼克島，那裡隨處都可以看到和感受到奴隸制的痕跡，但沒有任何言語、文字或圖像明確承認它的存在。在馬丁尼克島上那些曾有無數奴隸死亡的許多種植園中，沒有牌匾，沒有文字說明，沒有紀念受害者的照片。部分奴隸所居住的營房（cases-negres）仍然存在種植園中，被當作紀念品商店、廁所或儲藏室使用，但它們的歷史意義卻絲毫沒有被提及。遊客們坐在成千上萬的人曾被奴役和謀殺的地方，愉快地啜飲著蘭姆酒，而不必背負歷史的情感負擔：馬丁尼克島就應該是個純真的度假勝地，擁有豐富多彩、快樂的人們、

美食和異國情調的音樂。

明明是對數以千萬計的人進行奴役和謀殺，法國的教科書卻將此描述成純粹的經濟活動，這種冷靜而超然的描述當時激怒了我。直到今天，我都覺得這種隱瞞方式令人難以忍受。針對法屬西印度群島，尤其是馬丁尼克島廢除奴隸制度的敘述，也否定了那些為了解放而戰的被奴役人民的歷史和觀點。亞爾薩斯政治家維克・舍爾歇（Victor Schoelcher）被譽為法國廢除奴隸制的主要人物（如果他不是唯一重要的人物的話）和黑人救世主。法屬西印度群島上到處都有他的雕像，街道和重要的紀念碑也都以他的名字命名。而馬丁尼克島的一群積極運動人士澄清了事實，重新確認了馬提尼克島廢除奴隸制的歷史，是奴隸們的起義推動法令的簽署，而不是舍爾歇：一八四八年五月二十二日，杜象（Duchamp）農場裡一名名叫坦布耶（Romain Tambouyé）的奴隸在聖皮耶（Saint-Pierre）市長胡森（Husson）的命令下被捕，只因為他打了鼓，而打鼓被視為反抗的象徵。在他被釋放後，好幾個種植園遭到突襲，數名奴隸主被殺。五月二十三日，在如此巨大的壓力下，市議會投票贊成廢除馬丁尼克島的奴隸制，並在總督羅斯托蘭（Rostolan）簽署法令後被批准。

記憶政策

歷史政策問題重重的另一個例子是，德國迄今為止還沒有完全承認對納馬人（Nama）和赫雷羅（Herero）人的種族滅絕行為。法國直到二〇〇一年才通過一項法律，將奴

隸制度列爲危害人類罪。所有證據都表明，這段歷史是從主導視角被講述的。德國歷史上殘酷的一頁常常被簡化成國家社會主義時期，都要跟希特勒這個關鍵的、邪惡的主事者牽扯上關係。雖然國家社會主義不再於學術討論中被提及，但在政治討論中卻非常重要。（即使右翼的高蘭〔Alexander Gauland〕說出了很多人的心聲：希特勒和納粹在德國一千多年的成功歷史中只是鳥屎。）國家社會主義被描述爲一個非同尋常的意外，是德國歷史上的一個殘酷異常事件，好像種族滅絕憑空發生，彷彿德國人已經被魔鬼附身了十幾年。而哈伯馬斯意義下的左翼份子，也就是立憲愛國者（Verfassungspatrioten），也普遍將大屠殺紀念認爲是一件獨特、恐怖且不可抹滅的事件。從積極的意義上來說，這是記憶政策（Erinnerungspolitik）的一個重要組成部分，但它也帶來了充滿問題的後果：當人們將納粹大屠殺與其他種族滅絕進行比較時，通常會在種族滅絕的學術研究之外激起憤怒。因此，將大屠殺視爲例外可能導致焦點轉移：將其偏離連續性，進而遠離那套導致種族滅絕和企圖消滅「非雅利安人種」的制度。那是一套怎麼樣的制度？

　　種族研究、優生學和社會達爾文主義是十九世紀中葉隨著社會問題日益生物學化而發展起來的科學學科和意識形態。然而，早在啟蒙運動期間，康德（Immanuel Kant）在他一七九六年撰寫的《實用人類學》（Anthropology）中，不僅從實用主義的角度將猶太人稱爲「社會的吸血鬼」[21]，還呼籲要消滅他們：「猶太教的安樂死是純粹的道德宗教。」此外，他還宣稱白人至高無上：「人類在白人種族中達到了

最完美的狀態。黃色印第安人的天賦已經很低了，黑人還要更低，而最低等的則是一些美洲種族。」[22]伏爾泰雖然反對奴隸制度，但也對黑人的人性存有疑慮。

半個多世紀後，社會達爾文主義的創始人赫伯特·斯賓塞（Herbert Spencer）在其著名著作《社會靜力學》（*Sozialstatik*，一八五〇年）中指出，帝國主義透過消滅地球上的低等種族為文明服務。無數其他證據也表明，科學種族主義、優生學和其他意識形態和理論為大屠殺以及對羅姆人和辛堤人的種族滅絕（Porajmos）奠定了基礎，它們在西方思想史上有著多重根源，並且有充分的理由假設大屠殺代表了歐洲殖民主義意識形態的連續性，即使主要的國家社會主義者對恢復前殖民帝國不感興趣。出生於馬丁尼克島的作家兼政治家塞澤爾在其一九五五年的著作《論殖民主義》（*Über den Kolonialismus*）中，將歐洲殖民主義與針對非白人的非人化行為和大屠殺直接連結起來，並將大屠殺描述為歐洲殖民主義的頂峰。法農也聲稱，納粹主義「在歐洲的中心建立了一個殖民體系」[23]，這個論點後來被漢娜·鄂蘭（Hannah Arendt）部分採納，並稱為「回力鏢效應」（Boomerang Effect）。她將帝國主義時期視為「暴風雨前的平靜，災難來臨的準備階段」。[24]

此外，今天仍然普遍將亞美尼亞種族滅絕稱為二十世紀的第一次種族滅絕。因此，一九〇四年德國殖民軍隊對生活在前德意志西南非洲（今日的納米比亞）的赫雷羅人和納馬人實施的種族滅絕就此被遺忘。赫雷羅和納馬種族滅絕與納粹政權之間的關聯不僅是政治和意識形態方面的，而且是個

人的。納粹人類學家歐根·費雪（Eugen Fischer）在西南非洲進行了種族研究相關實驗，他後來成爲納粹政權中極具影響力的種族衛生學家（Rassenhygieniker），並積極參與了第二次世界大戰的種族滅絕。幾年來，赫雷羅和納馬的後裔一直試圖讓種族滅絕從遺忘中恢復過來，要求賠償並歸還德國人擁有的數千具屍骨和頭骨。

即使德國開始正視大屠殺的歷史過去，但這也是一個選擇性的過程。納粹時代和種族滅絕的例外化是有問題的，因爲這往往阻礙了對種族主義的深刻探討，這個現象不僅發生在德國，在整個歐洲也是如此。猶太人種族滅絕的例外化與反猶太主義和種族主義的人爲分離密切相關，因爲儘管反猶太主義帶有歷史和意識形態方面的特定思維，但它仍是種族主義的一種形式，與專門針對黑人、羅姆人和辛堤人、原住民、穆斯林和亞洲人的種族主義無異。在德國，無論是在媒體上還是在政治層面的反歧視抗爭中，反猶太主義都經常被視爲特殊現象。除了大屠殺的例外化，對新反猶主義者的刻劃也發揮了一定作用。阿拉伯人和穆斯林被塑造成反猶太主義的新代表。例如，敍利亞－法國作家沙杜夫（Riad Sattouf）的漫畫《未來的阿拉伯人》（*Der Araber von Morgen*）在國際上的成功，不僅歸功於他不可否認的才華，也歸因於他將敍利亞人和阿拉伯人描繪成反猶太主義者，以及其他仇視伊斯蘭教的人物刻板印象。

雖然每種形式的種族主義都有其特點，但它始終具有兩個重要特徵：將某個群體看作低人一等，並將其非人化到滅絕的地步。以上兩個過程的基準點都是白人至上的理念。

英文的「White Supremacy」（白人至上主義）比德文翻譯更精確地表達了優先、至高無上的權力和自詡優越的思想。雖然白人種族主義（White Rassismus）是個複雜的系統，但其奠基於一種殘忍的邏輯，法農的「人性線理論」對此做了最好的詮釋。白人至上定義了這條線，即使這條線在某些情況下發生了變化，讓非白人群體也曾一度被認為是優越的，譬如圖西族的例子。猶太人大屠殺與白人至上有很大的關係，因為它暴露了種族建構的荒謬性：猶太人無法根據外表被辨識出來（雖然納粹宣傳聲稱可以），卻必須被一顆黃色星星標記為劣等種族、次等人和威脅。他們必須被打造成一個非白人種族。塞澤爾解釋了白人至上主義的力量，以及其在對猶太人種族滅絕的特殊處理中所產生的作用：我們不能原諒希特勒的不是他所犯下的罪行本身，不是對人類的罪行，不是對人的輕蔑，而是對白人的罪行，對白人的輕蔑，以及他將殖民主義方法應用於歐洲，這些方法之前只有阿爾及利亞的阿拉伯人、印度的苦力和非洲的黑人遭受過。」[25]法國雷鬼樂隊Sinsemilia在他們的歌曲〈關於歷史〉（De l'histoire）中闡述了這個想法：「受害者的膚色決定種族滅絕的價值嗎？」

　　然而，德國政府的選擇性記憶政策不僅忽視了對赫雷羅人和納馬人的種族滅絕，以及德國殖民歷史上的其他恐怖事件，還包括對種族滅絕的受害者和倖存者的不平等待遇，例如羅姆人和辛堤人。一直到二〇一二年，德國才設立官方紀念碑以紀念五十萬名被殺害的男人、女人和兒童；一直到一九八二年，德國政府才在巨大的公眾壓力下正式承認對

羅姆人和辛堤人的屠殺是種族滅絕。德國政府很晚才向羅姆人和辛堤人支付賠款，賠款金額少得可憐，而且是經過千辛萬苦才爭取來的[26]。賠償的理由是，據稱他們不是因為「種族」原因被驅逐出境並被謀殺，而是因為他們的「反社會行為」以及他們的前科行為。紐倫堡大審期間遵循這個理由的事實，一再表明了德國、歐洲和國際機構中反羅姆人種族主義的連續性現象。

種族主義的歷史因素之所以如此重要，是因為如果現今的反歧視政策沒有將歷史因素考慮進去，這樣的政策不僅無效，反而會強化人們的普遍認知，認為歧視是個人行為，只會產生個人後果。過去幾個世紀以來，對羅姆人和辛堤人的迫害對他們今日的經濟、政治和文化狀況產生了深遠的影響。早在中世紀，歐洲的辛堤人就遭受系統性的驅逐、掠奪和殺害。他們不得從事貿易、定居或購買房地產，這也意味著辛堤人必須住在大篷車中；許多羅姆人和辛堤人在種族滅絕事件後仍然沒有國籍，因為他們在納粹時期被撤銷的公民身分沒有被歸還；被納粹搶奪的財產歸還甚少，更不用說所謂的經濟「賠償」了。許多羅姆人和辛堤人今天的慘澹財務和住房狀況與他們過去的待遇密不可分。從這個意義上說，旨在改善歐洲羅姆人和辛堤人處境的政策應該將重點放在賠償問題。然而，大多數歐洲國家的現行政策幾乎只關注羅姆人和辛堤人的社會融合，並圍繞著他們的社會行為。這種關注不僅強化了對他們的種族成見，而且否定了他們的歷史，並在某種程度上將他們的處境歸咎於他們自己。

儘管每個群體都有其特定的歷史背景、文化和政治背

景，但是羅姆人和辛堤人的例子仍然可以套用到其他受壓迫群體的身上：遍及美洲和世界各地的黑人和原住民；瑞典的薩米人；澳洲的原住民；紐西蘭的毛利人；印度的賤民階級（達利特）；以色列的巴勒斯坦人；阿拉伯人、黑人、羅姆人和辛堤人，全歐洲的亞洲人；日本的中國人和部落民「穢多」；美歐兩洲來自拉丁美洲、非洲、亞洲和中東的移民。撇除每個人的具體情況各不相同與複雜性，他們在各自的環境下受到壓迫，而這些壓迫來自個人和制度層面，也來自結構和歷史方面。

中立並不存在

「當他們說話時，那是科學的，

當我們說話時，那是不科學的，

普遍的／獨特的；

客觀的／主觀的；

中性的／個人的；

理性的／情感的；

公正的／偏袒的

他們有事實，我們有意見；

他們有知識，我們有經驗。」

——格拉達·基隆巴[27]

我第一次有意識地面對客觀規範的暴力是我開始攻讀博士學位的時候。我選擇了一個與我個人切身相關的題目：法

國和德國勞動力市場對有色人種女性的歧視。當我在各種研討會上發表我的研究計畫時，總會遇到相同的批評：我的研究項目過於主觀，缺乏學術客觀性。我擬定了一個傳統的研究設計，將定性訪談和定量數據結合法律和話語分析方法。批評的核心在於質疑我能否中立地處理這個題目？這個問題是不是離我太近了，不符合客觀中立的科學標準？我要如何確保我個人與該主題的關聯性不會妨礙我客觀地開展科學工作？一位教授甚至建議我改成寫一篇新聞小論文而非博士論文。在他看來，這種形式更適合我的題目。這樣的拒絕讓我很沒有安全感。我非常絕望，甚至考慮在初始階段就結束我的博士學位。我的兩個碩士學位都以實踐為導向，而博士學位是我第一次接觸社會科學的傳統學術世界。我和精通許多社會學理論方法的學生一起參加研討會，而他們正走向通往成功學術生涯的路上。我感到格格不入，並產生了嚴重的冒牌者症候群（Impostor-Syndrom）。儘管我獲得多項獎學金，並且被一個著名研究中心錄取為研究員，我仍然覺得自己名不符實。但是在鏡子前進行了幾次精神喊話之後，我決定不顧勸阻繼續攻讀博士學位。

除了在哥倫比亞大學研究期間以及我在政治覺醒過程中遇到的思想波折之外，缺乏客觀性的懷疑和批評也一直在我攻讀博士學位期間困擾著我。當我第一次進入自行組織的有色人種研討會的房間時，我鬆了一口氣。我與其他有色人種的學生齊聚一堂，好讓自己從壓迫性的德國學術體系中得以短暫解脫出來。這個研討會旨在成為一個賦權之處，我們可以在這裡展示我們的研究並接受有建設性的批評，而不是聚

焦在我們缺乏客觀性上。值得一提的是，在我迄今為止參加的所有研討會中，我是唯一的非白人。我還注意到，這些批評主要來自白人男性，部分白人女性僅是附議。作為這次研討會的一部分，我接觸到了相對化中立問題的文本和理論，因為嚴格來說，「中立」根本不存在。觀點理論、立場和認知暴力這些概念，協助我揭露普遍性、客觀性和中立性的謬誤。正如尼采所說：「沒有事實，只有詮釋。」[28] 我對這句話的解釋是，客觀性本身就是一種觀點，它在中立的幌子下隱藏了特定觀點（男性的、白人的、異性戀的、受教育的），並因此將此一立場解釋為普遍的認知。古慕塞在《我說，所以我存在》一書中提到了無形的白人男性視角力量：「他對事物的觀點有著最強大的名字：**知識**。它不需要解釋自己的規範，同時卻逼迫所有和它背道而馳者提出解釋。」[29] 不少從白人男性口中說出的高度主觀、非科學的意見，經常被認為是客觀的智慧。即使後來證明他們的某些觀點是錯誤的，例如康德、黑格爾或伏爾泰，他們直到今天仍得到全世界的尊重。但他們僅值得後人的部分尊重，他們的種族主義思想也應該受到明確批評，結果卻只是用「他們那個時代的孩子」這種藉口去淡化一切。

　　一名法國博士生針對警察中的種族主義和恐同症進行了研究，並在我參加的學術研討會上展示了他的初步研究成果。作為白人異性戀男性，他在這個題目上的立場甚至沒有受到質疑或提及。他的經歷、身分和語言是否會對他與警察的面談產生任何方式影響？他本人從未經歷過種族主義或恐同症的這個事實會在多大程度上歪曲他的研究結論？當時我

覺得他的暫時性結論值得商榷，他說：「在警察隊伍中只有少數種族主義和恐同的案例。」介紹結束時，整個研討會都敲桌子以示肯定，這讓我很生氣。兩週後，一名外校博士生在大學發表了她對種族主義的研究，整個討論卻突然圍繞著客觀性問題展開。作為穆斯林婦女，她究竟要如何確保客觀地處理這個題目，而不受她個人經歷的影響？她還被指責過於政治化。明確的政治觀點與可信的科學並不相容。但必須要問的問題是：在面對種族主義和恐同症時，誰有能力保持非政治化或「中立」呢？

　　這兩個例子說明了如何用雙重標準來衡量客觀性問題。「非切身相關」被視為客觀性、中立性和理性的證據，而「切身相關」則被視為缺乏客觀性的證據。儘管個人經驗與科學的分離化在北美被廣泛討論，但法國和德國的學術界似乎還想堅持下去。你要不是被研究的對象，要不就是進行研究的對象。前者有經驗，後者有事實。這種二分法不僅錯誤，而且有害，因為它否定了多元視角的合法性。我們的經驗不應該再被視為障礙，而是應該視為知識創造的資產。正如貝爾・胡克斯精準描述的那樣：「植根於經驗的知識塑造了我們的價值觀，進而塑造了我們如何知道我們所知道的，以及我們如何使用我們所知道的。」[30] 對於一名在大學進行種族主義研究的穆斯林女性來說，她能從自身的經驗和切身關係中受益。另一方面，一名在警察部隊中研究恐同症和種族主義的白人異性戀男性不承認他在這件事上缺乏經驗，並將其誤解為中立和客觀，那麼他所得出的結果將不會完整，有時甚至是不正確的。

　　英國詩人濟慈（John Keats）在十九世紀寫道：「在經歷之前，一切都不會變得眞實。」[31]他這句名言有很多種解釋方法，可能是指沒有經歷過的經歷根本無法被感知。如果我沒有經歷過障礙歧視，那麼這種現象眞的存在嗎？性別歧視眞的存在嗎，儘管男性很少或從未經歷過性別歧視？就一名研究種族主義和恐同症的博士生而言，這意味著他更難發現及理解這兩種現象，因爲他既沒有經歷過種族主義，也沒有經歷過恐同症。無論使用什麼研究方法，在他看來，警察隊伍中幾乎沒有任何種族主義和恐同症，這也可能是因爲他從沒有注意到這些現象，因爲他沒有經歷過這些現象。人們當然可以研究與自身沒有切身相關的現象，那麼這就需要意識到非切身相關會影響他們的觀點並可能導致漏洞。美國教授哈洛威（Donna Haraway）於一九八八年創造了「處境知識」（Situated Knowledges）一詞，她假設：「透過認識和理解自身在世界中所處位置的相關性，進而認識和理解自身對知識主張的影響力，研究者就會比自稱爲中立觀察者還要來得更加可信和眞切。」[32]馬克斯・韋伯（Max Weber）對中立概念提出了質疑。他反對無偏見的社會科學理念，強調文化價值觀在塑造實證研究主題方面的作用。他的價值自由概念是，需要明確區分對經驗事實的觀察，以及對這些事實的評價。[33]知識是區域性及有限的，這意味著不可能有一種中立的、沒有地域和視角的觀點，而這正是客觀知識神話的基礎。然而，迄今盛行的科學中，思想家並不將自己置於權力關係內。我的書可能會讓我進不了所有大學的大門，因爲它呈現出我是一個擁有經驗、感受、觀點和立場的人，而這

正是一名學者（至少在歐洲背景下）不應該擁有的東西。

聲稱中立和客觀存在的這個觀點，其產生的影響遠遠超出了科學領域。籌措研究資金的相關標準一如既往地優先考慮幾世紀以來與學術卓越相關的人和學科。反之，研究人員自己的觀點會影響進行的研究類型，以及哪些主題被認為是相關的和值得研究的。也因此，在醫學領域中，對主要影響男性的疾病進行了更多的研究。二〇〇〇至二〇一三年間，男性獲得的研究資助比女性更多，講得更精確一點，平均是女性的三倍。[34]如果男性有月經，或者如果女性在科學上享有平等地位，我們現在可能更知道如何有效治療經痛和子宮內膜異位症，學術研究也將會針對產婦死亡率提供更多比目前可用的答案。相反地，由於針對女性特有症狀的研究較少，醫療專業人員也了解得較少，因此死於心臟病的女性比例較高。在德國大學中，擔任教授職位的女性仍然少得多，因此科學領域持續存在性別差異的例子不勝枚舉。例如，女博士生發表的論文往往少於男博士生，女性在會議上發言或成功申請專利的機會也更少。男性也比女性更常獲得獎項和表揚。女性諾貝爾獎獲得者被邊緣化。到目前為止，只有大約百分之五的獎項授予了女性。

女性、有色人種和其他少數群體在科學領域的缺席[35]通常被視為他們不夠優秀的證據。我曾與德國一所大學校長就多元化的必要性進行對話時，他的結論是：「要不卓越，要不多元化。」正因如此，白人男性在學術機構高層中的比例過高很少被視為問題。在我們的集體（潛）意識中，白人最優秀、最聰明、最有天賦。我們因白人男性的優點而給予他

們傑出的榮譽，他們在那裡是因為他們應得的。另一方面，女性和其他少數群體在進入此類領域時通常被視為冒牌者。他們遭到懷疑並被指控作弊，譬如他們曾和上司發生性關係，或者只是因為配額才出現在這裡，而新的黑人員工也只是作為多元化的象徵而被聘用。這種懷疑不僅反映了我們已經內化的社會階級制度，也反映了對變革的抵制。

　　有越來越多學生要求學校、大學和學院在課程以及講師和教授方面更多元化一點。在英國、德國、南非和美國的多所大學中，發起了#為什麼我的課堂這麼白（#WhyIsMyCurriculumWhite）、#校園去殖民化（#Decolonize-TheUniversity）、#羅德雕像必須倒（#RhodesMust-Fall），以及#課堂太白了（#CurriculumSoWhite）等活動，抗議課程和課程內容缺乏多樣性。下一代要求代表不同的社會群體能平等出現在他們的教育中。我們已經深深內化了這種無形的規範，以至於我們幾乎都沒有注意到大學裡沒有有色人種，甚至也沒有有色人種的教師。

　　我們低估了老師和教授對我們個人和智力發展的影響。他們不只是充當榜樣而已，我們的老師也在他們的學生身上看到自己，這些關係或多或少具有希望、同理心和連結的特點。可供辨識的身分標記不勝枚舉，有些無法用語言表達，但種族、性別、障礙和性取向必定在其中。這也是為什麼多樣性在學校和大學中必不可少的另一個原因。

　　幾年前我到倫敦時，在位於布盧姆斯伯里的倫敦亞非學院（SOAS）校園中散步，這是歐洲唯一專門研究亞洲、非洲和近東語言、文化和社會的大學。在閒逛時，我發現了一

家露天書店，裡面擺滿了關於後殖民理論、第三世界女性主義（Third World Feminismus）、交織性、黑人和非洲未來主義（Negritude und Afrofuturismus）、酷兒女性主義（Queer-Feminismus）、障礙正義（Disability Justice）和其他解放理論的書籍。大多數作者來自南方世界，並且是有色人種。我沉浸在閱讀中，忘記了時間，感覺自己被先祖的光環包圍，換句話說，我感覺自己被看見、被認可、被包容。這種日常經歷為我的自我意識留下了深刻的印象。我想知道白人去書店時是否有同樣的體驗？思考片刻後，我想不太可能，因為這對他們來說是常態而非例外。對於大多數人而言，被看見、被認可和歸屬感似乎是個看不見、不易察覺的外殼。在某些方面，我屬於大多數人，甚至沒有注意到這層外殼的存在。

葡萄牙作家基隆巴回憶到，大學在歷史上並不是一個中立的空間：「這是一個**白色**空間，黑人被剝奪了發言的權利，（而）**白人學者**則在這裡發展了理論性的論述，將我們形式上構建成低人一等的『他人』，並將非洲人絕對地從屬於白人主體之下。在這裡，我們被描述、分類、非人化、原始化、虐待和殺害。這並不是一個中立的空間。」[36] 關於黑人、婦女、同性戀者和身心障礙者的學術理論在大學裡發展起來，而這些理論是壓迫的組成一部分。科學是（並且在許多方面仍然將會是）壓迫發生的地方。黑人、有色人種、婦女、身心障礙者和同性戀者面臨著要將幾個世紀以來形成的知識融會貫通，而這些知識不僅沒有包括他們，反而還與他們對立。

　　奴隸制度和殖民主義遺留的影響仍存在於西方大學中，並繼續排斥著黑人和其他有色人種。二〇一四年三月，一些黑人學生發起了「我也是哈佛人」（I, Too, Am Harvard）運動。他們在社交媒體上發布黑人學生舉著標語的照片，上面寫著他們在哈佛大學遭受種族主義和排斥的經歷。在巧妙地被告知「你不屬於這裡，你不配來到這裡」之後，該活動的發起人覺得有必要重新奪回她在校園中的位置並堅持自己的立場。所有參與者都有被孤立和疏遠的感覺。這場運動迅速擴散到其他大學，包括牛津大學、劍橋大學和麥吉爾大學，並得到耶魯大學、杜克大學和賓夕法尼亞大學等其他大學的大力支持。這場運動讓人們看到一個普遍現象，並在以前只在個別情況下遇到這類問題的學生間產生了一種連結。隱藏許久的壓迫終於被揭露出來了。千里之外，當我坐在電腦前看到預告影片時，我淚流滿面。[37]這與我在倫敦亞非學院校園書店裡的感覺一樣：我感覺自己被看見、被認可了，也有了歸屬感。

　　與其一味追求客觀性和中立性，我們應該渴望更多的多樣性、靈活性和開放性，這樣我們的全球知識最終才能公平地反映出我們世界的豐富性。

多樣化知識：一種新的典範

「無限組合中的無限多樣性……
象徵著創造真與美的元素。」
—— 大副史巴克（Commander Spock），
《星艦迷航記》（*Star Trek*）

西方知識體系占主導地位所產生的問題，不僅在於它排斥了世界上大多數人的知識、文化和歷史，還在於它至今仍使北方世界無法從中受益和學習殖民知識。北方世界是否陷入了一種僵局，不允許其他歷史和知識形式存在？

在這方面，來自南方世界的非殖民主義思想家建議我們打破普遍主義的神話，轉向多元主義。現代科學壟斷了真假之間的普遍區別，進而限制了我們看到在有形可見的物質世界之外的知識和力量的能力。大眾的、非專業的、平民的、農民的、原住民、神經多樣性的和身心障礙者的知識所包含的信仰、觀點和直覺的領域，無法適應我們當前的知識體系。因此，如果不為印度學者席夫·維斯瓦納森（Shiv Visvanathan）所說的認知正義（kognitive Gerechtigkeit）而戰，便無法實現社會正義。他將認知正義描述為「一種非市場、非競爭的世界觀，在這種世界觀中，對話、互惠、翻譯創造了知識，不是作為專家、幾乎是零和的世界觀，而是作為記憶、遺產、繼承、解決問題的多元啟發的匯合」。[38]

今日的西方知識體系遵循以市場為基礎、以競爭為導向

的邏輯。知識是一種可以購買和「竊取」的資產，因為思想和知識的所有者必須藉由精確的引用系統來得到認可。這套邏輯的問題在於，只有當知識來自一個非常具體的框架才會被承認。並非所有資料來源都被平等引用，只有擁有文憑、撰寫學術文章或在知名出版社出版作品的人才會被引用。因此，資本主義邏輯導致無數思想、人員和知識形式不為人所見。在當前的知識體系中，難以想像將思想和知識視為共有物，因為所有偉大的發現和理論都與名字相關：柏拉圖、阿基米德、達文西、伽利略、牛頓、巴斯德、愛因斯坦等等。然而，人類最重要的突破（火的發現）卻是從集體意識中產生的。是誰發現了火重要嗎？不重要，因為我們將史前人類視為一個集體，集體比個人更重要。那為什麼今日很難將人類視為一個集體？為什麼我們堅持認為每個人都與別人不同？每個人都是另一個他者，每個靈魂都是其他靈魂的反映。在本書的最後一章我將更詳細地討論這個想法。

　　一種新的知識典範不僅將超越個人，而且會超越物質的、理性的知識領域。殖民主義貶低了任何一種本土知識，並試圖摧毀它。靈魂、招魂術和巫毒在我來自馬丁尼克島的家庭中相當普遍，我的叔伯阿姨們經常分享他們的超自然經歷，我小時候在馬丁尼克島度過的時光深受這些神祕情景所影響。我的曾祖母會通靈（我討厭用德語的算命師這個詞*，因為這個詞有貶義），我們甚至從很小的時候就知道世界比我們所看到的要大得多。我們非常尊重我們文化中的神祕領

---

* 譯注：「Wahrsagerin」，字面翻譯為說實話的人

域，並將它們視爲我們生活中不可或缺的一部分。但我們必須學會隱藏，因爲它會被生活中沒接觸過它的人嘲笑。與此同時，我們與那些生活在同樣文化中並理解神祕維度的人建立起一種隱含的親屬關係，我們知道彼此可以談論它，毋需爲此感到丟人，或是必須證明這些現象的真實性。這些人不僅扎根於馬丁尼克島或加勒比海地區，還有來自非洲、亞洲和拉丁美洲的僑民，或來自羅姆人和辛堤人的圈子。這類相關的知識在歐洲也曾有過，但是因爲獵女巫以及因基督教化而對異教的妖魔化，幾乎被徹底摧毀。

科學方法無疑擁有許多優點，而許多歐洲人根深蒂固地認爲，神祕學知識與科學相比更低一等，這阻礙了許多人找到理解它的方法。在過去十年間，世界見證了一種精神復興，瑜伽、冥想、占星術和另類醫學在西方社會越來越有份量。我謹慎和保留看待這種復興現象，例如另類醫學不能應用在癌症等嚴重疾病中。我認爲這種復興是一種積極發展，它喚醒了集體意識，但也可能帶來上述的文化挪用現象，而這種挪用以新自由主義和個人主義的方式發生。因此，靈修（die spirituelle Praxis）也被簡化爲一種生活方式，人們看不見它的本質和深度，反而說它是膚淺的。然而，靈修的目的恰恰相反，其目定在於戰勝自我。許多西方國家的人渴望靈性，他們使用來自其他文化的儀式和習俗，而這些內容與他們毫無關係，他們也不是真正理解這些文化的涵義。他們這麼做不僅是對文化的侵占，還從中牟利，但這些習俗和文化在其發源地卻遭到禁止、破壞和打壓。儘管過去十年的發展見證了西方在精神世界的開放，但不符合我們知識體系

的信仰和實踐卻不受重視，反而遭受貶低。

我的第二個孩子阿耶勒在一個月大的時候去世時，有一位治療師陪伴著我。當我告訴她，我在靈氣課程中與孩子的靈魂相連時，她讓我感到難堪，並對我說道：「好吧，你想像自己看到一個小靈魂在空中飛翔，但我認為你是不想承認孩子的死亡，你必須承認才能繼續前進。」我當時不知道該對她說什麼。我很清楚，她根本不理解我所說的話。她無法理解這對我是種安慰，能讓我在悲傷的過程中更進一步。她的言論不僅表達了我們社會對死亡議題的不安全感，也表達了對靈性根深蒂固的屈尊。

知識不僅是科學方法，還包括多種認識論和認識方式，它們既源於我們熟悉的框架，也源於其他有機和精神層面，同樣源於那些迄今為止被排除在正統知識之外的人們、文化、傳統和地方。知識以不同形式出現，如文本、數字、圖像、故事、音樂、聲音、戲劇、表演、儀式、紋身和冥想。知識是一種公共財，所有人都應當可以獲取。關於數千年來被壓抑的知識有了某種程度的恢復、補充和復興，我們都能從中獲益。關鍵在於連接過去與未來、「可見」與「不可見」，以及「物質」與「非物質」。致力於恢復這些知識和努力擴大知識定義的倡議行動正在世界各地遍地開花，例如：位於烏干達金賈的「Mpambo Afrikan Multiversity」，志在促進非洲土著知識和語言；或是由亞洲人、非洲人和南美洲人共同組成的聯盟「Multiworld Network」，他們的共同目標是恢復自遠古以來就存在的知識；又如其他家庭和社區中許多其他規模較小的抵抗勢力，例如所有在家講克里奧

爾語的家庭，幾十年來一直保護其文化和精神遺產免於遭受力量父權制度的資本殖民主義的破壞。

五、在媒體

我們每天都在不知不覺中吸收資訊，這些資訊若隱若現地證實了無形規範的優越性，進而強化了社會階級制度。圖像、敘述和表現的潛意識意義複雜而微妙，它會直接進入我們的潛意識。媒體是我們所處社會的鏡子，而這面鏡子由媒體塑造和影響。媒體不會「告知」（informieren）我們，而是「形塑」（formen）我們，它們傳播關於世界和我們的主流思想。

我們從出生那刻開始接受的圖像和資訊在很大程度上決定了我們如何看待這個世界，態度、刻板印象和偏見都會影響我們的行為模式以及我們對個人或群體的感受。沒有人可以聲稱自己沒有無意識的偏見，無論喜歡與否，我們都有偏見。**隱性偏見**透過投射到人們身上的聯想所產生，譬如黑人帶有威脅、肥胖代表不健康、障礙等於不快樂、穆斯林就是危險、貧窮聯想到懶惰等等。與有意識且可控制的觀點、偏好和刻板印象不同，隱性偏見是無意識和無意的。它是我們不認為自己有的想法（可以是正面的也可以是負面

的），並且可能與我們公開和有意識表達的價值觀不一致。例如，一個提倡**身體自愛**、接受各種體型的人，可能仍然在無意識中對比較胖的人有負面偏見。哈佛大學的**內隱聯結測驗**（Implicit Project）解釋道：即使一個人說男性和女性一樣擅長數學，他們也可能下意識更強烈地將數學與男性連結在一起。在求職面試中，某些人會受益於無意識的偏見。例如，上述哈佛大學的研究表明，大多數人對白人男性和苗條女性都存有積極偏見。這就是鬼牌的發放方式：僅僅因為外表和隸屬於某個社會分類，人們便會無意識地被認為是專業的、值得信賴的、有能力的、充滿活力的和健康的。反之，在求職的過程中，肥胖的黑人女性會因為與她的體型、膚色和性別相關的消極無意識偏見而面臨額外的障礙。

　　屬於社會階級制度頂層的人往往對自己所屬的群體有著積極偏見。例如，白人男性經常會下意識地將積極特質投射到其他白人男性身上。透過這種隱性偏好的過程，幾乎完全由白人男性組成的小組，通常會在沒有任何人出現明顯性別歧視或種族歧視的情況下進行複製。隱性偏見也可能針對自己的群體，尤其是在邊緣化群體之間。例如，根據哈佛大學的一項研究，黑人經常對其他黑人表現出消極的隱性偏見。在男性主導領域努力工作的女性，往往對其他女性同事比對男性同事更加冷酷無情。這種行為當然可以被解釋成生存策略，並且暗示著一種內化的自卑感。無意識的偏見與有意識的行為關係不大，例如我們傾向在社會群體中接近與我們相似的人。儘管黑人可能在一個以白人為主的群體中有意識地尋求與其他黑人接觸，但他們仍然有可能對自己的群體產生

負面的無意識偏見，這可能會帶來深遠的心理影響。在我的童年和青少年時期，當我意識到自己對黑人帶有偏見時，產生了深深的內疚和自我厭惡。我當時怎麼會有這樣的想法？

媒體為我們提供了識別人物、主角、角色和個性的可能性。這種識別的機制讓我們很早就感受到同理心，並設身處地為他人著想。然而，媒體也有助於將人類分為好／壞、優／劣、聰明／愚蠢、受過教育／未受過教育、可取／令人厭惡、美麗／醜陋、有價值／無價值、值得保護／不值得保護，尤其媒體反映了社會中那些擁有最大政治、經濟和文化權力者的觀點。這就是為什麼我們還必須從權力失衡的角度來理解媒體的作用。

當社會現象也根據生活經驗來書寫時，讀者或觀眾的識別潛力便會增加。當故事從不同的（通常是邊緣化的）觀點講述時，「正常」和「普遍」的意義便會隨之擴展。再者，如果全人類都能認同超人、哈利波特、詹姆斯‧龐德或芭比娃娃，那麼為什麼不能認同坐在輪椅上的波蘭老太太或來自非洲賴索托（Lesotho）的女孩呢？

同理心差距

> 「對我來說，她是個男孩。」
> ——蒂迪安（Tidiane）

我兒子蒂迪安快五歲時，他挑了一個主角都是男性的

睡前故事。為了消除兒童讀物的刻板印象和缺乏多樣性的情況，我喜歡在唸故事時改變主角的名字和性別。例如安東變成穆罕默德，或是強納森變成阿依達，又或者爸爸變成媽媽。那個故事講的是六歲左右的亞歷山大大帝設法馴服了他的愛馬布希法拉斯（Bucephalus），在他之前沒有一個成年男性能成功做到，於是他被描繪成英勇無畏的人物，最後得到父親和其他人的稱讚與尊敬。故事的最後一行是：「亞歷山大，你將成就偉大！」我很生氣，因為書中沒有半個女主角（包括那匹馬），所以我把主角亞歷山大改成了亞歷珊卓。我兒子仔細聽了整個故事，最後停頓片刻問道：「他真的是個女孩嗎？」當我回答說她確實是女孩時，他說：「對我來說不是。對我來說，她是個男孩。」

有些故事中的性別變化可能會令人惱火，尤其是如果父親的角色留著一頭長髮，或是短髮且肌肉發達的女性身穿全套消防員制服。然而，在上述故事書裡的小「亞歷珊卓」插圖卻是一個典型的女孩形象，圖片中的亞歷山大身穿小裙子，留著古代男性都有的馬桶蓋造型。儘管如此，蒂迪安還是不願意相信他是個女孩，就連我自己在唸故事時都被自己竄改的內容所激怒。不知為何，這似乎是錯誤的，不是因為女孩不能有英雄事蹟，而是因為她們幾乎從未被描繪成這種英雄角色。我試著去找其他女性被男性塑造成女英雄的例子，但腦袋中卻想不到任何相關故事、電影或書籍。女主角幾乎總是扮演伴侶或欲望對象的角色，存在男主角的陰影之下。她們往往被過度性化（hypersexualisiert），被迫扮演充滿愛心的女性角色，以刻板印象被描繪。

有時她們根本沒有機會說話，譬如《高盧英雄歷險記》（*Asterix und Obelix*）、《小偵探愛彌兒》（*Emil und die Detektive*）、《藍色小精靈》（*Die Schlümpfe*）或是《丁丁歷險記》（*Tim und Struppi*）這些經典漫畫和兒童讀物。只有極少數的情況下會出現女性榜樣，例如《長襪皮皮》（*Pipi Langstrumpf*）、《強盜的女兒》（*Räubertochter*），因此提供了其他另類的女性或女孩角色代表。然而，儘管這些角色非常出色，卻也助長女性價值的貶低，因為這些女主角的舉止基本上與刻板印象中的男孩無異，並積極拒絕自己的「女性氣質」。[2]直到約十年後，《給反抗女孩的晚安故事集》（*Good Night Stories for Rebel Girls: 100 außergewöhnliche Frauen*）等書籍問世後，才讓我們往前更邁進一步。《南德日報》（*Süddeutsche Zeitung*）針對五萬多本兒童讀物進行數據分析，試圖找出其中的性別刻板印象。[3]結果顯而易見：刻板印象仍然存在，比刻板印象更重要的是它們背後蘊含的等級制度，而這種等級制度往往被幽微地隱藏起來。根據《南德日報》的研究，與「冒險」一詞相關、以男性為主角的書籍數量是其他書籍的兩倍多。因此，我們的亞歷山大故事也不例外。蒂迪安可能意識到我們正處於一個不尋常的情況。然而，他之所以最終認定女主角終究是個男孩，與他個人**想要**認同的英雄形象有關。認同女孩對他來說是件困難的事。為什麼？因為他很早就意識到女孩的價值**不如**男孩。他下結論前的短暫停頓便是這種內心衝突的表現：「我想要像這個女主角一樣，但她是個女孩，而我不想成為女孩。」這件事發生在蒂迪安剪掉他美麗的長髮後不

久，因為他不想再被誤認為是個女孩。

現在讓我們把情況反過來看。亞歷山大仍然是男孩，而蒂迪安是個女孩，我們就先稱呼她艾米菈。艾米菈不一定會有同樣認同亞歷山大的衝動，因為她心中已經內化了英雄事蹟不是「女孩專屬」的想法。然而，隨著故事的發展，她會更深刻地內化男性的優越性，認為他們是勇敢的、令人欽佩的、英勇的。問題不在於故事本身，男孩和男人被描繪成英雄是件好事，因為這有助於小男孩建立積極的自我形象。問題在於「代表」的一維性和不平衡，進而形成了一個無形的基座，只有一小部分的人站在上面；站在基座上，就很難產生同理心。真正的同理心需要跳脫自己的情緒，盡可能多從他人的角度看問題。女孩很早就學會從男孩的角度看世界，因為兒童書籍、卡通、電視和廣告大多是以男孩的角度講述；而男孩則不然。

這個觀察不僅適用於男孩和女孩，也適用於所有社會群體。不僅是女孩學會從男孩的角度看世界，非白人學習與白人共情，跨性別者之於順性別人士，酷兒之於異性戀者，身心障礙者之於無障礙者。邊緣化群體和少數群體很早就因為無形規範（白人、男性、異性戀、順性別和無障礙者）的正面過度代表而培養了同理心，反之則不然。我們對那些被視為次等的人們缺乏同情心。

有個例子可以很好地說明這個觀察結果，就是許多男人直到有了女兒之後才明白女性主義的必要性。當他們能夠預見可能的強暴行為或是其他性別歧視虐待將會為她們帶來的痛苦和憤怒時，他們就更容易對一般女性產生同理心。同理

心的觸發點在自己身上，而非女性。在一本講述聖女貞德非凡一生的作品中，作者大衛‧艾略特（David Elliot）寫道：「女人是什麼？是她哥哥的妹妹，她父親的女兒，她丈夫的妻子，她孩子的母親。」[4]

女人只相對於男人而存在嗎？

同理心（或缺乏同理心）是歧視和社會不平等的重要基礎。用鄂蘭的話來說，同理心的消失是文化屈服於「野蠻主義」的第一個、也是最重要的標誌。阻止人們產生同理心的是各種不同形式的對他人的非人化行為。因此，非人化和同理心密不可分。藉由同理心，我們不僅學會從他人的角度看世界，而且學會感知和同情他人的感受和痛苦。

義大利米蘭比可卡大學（Universität Mailand-Bicocca）的研究人員進行了一項實驗，以了解膚色是否會影響我們對他人身體疼痛的反應。[5]參與者（均為白人）會觀看一段針頭插入皮膚的影像片段。參與者的反應會透過皮膚電導測試進行測量，該測試會反映大腦疼痛矩陣的活動，基本上是測量他們的手是否出汗。當我們看到某人痛苦時，它會刺激我們大腦的網路，就像自己受傷一樣。在這個實驗中，當受試者看到白人受到痛苦時，他們的反應更強烈。這種現象被稱為種族同理心差距（racial empathy gap）。在美國進行的一項研究表明，包括醫務人員在內的人們都認為黑人感受到的痛苦比白人更少。[6]同理心差距不僅限於身體上的痛苦，還包括愛、心痛或悲傷等情緒。回溯到啟蒙運動時期，用康德的話來說：「非洲的黑人在天性上只會感受一些微不足道的東西。」[7]認為黑人的情感能力不如白人的觀念是科學種族主

義的一部分，至今仍存於集體潛意識中，這也是數十萬人在從非洲到歐洲的途中於地中海溺水，或是死於蘇丹戰爭的新聞經常被漠視的緣故。

對被認為是次等群體（包括身心障礙者）缺乏同理心的現象，尤其解釋了社會不同領域中（從醫學到司法系統）的不公正。在這一點上，區分同理心和同情心很重要。正因為很多非身障者同情身障者，因此無法設身處地站在身障者的角度看世界；相反地，他們經常因為從自己的角度看待身障者而心生同情，所以無法想像坐在輪椅上或盲人的生活也可以是快樂且充實的。同情心經常伴隨著幫助他人的衝動，其中往往隱含著「幸運的是我不是他們」的訊息。悲傷和痛苦等感受通過同情心投射到其他人身上，卻不一定與他們的實際情況相符。從自己的角度來推測，會覺得在納米比亞的「貧窮」村莊的生活一定很糟糕。而圖像與媒體報導系統性地將苦難、戰爭、貧困和疾病與非洲大陸連結一起，更助長了這種假設。這同樣適用於將身心障礙者的生活描繪成英雄故事，這些都是缺乏同理心的表現，因為身心障礙者沒有受到平等對待。如果他們過著正常的生活，沒有那些英勇克服障礙的偉大故事，譬如參加競技體育或投身藝術，他們就會被同情、被可憐；哪怕從他們的角度來看，自己明明過得很好。媒體將身心障礙運動員塑造成英雄的故事是一種優越感的表現，與同理心無關。身心障礙者的處境之所以應該被「同情」，其中一個客觀原因是他們每天都會遭受到社會排斥和結構性的歧視。因此，同理心和同情心是完全不同的東西，不該混為一談。

屢獲殊榮的獨立電影製作人、作家和音樂家安德烈‧希伍德（André Seewood）寫了一篇頗具有挑釁意味的文章，標題爲：〈爲什麼白人不喜歡黑人電影〉（Warum weiße Menschen keine schwarzen Filme mögen）。[8]這個問題的簡短回答是：因爲他們缺乏認同黑人角色必要的同理心，這反過來又削弱了他們「暫時停止懷疑」[9]和沉浸在黑人電影敘事的能力。在德國、歐洲和世界各地看到的絕大多數電影都是白人電影，即使它們沒有貼上這樣的標籤，只是簡單被稱爲「電影」。一部「正常」的電影裡至少會有一個白人擔任主角或第二主角，如果還有更多角色的話，會有黑人或其他有色人種擔任配角，他們在片中與白人以羈絆、順從或情緒依賴等方式互動演出。在這些電影中，敘事通過更加戲劇化地關注白人角色的情緒和環境而展開。美國電影學者埃弗里特（Anna Everett）觀察到，白人觀衆並不會注意到電影中沒有少數民族或黑人；相反地，若是電影中沒有白人，白人觀衆會注意到並且選擇不看這部電影。[10]這個觀察結果可以延伸到其他少數群體，例如LGBTQI+社群和身心障礙者。現在已經有些電影其中的多數主角是同性戀或酷兒，但身心障礙者仍被排除在電影行業之外，無法成爲主要角色。當他們出現在電影中時，經常以刻板印象出現，例如：《驚心動魄》（Unbreakable，二〇〇〇）中由山繆傑克森（Samuel L. Jackson）扮演的憤世忌俗惡棍伊利亞‧普林斯（Elijah Price）；或是安‧海瑟薇（Anne Hathaway）在《女巫們》（The Witches，二〇二〇）中扮演僅有三根手指頭（類似先天性缺指）的女巫；又或者是在《逆轉人生》

（*Intouchables*，二〇一一）當中的無助沮喪形象——而這些角色全是由身體健全的演員演出。這除了帶來了雙重隱形的後果之外，更無法使人意識到演員的個人身分與電影中反映的經歷有什麼關聯。

為什麼黑人、LGBTQI＋成員和身心障礙者會繼續觀看那些錯誤刻劃自己的電影呢？為什麼他們會認同白人、異性戀和四肢健全的人？一方面是因為缺乏選擇。另一方面，想擁有主角的權力和特權是個自然而然的過程。小女孩艾米菈在聽到勇敢、堅強、令人敬仰的亞歷山大的故事時，會暗自幻想著有天她也能達到這樣的境地；但如果主角是像蒂迪安這樣的男孩，蒂迪安便只能沉浸於這個故事當中。同理心差距很早就出現了。這就是為什麼多樣化的描寫、主角和情節在兒童讀物中如此重要。

壓迫是如何被報導的

> 「是媒體。不負責任的媒體。它們讓罪犯看起來像受害者，而受害者看起來像罪犯。如果你不小心，報紙會引你憎恨那些受壓迫的人，去愛那些實行壓迫的人。」
>
> ——麥爾坎・X[11]

同理心差距不僅對電影界產生負面影響，對電視、廣播和報紙的報導亦然。當統治群體的權力、特權和利益需要

受到保護，以避免受到抵抗運動的影響時，這個現象會導致同理心差距的產生。接著，正如麥爾坎‧X刺耳警告過的那樣，媒體「讓罪犯看起來像受害者，而受害者看起來像罪犯」。

　　雖然新聞業的職業精神承諾中立、客觀和獨立，但媒體在報導政治事件時都無意識地傳遞了權力的視角。事實上，國際報導絕大多數都是從歐洲白人男性的角度呈現[12]，記者無意識的偏見和刻板印象的假設都直接影響了社會事件的報導方式。那些有權描述世界的人有責任在他們的報導中反映權力不平衡、特權和刻板印象，因為文字具有意義，並且能夠帶動特定表示和聯想。

　　例如，有關黑人男女在德國、法國、美國和許多其他國家被警察謀殺的相關報導方式，都表明了媒體並非總是給予被害者應有的尊嚴和尊重。法國的特拉奧雷（Adama Traoré）、德國的賈洛（Oury Jalloh）、庫瑪迪歐（Dominique Koumadio）、孔德（Laya-Alama Condé）和約翰（Achidi John）、美國的泰勒（Breonna Taylor）、萊斯（Charleena Chavon Lyles）、蓋恩絲（Korryn Gaines）、馬汀（Trayvon Martin）、傑弗遜（Atatiana Koquice Jefferson）、佛洛伊德（George Floyd）等人，他們都是被警察殺害的黑人，他們都是無辜的父母、兄弟姐妹、女兒和兒子。然而，他們被謀殺的事實有時會遭到媒體質疑。在佛洛伊德被謀殺後，德國的一些媒體避免使用謀殺一詞，而是使用「佛洛伊德之死」這種說法。[13]媒體沒有用「警察殺死黑人佛洛伊德」這個簡單的事實描述，而是刻意使用了淡化警察與

其責任的措辭。例如，一名記者談到「對佛洛伊德之死的憤怒，一個黑人，一個警察用膝蓋壓在他的脖子上，直到他斷氣。」[14] 雖然他沒有意識到，但是白人警察透過這些話得到保護，他的罪行被淡化，甚至可以解讀為是佛洛伊德讓自己置於被警察按在地上的境地。警方在接到一家雜貨商的電話後逮捕了佛洛伊德，店員聲稱佛洛伊德使用了一張偽造的二十美元鈔票。隨著時間推移，媒體才開始使用更明確的措辭描述這個行為實屬謀殺。但是在事發後不久，我不得不在三次不同的記者採訪中打斷他們，要求他們不要談論「死亡」，而是談論「謀殺」。

讓我們簡單想像一個假設情景：如果佛洛伊德是個白人，警察會因為他使用二十美元的假鈔而這樣對待他嗎？我對此非常懷疑。一位名叫麥考伊（Mark McCoy）的考古學教授在推特上寫道：「喬治‧佛洛伊德和我都因涉嫌使用一張偽造的二十美元鈔票而被捕。對於與我同齡、有兩個孩子的佛洛伊德來說，這是死刑定讞；對我來說，這是我事後偶爾會在聚會上講的故事，這是白人的特權。」[15] 然而，如果我們假設警察也會殺死麥考伊，媒體會怎麼報導這起謀殺案？警察的名字會不斷被提起嗎？答案是：會的。記者們會如此猶豫和保守地談論這起謀殺案嗎？不會。逮捕的原因會成為頭條新聞嗎？這是肯定的。如果發生反對警察殺害白人的示威活動，媒體會如何描述它們？這些是示威，不是騷亂。

佛洛伊德被謀殺後，大規模爆發針對警察極端種族主義暴力的抗議活動，並多次被主流媒體稱為「騷亂」、「搶劫」、「破壞公物」、「暴動」和「動盪」，而不是稱之為「抗議」、

「抵抗」、「遊行」或「運動」。媒體更多地報導了發生在示威活動邊緣的暴力事件，而不是這些抗議的訴求。大多數的德國主流媒體都下了諸如「掠奪者之夜」[16]、「一張毀滅性的照片」[17]、「簡直一片混亂」[18]等標題。不僅「暴力」成為報導的核心要素，關於謀殺案的細節也沒有持續被關注。將這起明顯的謀殺案稱為「死亡」扭曲了現實，讓人忽略了佛洛伊德的死亡是他人主動造成的事實。在這種情況下，「死亡」這個詞不僅不夠充分，還助長對邊緣化群體的經歷和聲音的結構性壓制。一段在德國《每日新聞》（Tagesschau）的報導前言寫道：「黑人佛洛伊德在明尼亞波利斯市（Minneapolis）去世後，越來越多美國城市陷入抗議和暴力之中。明尼蘇達州（Minnesota）州長控訴，這些抗議者並非為了喬治而抗議。」[19]這個大標所使用的家長語氣不僅表現在州長直呼喬治‧佛洛伊德的名諱之外，更影射抗議者並不是**真的**在乎正義。為什麼比起那些為了正義而努力的人，這位白人州長在德國媒體占據了更多空間？媒體也廣泛地出現了參加抗議活動的警察的相關報導，在《明鏡週刊》（Der Spiegel）上一個關於抗議活動的影片中，只有一個人有機會發言：一位好心的警察對示威者說「我們愛你們」。[20]看過這段影片之後，不禁有人會問：「這一切騷亂到底是為了什麼？」有些警察互相團結的事實相當值得一提，但問題是他們獲得了比被壓迫者更大的平台，而被壓迫者經常被描繪成罪犯。媒體也因此維護了現狀，並且使系統性和制度性問題個人化。這個問題就是：警察暴力在歷史上和結構上都根植於警察制度中，不應該因為好警察而淡化。相反地，這起事件符合針對有色人種的種

族主義暴力歷史，如同私刑、奴隸制和吉姆克勞法通用的時代（Jim-Crow-Ära）。透過使用「發生暴力衝突」[21]這樣的字句，記者完全忽略了權力的不平衡，彷彿這只是平等地位的衝突。然而，在這樣的「衝突」當中，一方拿著槍、防彈衣、催淚瓦斯和警棍，另一方則赤手空拳地站在那裡。這不是平等的爭吵，而是幾個世紀以來的系統性國家鎮壓，試圖消滅黑人的聲音、尊嚴和生計。

喬治·佛洛伊德的名字和年齡隨處可見，而被控三級謀殺罪的白人警官姓名卻很難在網路上找到，最初甚至經常被省略。因此，有罪一方的匿名性更有可能得到保護，而被指控犯罪的黑人照片、圖像和訊息卻早在不確定他們是否有罪之前就在媒體上流傳。這算是「中立」報導嗎？

我不是在指責記者的種族主義，但在一個不公正的社會中，所謂的中立（更不用說謀殺等行為）助長了掩蓋權力、特權和不公正。憑藉他們所謂的中立報導，實際上再現了種族主義敘事，並否認了喬治·佛洛伊德以及所有黑人的人性。透過過度強調「好警察」的敘述方法以及將抗議活動描繪成暴力行為，使得警察制度和白人至上主義得到了有效保護，多半是無意識的。美國多數的示威活動大多都平靜也和平，示威者高喊著「沒有正義！沒有和平！」和「黑人的命也是命」等口號。當法國、德國、比利時、英國和世界各地的黑人社群感到憤怒和無助時，媒體卻將其行為非法化，在報導中給人一種被壓迫者不應該生氣的印象。

因為被壓迫者的憤怒是對壓迫制度的最大威脅。憤怒的女性被認為歇斯底里，憤怒的黑人被認為好鬥、帶有威

脅性又殘忍，而憤怒的酷兒、跨性別者和身心障礙者被認爲是精神病患者。當今的集體記憶描繪了一幅美國和平民權運動的畫面。然而，媒體當時並沒有把它描繪成一個和平的過程，而且國家警察的鎮壓極其暴力並且致命。羅莎·帕克斯和馬丁·路德·金恩被當成罪犯對待。美國白人記者歐森（Hanna Brooks Olsen）在圍繞佛洛伊德遇害的抗議活動中曾發推文說：「白人認爲民權運動就是由羅莎·帕克斯禮貌地靜坐和馬丁·路德·金恩始終和平的抗議組成，這證明我們的教育體制奠基於白人至上主義。因此，黑人歷史被改造成迪士尼樂園版本，供白人消遣。」[22] 也因此，馬丁·路德·金恩最著名的名言總與追求正義的愛、和平與團結有關；但他也說過「叛亂是無恥的語言」，「白人社會的大部分人更關心平靜和現狀，而不是正義、平等和人性。」[23] 不被媒體、政客和公衆所看見聽見的團體，歷來總是通過騷亂的方式讓人們聽到他們的聲音，因爲只有當商店、房屋和公共汽車站著火時，記者才會前來報導「騷亂」。有句優羅巴（Yoruba）諺語是這麼說的：「一個不被村莊擁抱的孩子會把村莊燒掉來感受它的溫暖。」

換個角度來看：對那些在德國傳播種族主義言論和仇恨的人來說，無論理由是否充足，他們總是在媒體上擁有一個平台來談論他們的「恐懼」和「擔憂」。例如，關於犯罪難民的敍述是基於種族主義刻板印象，並沒有任何客觀依據。絕大多數的難民並不是罪犯，只是在尋找一個安全的地方。右翼極端主義專家邁可·納特克（Michael Nattke）說得對：「沒有其他群體像『憂慮的公民』（besorgte Bürger）一樣

如此備受寵愛。」[24] 對於被外國人入侵、強暴或德國伊斯蘭化的恐懼，餵養了針對穆斯林、黑人和其他少數群體的種族主義刻板印象，並被用來為排斥、仇恨言論和種族主義暴力辯護。對「憂慮的公民」表現出的同理心，為他們打開了通往主流社會的大門。這種同理心不僅讓可疑的擔憂合法化，同時也成為右翼民粹主義的溫床。相比德國白人有充分恐懼的理由，激起仇恨、邊緣化和歧視的假設性恐懼反而獲得了更多空間。例如，二〇一八年，來自巴登－符騰堡邦的德國另類選擇黨議會小組成員葛勞夫（Marcel Grauf）寫道：「勝利萬歲（Sieg Heil）*！畢竟我們現在所處的這個國家裡有這麼多外國人，再一次的大屠殺是值得的。」[25] 身在一個政治領導人發表這種聲明的國家裡感到害怕非常合理，即便葛勞夫沒有擔任公職。對許多人來說，恐懼早已成為日常生活的一部分，例如難民營的居民每天都要面對鄰近新納粹份子的暴力。

自從二〇一五年柏林的新納粹襲擊事件增加以來，我在城市各處也時時刻刻保持警戒，並且總是在腦海中預備好計畫，以防自己和孩子遇到新納粹份子。甚至早在哈瑙槍擊案（Hanau-Morden）發生之前，我和朋友間總會聊到「如果情況變得更糟，我們要移民到哪裡去？」的話題。我母親先前來訪柏林，她在購物時也遇到了種族歧視，但沒有人挺身而出，她因此很擔心我。就連我父親也經常問我想在德國待

＊編按：此為納粹禮，納粹時期用於納粹黨大會的口號。今日於德國行納粹禮、呼籲納粹言論都會觸法。

到什麼時候。他總是向我提到他的祖父，當時他猶豫太久才收拾行李，最後在死亡集中營裡被謀殺。在德國，我們什麼時候會到達沒有足夠時間收拾行李的地步？

「憂慮的公民」的示威充滿仇恨和暴力：他們追趕和毆打不幸走上遊行路線且長相貌似外籍的人、揮舞著德國和帝國的旗幟、高喊納粹口號、行納粹禮。「憂慮的公民」會變得暴力，據說是出於恐懼。這只是媒體談論自衛之前的一小步，而這些術語早已用於新納粹的圈子當中。如果難民、黑人和穆斯林敢用幾乎一樣多的暴力來回應種族主義的煽動，以及他們對此的恐懼，媒體會表現出同樣的同情嗎？老實說，我不這麼認為，他們會被視為威脅。唯有「和平」、「非暴力」和「順從」地表達關切時，非白人的反抗、憤怒和恐懼才得以被容忍。並非巧合的是，甘地、曼德拉、羅莎·帕克斯和馬丁·路德·金恩都受到了表揚，因為他們在面對公然的國家種族主義暴力時一直保持**和平**。

這種雙重標準的另一個例子是對恐怖行為的認定。許多白人做的恐怖主義行為都沒有被稱為恐怖主義。杜登辭典（Duden）將恐怖主義描述為，「旨在通過恐怖手段實現（政治）目標的態度和行為」，另一個定義簡單地將恐怖主義描述為「實施和傳播恐怖」。然而，這個詞幾乎只與伊斯蘭教有關，在Google上快速搜索「恐怖主義」一詞，得到的大部分是伊斯蘭主義者的照片。新納粹暴力近年來才被冠上「右翼恐怖」的稱號，不久前，德國主要媒體還將新納粹份子殺害八名土耳其裔男子和一名希臘人的事件包裝成「烤肉串謀殺案」（Dönermorde），一個種族主義式的、輕描淡

寫的陳腔濫調。

　　白人也被授予對恐怖主義行為的隱含無罪推定。他們會被假設為精神失常，或是他們的動機會受到審查和討論；穆斯林和黑人則沒有這種特權。這就是刻板印象的力量，這些標籤很難擺脫。一個穆斯林男子在學校用手槍掃射會立即在許多報紙上被貼上恐怖份子的標籤；如果這個人是白人，大家就會說他是個瘋狂殺手，這是只有他有的個性化特權。就穆斯林而言，他的行為會影響整個穆斯林群體，他們必須為他的行為負責，就算他們與此完全無關；就白人而言，他的個人行為仍然只是**他的**個人行為。在極右派新納粹主義的恐怖組織「地下國社」（NSU）所犯下的謀殺案中，調查兜兜轉轉地持續了數年，就是因為警察和法官很難將非白人男性看作種族主義暴力的受害者，而非罪犯。這就是為什麼種族偏見（即使是無意識的）也可能是致命的。

　　在中央公園五人案（Central Park Five）中，五名年齡介於十四至十六歲的黑人青年被錯誤定罪並因此入獄，他們被指控於一九八九年在中央公園強暴和暴力襲擊一名白人女性慢跑者。在這個案件下，兩種強烈的刻板印象發生衝突：黑人性犯罪者和手無寸鐵的白人婦女。在這種情況下，僅僅這兩種形象就導致五個男孩被定罪。沒有證據，DNA測試結果呈陰性，但幾個世紀以來黑人男性之於性侵者的形象就足以將他們定罪。媒體將他們比作動物，並被稱之為「狼群」、「公園裡的野蠻人」。不僅執法部門有錯，延續和利用此類圖像的整個體系也有錯。從媒體開始，他們向警方施加巨大壓力要求他們迅速破案，而且要以符合他們說法的方

式破案：五個殘忍的「野蠻人」強暴了有史以來最珍貴的人類，一位富有的白人年輕女性。對於這樣的強暴行為，所有黑人男性都必須集體承擔責任。

這位性侵倖存者所經歷的強烈同情程度，與被指控的肇事者有所關聯：她收到數十萬封陌生人的來信、收到弗蘭克‧辛納屈（Frank Sinatra）送來的鮮花，並且受到警方和法庭的極大尊重及尊嚴對待。為什麼這種情況不會發生在每位被強暴的女性身上？這意味著加害者必須是黑人，而受害者必須是白人嗎？創傷專家梅納肯（Resmaa Menakem）說道：「白人女性的眼淚感動了整個世界，而黑人和原住民女性的眼淚無濟於事。」[26]#MeToo運動的起源鮮為人知，也鮮少被討論，因為這是由黑人女性塔拉納‧伯克（Tarana Burke）發起的。她想鼓勵黑人女性和有色人種女性分享她們遭受性暴力和強暴的經驗，但是直到白人女演員艾麗莎‧米蘭諾（Alyssa Milano）在推特上發了#MeToo，這場運動才變得重要起來。伯克說：「這個世界會對白人女性的脆弱做出反應，而我們的故事並沒有被提及，因此我們覺得自己沒有同樣的價值。」[27]

此外，當犯下強暴或謀殺等殘忍罪行的犯罪者是白人的情況下，往往會過度強調犯罪者可能有精神障礙。這是個雙重問題：首先，這些大多毫無根據的假設加深了人們對真正患有精神疾病者的負面偏見，將「瘋狂」的人描繪成危險的罪犯，並強化了不惜一切代價將他們關起來的必要性，而不是支持更適當和有效的作為。事實上，大多數強暴和謀殺案並不是由被診斷出有精神疾病者所為，而對思覺失調症等精

神疾病的污名化卻爲患者製造出了高度障礙，可能阻礙診斷
和治療的道路。這種假設透過將犯罪者描繪成無行爲責任之
人來削弱犯罪者的責任，即使專家報告隨後證明他們並沒有
精神疾病。這種敘述不僅讓犯罪者獲得較輕的刑罰，還會導
致缺乏對受害者的聲援。更重要的是，掩蓋了允許這種暴力
的體制。

個性是白人的特權

邁可‧哈里奧特（Michael Harriot）在二〇一七年寫
道：「一個黑人的行爲影響我們所有人。黑人的行爲具有
傳播性和傳染性。黑人從來都不是個人。」[28]古慕塞在《我
說，所以我存在》中也談到了個性的特權：「如果**我**，一個
明顯的穆斯林，在馬路上闖紅燈，那麼十九億的穆斯林都跟
著我一起闖紅燈，一個世界性的宗教和我一起漠視交通規
則。」[29]當白人男性犯下謀殺或暴力行爲時，我們永遠不會
認爲白人男性是個特別暴力和危險的群體，儘管統計數據顯
示絕大多數連環殺手、槍手甚至恐怖份子都是白人。[30]那些
沒有個性特權的人特別努力不要讓人留下壞印象，並且盡可
能少犯錯誤。我們承受著數以百萬計我們不認識的人的行爲
的負擔。在家中，如果我們聽到新聞報導說一位女性被強暴
或是銀行被搶劫，我們焦急詢問的第一件事是：「凶手是黑
人嗎？」如果答案是肯定時，我們幾乎也會感到有罪，彷彿
我們當中的一部分人也強暴了那個女人，或者也偷偷拿走了
一些從銀行搶劫的鈔票；如果答案是否定的，我們就可以欣

慰地聽完事件的結尾，並在沒有內心衝突的情況下同情受害者。黑人孩子在學校裡是少數，我們也彼此認識，感覺像是表兄弟姊妹，也許不一定是朋友，但有種類似家庭紐帶的感覺將我們連結在一起。如果我們其中一個人犯錯了，我們會作為一個集體感到內疚、受到懲罰，並受到老師的審視。我們很早就了解到集體責任的重要性。

　　白人（以及任何占主導地位的群體）享有的個性特權，正是他們不容忍提及集體身分的原因。幾乎每次提到性別歧視或種族主義問題時，都會有人說：「但不是所有的男人都……」或是「但不是所有白人都……」個性特權賦予了享受它的人一種難以察覺的自由感，那些被視為個人而非整個文化、宗教或種族代表的人，在遇到不幸時也更容易被同理。對待九一一事件和二〇一五年巴黎恐怖襲擊受害者的方式，與國際媒體對敘利亞、葉門、土耳其、奈及利亞、肯亞等地發生的多起襲擊事件的報導形成鮮明對比，而發生在伊拉克的襲擊事件同樣導致數百人死亡，同樣由伊斯蘭國（ISIS）所為。九一一事件和巴黎恐攻的受害者被賦予面孔，他們的名字被提及，他們失去的生命得到尊重；但對奈及利亞和肯亞的恐怖主義行為進行快速的 Google 照片搜索時，卻找不到半張受害者的肖像照。取而代之的是一大堆血跡斑斑的兒童、婦女和男人的屍體，人們無法辨認其中的個體，只能找到數字和聳人聽聞的圖片。這些圖像在國際媒體上一直與非洲大陸連結在一起，踐踏了受害者的尊嚴，並否定了他們的個性。他們的面孔和名字無處可尋，他們的生命也沒有得到尊重。「地下國社」謀殺案中的受害者及其親屬也遭受了類

似的命運。在五年的審判結束時，他們受到了主流媒體和法院的不尊重和懷疑。在宣判時，受害者家屬再次面臨德國司法機構對判決的蔑視。無論是長達四小時的口頭判決中，還是在多達三千零二十五頁的書面判決中，沒有一句話提及受害者家屬、他們的痛苦，以及他們在謀殺案發生後與聽取證據和審判期間遭受的間接傷害。在多特蒙德（Dortmund）遇害的穆罕默德・庫巴希克（Mehmet Kubaşık）的遺孀埃莉芙・庫巴希克（Elif Kubaşık）說道：「我不明白為什麼我們對他們來說不值一提，為什麼提到穆罕默德的次數比提及他所遭受槍擊次數還要少。（⋯⋯）就好像穆罕默德對他們來說只是一個數字。」[31] 德國媒體也鮮少報導種族主義暴力的受害者，例如多次被新納粹份子縱火[32]的難民營中的難民。難民、黑人和穆斯林最有可能出現在新聞中，因為他們可以被描繪成符合刻板印象的樣子。與白人犯下的此類罪行相比，黑人犯下的強暴、謀殺或搶劫在媒體上的報導更多，而且報導方式不同，因為它們迎合了外籍人士的一維犯罪敘事。為了超越這些刻板印象而存在，人們必須長期抵制這些形象並且堅持自我的反對。下列我想簡單地提幾個電影和電視界的例子。

螢幕上的優越感

小時候，我們很喜歡南非電影《上帝也瘋狂》（*Die Götter müssen verrückt*）。裡頭的每個笑點都讓我們哈哈

大笑，認為整個場景布置很魔幻，音樂也很有趣。這部電影講述了喀拉哈里沙漠裡名叫席的原住民男子的故事。有天他發現一個白人從私人飛機上扔下的空可樂瓶，他認為這是個神蹟。然而，這個天賜的禮物為社區帶來了嫉妒和貪婪，最終席決定必須帶著瓶子去到世界的另一邊。一路上，他經歷了許多冒險，遇到了被認定是「神」的人：一個白人男子和一個白人女子。即使看過九十八次之後，我們對這部電影的熱情也絲毫不減。多年後，在我探望父親時，我們再次觀看了這部電影，卻感覺換了一個全新的角度：從表面上，這是個趣味結合兩種截然不同文化的無傷大雅的故事。然而微妙的是，這部電影助長了殖民和種族主義的刻板印象。我們和一九九〇年代的許多其他孩子一樣，已經內化了這些刻板印象並因此沒有意識到。電影的敘事手法基於「高貴的野蠻人」這個殖民主題，這是個未被西方文明玷污的「自然人」的理想形象。這個概念不僅表達了人性本善的觀點，也表達了人缺乏認知能力、理性和智力。為了說明高貴的野蠻人的自卑，就像電影中呈現的那樣，需要文明世界與「自然」人之間的衝突。這部有史以來最成功的非洲電影在全世界幾代人中留下了深刻印象，儘管該片上映於一九八一年，但是仍影響至今。這部電影不僅含蓄地肯定了黑人和原住民的次等地位，也肯定了白人的優越性。即便電影名稱具有諷刺意味，卻也充分反映了南非白人的自我認知。

因為將種族主義制度擱置在一旁不去處理，這部電影在許多人看來無關政治並且有趣。然而，所有電影在某種程度上都具有政治性，無論在電影中傳達了或是隱藏了什麼

內容。《上帝也瘋狂》並沒有反映種族隔離的法律制度所造成的更大恐怖之處，這淡化了制度的嚴肅性和殘酷性。事實上，片中所有的演員反覆說道「我不想談」這句話並不是偶然，導演透過這句話巧妙地暗示了種族隔離制度，以便最終淡化這個主題。只有那些沒有每天受到迫害、壓迫和傷害的人才能承受這種沉默，並且以大笑取而代之。

說到大笑，票房大片《逆轉人生》講述了坐在輪椅上的男人菲利普和他的看護德里斯之間的友誼故事。德里斯以自身隨和的生活風格，為富有但與世隔絕的菲利普注入了重新面對生活的勇氣。電影中滿足了所有關於階級、身障者和黑人的刻板印象。坐輪椅的男人生活沮喪，直到黑人看護用天生的樂觀和舞蹈才能點亮了他的生活。德里斯沒有受過教育，充滿活力，為人簡單、隨和、輕浮、大男人主義、好色，是個更生人。最重要的是，他領取社會救濟金。他被刻劃得很懶惰，以至於他們第一次見面時，菲利普便問他：「你覺得你適合工作嗎？」德里斯看似風趣、幽默、隨和，但仍有種黑人與生俱來的威脅感。菲利普的一位好朋友警告他：「每個人都很擔心你，你應該特別小心。來自郊區的男孩沒有憐憫之心。」兩位主角互相成長：德里斯為身障者無聊而悲慘的生活帶來了娛樂、樂趣、幽默和輕鬆；他也將自己從一個來自巴黎郊區、粗魯、沒有文化、沒有受過教育的男孩，變成一個受過良好教育、博覽群書、彬彬有禮、享受高雅文化並能清楚表達自己的人，他藉由接觸代表白人中上階級的菲利普而變得文明起來。這部電影是二十多年來在德國最成功的法國電影，擁有近八百萬觀眾觀看。德國版的電

影海報稍作修改，德里斯笑得更開，嘴巴張得更寬，露出潔白的牙齒，讓人聯想起殖民時期的黑人漫畫。這個電影奇蹟讓很多人感到驚訝。是什麼讓這部電影如此成功？這部電影很有趣，片中演員才華出眾，講述了一個不常出現在電影中的不尋常的人物故事，而這類人物甚至鮮少擔任主角。然而，這部電影之所以能吸引如此廣泛的觀眾，最大原因是它驗證了我們從小就內化的規範和社會階級制度。

　　除了電影之外，尤其是真人實境秀這種類型的節目最能體現階級差異。參與者大多來自社會弱勢背景，他們的不足成了節目的娛樂核心。實境秀中建立了判斷和淘汰機制，而中產階級的價值觀、願望、品味和行為在實境秀中被包裝成普世與理想的。透過這樣的操作，這鼓勵了主要來自工人階級的觀眾追求他們因階級而無法擁有的東西，同時鄙視螢幕上代表他們和他們階級的人。[33]如《換妻遊戲》（*Frauentausch*）、《老大哥》（*Big Brother*）或《明星避暑山莊》（*Sommerhaus der Stars*）等被俗稱為「底層電視節目」或「垃圾電視節目」的實境秀，都以一種非人化的方式為負面刻板印象服務，中上階層的優越感因此得到隱性的強化。這類電視節目的階級主義同樣奠基於對肥胖者的貶低，例如在節目《減肥達人》（*The Biggest Loser*）中，肥胖者被迫在少量或強迫進食，以及過量運動之間交替循環。這些節目在娛樂的掩護下，讓觀眾不是對自己的體重感覺良好，就是陷入自我厭惡。該節目傳遞的訊息是：只有在你接近「瘦」這個優越規範的時候，你才有價值。

　　我想再透過一部紅極一時的電影來作為透過媒體確立

上下階級的最後一個例子。多次獲獎的電影《辛德勒的名單》（*Schindlers Liste*）講述了德國實業家奧斯卡·辛德勒（Oskar Schindler）的故事。二戰期間，辛德勒在他的軍火工廠雇用了大約一千兩百名來自被占領的波蘭和捷克斯洛伐克的猶太人，進而幫助他們免於喪命在奧斯維辛集中營。奧斯卡·辛德勒是世界上最著名的大屠殺英雄之一，被認為是道德、勇氣和寬宏大量的化身。新的發現指出，他可能沒有史蒂芬·史匹柏（Steven Spielberg）電影中描述的那麼英勇。根據二○○四年出版的一本傳記[34]，辛德勒的名單，這份記載著其工廠猶太雇員姓名的傳奇文件實際上並不存在。這些猶太雇員被稱為「不可或缺的勞動力」，因此免於在集中營中死亡。事實上，這份以辛德勒名單被寫入歷史的名單，是由馬塞爾·戈爾德貝格（Marcel Goldberg）等安全警察（Sicherheitspolizei）中的猶太成員所編製。根據新傳記的內容，辛德勒還被指控領導一支德國部隊，負責策劃納粹入侵波蘭，這項指控比他在一九三○年代曾為德國在捷克斯洛伐克從事間諜活動一事要嚴重得多。一直到一九三三年，以色列猶太大屠殺紀念館（Yad Vashem）才同意授予辛德勒「萬國義者」（Gerechten unter den Völkern）的官方地位。辛德勒當然不是罪犯，他確實救了很多人，但肯定不是電影中描繪的那個威風凜凜的英雄。

　　史蒂芬·史匹柏是電影史上最受歡迎和最成功的導演和製片人之一。他是否有意識地將辛德勒的角色改編為完美無瑕的英雄原型，並加以完善，使其不再完全符合準確的歷史現實？如果辛德勒的角色更複雜，帶有負面的人物色彩，

這部電影會像現在這麼成功嗎？可能不會。辛德勒體現了完美白人男性的積極、堅定的形象，這不僅作為父權制度、殖民主義和資本主義的基礎，即使在恐怖至極和士氣低落的時期，這種原型仍然存在。就是需要一個像奧斯卡・辛德勒這樣的人物來挽救白人男性的形象，或者說安撫他的良知。透過他的英雄事蹟和寬宏大量的個性，辛德勒戰勝了兇殘納粹的負面形象（電影中由阿蒙・歌特〔Amon Göth〕這號人物呈現）。如果我們再更進一步解讀，不僅是白人至上主義得救了，資本主義也不知何故開脫，畢竟辛德勒工廠這間資本主義企業在救援行動中發揮核心作用，象徵性地抵銷了參與過納粹種族滅絕並從中受益，甚至時至今日仍受益的所有其他德國公司的共謀。

　　史蒂芬・史匹柏為什麼選擇奧斯卡・辛德勒？難道沒有其他英雄故事可以改編登上大銀幕嗎？在被遺忘的大屠殺英雄中，有位波蘭護士伊蕾娜・森德勒（Irena Sendler）以其化名「尤蘭塔」（Jolanta）為人熟知。她曾是波蘭猶太人援助委員會熱戈塔（Zegota）的兒童部部長，這個委員會自一九四二至四五年在德國占領的華沙由地下抗戰人士管理。她將兩千五百名猶太兒童從華沙貧民窟中偷運出來，把孩子們藏在嬰兒車、救護車甚至手提箱裡，將他們安置在波蘭天主教家庭中，並給每個孩子一個基督教化名和假身分證件。出於團結精神，她在整個行動過程中都佩戴著黃色的大衛之星（Davidstern），並詳細記錄了每個孩子的去向。這些紀錄在蓋世太保逮捕她時，不得不被迅速銷毀。尤蘭塔遭到俘虜者的酷刑折磨，並且被行刑隊判處死刑。在熱戈塔其他成

員賄賂納粹警衛的幫助下，尤蘭塔成功逃脫了處決。在二
○○八年以九十八歲高齡去世之前，她一直是幫助歐洲猶太
人逃離納粹的被遺忘的英雄之一。她是個無私的鬥士，冒
著生命危險，她既沒有工廠，也不在意認可與利益。她說：
「每個在我幫助下得救的孩子才是我在這個地球上存在的理
由，而不是名利。」[35]為什麼史蒂芬‧史匹柏沒有選擇她的
故事呢？

我的解釋是：因為她無法「拯救」白人至上主義、資本
主義或是父權制度。作為一個普通的波蘭護士，她無法為納
粹提供戲劇性的反面參照。她不僅是一個非雅利安人、一
個「低等」的斯拉夫人，還是一個從事資本主義不重視之職
業的女性。另一方面，辛德勒符合主流敘事的所有標準：白
人、男性、富有。此外，他還符合一個能與我們的集體潛意
識對話，並且保持社會階級完整的人物原型。

《上帝也瘋狂》、《逆轉人生》以及《辛德勒的名單》等票
房大片之所以如此成功，是因為它們的原型角色觸動了我
們，給予我們安全感，並且使我們感到平靜。它們強化了我
們對世界的看法，維持著讓所有人保持在原地的秩序和等級
制度，並阻止了變化。

另一個維護既定秩序的是美，或者說是我們對美的印象。

美是政治性的

「代表性

對生存至關重要

否則一隻蝴蝶

被一群飛蛾包圍

無法看見自己

會試著成為一隻飛蛾」

——露琵·考爾（Rupi Kaur）[36]

　　大約四歲的時候，我就知道一件事：如果我真的想惹惱和傷害我姐姐阿娜依，我只需要說：「你這個爆炸頭！」這成為我對付她最有效的武器，讓我可以獲得藉由侮辱她所帶來的滿足感。她很難為情、很難過也很無助。她手中沒有任何侮辱的反擊話語可以減輕她的痛苦。我姐姐和我的頭髮截然不同，這是至今仍備受討論的一點。許多人感到奇怪的是，我們作為姐妹卻沒有相同的髮質。她的頭髮細捲、色淺，而我的頭髮則又黑又捲。這種差異本來可以是中性且毫無意義的，但事實並非如此。由於我們的髮質不同，我們得到了不同的名稱。她是非洲裔加勒比人（Chabine），我是穆拉托人（Mulâtresse），而我們的妹妹克萊蒙絲因為她的印第安人特徵和黑頭髮而被稱為苦力（Coolie）。這些名稱是奴隸制度和種族分類系統的遺留物，它們決定了奴隸的價格，以及他們是在奴隸主的家中或田地裡工作。

　　我很清楚這種侮辱擊中了痛處。母親聽到後會責備我

說：「住口！這樣不好！不要這麼說。你也可能有那樣的頭髮，我的頭髮也是細捲的。」雖然她是在替姐姐辯護，但也承認擁有那樣的髮型是種不幸。事後我總是會感到非常內疚，因為我知道我不僅在侮辱我姐姐，也侮辱了我母親和整個母系家族。我也知道這麼做既刻薄又輕蔑，但我還是一次又一次這麼做。大約在十歲時，我就停止了這個舉動，因為瞬間的滿足感不再大於事後揮之不去的羞愧和內疚。時至今日，每每想起這件事，我的胸口都會感到一陣緊繃，因為我能感到自己當時的侮辱暴力一次又一次打擊著姐姐。在她的整個童年時期，她都為自己的頭髮感到羞恥。我們的頭髮不斷受到評論和評價。直到今天，我來自馬丁尼克島的祖母每次見到我都會告訴我：「你的頭髮就是你的財富。」小時候，我被認為「特別」漂亮，因為我長長的捲髮讓我更接近白人審美典範。所以我們的頭髮並非毫無意義，反而深刻影響了我們的自我意識。然而，自信取決於不同的情境。在家裡和馬丁尼克島，我知道自己接近**普世的**美的理想；但是在白人家族和白人占主導地位的環境中，我不覺得自己美麗。我的皮膚太黑，頭髮太捲，鼻子太寬，我甚至把頭髮拉直了。

我姐姐從小就想把頭髮燙直，但我父母不允許，主要是因為長期使用將頭髮拉直的產品會造成傷害。我母親在蹣跚學步的時候就用直髮夾拉直了她的頭髮，她想讓姐姐盡可能免受其害。我父親認為她的天然頭髮很漂亮，不明白她為什麼要往頭上塗抹化學藥品。他總是稱讚我姐姐的頭髮，直到今天仍然如此。基本上，他是家裡唯一欣賞她爆炸頭的人。不幸的是，他的讚美並沒有引起姐姐的注意。父親對美貌了

解多少？禁不起她每天的懇求和乞求，姐姐得到了承諾，在她十三歲時可以燙直頭髮。生日隔天，她和母親一起去了巴黎非洲美髮沙龍的集散地紅堡區（Chateau Rouge）。接下來的日子裡，她的臉上始終掛著面具般的滿足笑容，不停甩動著頭髮。從那以後，她和母親固定每個月去巴黎一次，把長出來的髮根拔除。我偶爾也會跟著一起去，感受非洲美髮沙龍特有的氛圍。

十五年後，我姐姐接觸到一個主要由擁有非洲髮質的女性組成的全球運動，她們不使用化學直髮產品，並保留頭髮的自然質地。她在一夜之間不再把頭髮拉直了，不到六個月的時間，她就擁有了一顆漂亮的爆炸頭。自然捲運動（Die Natural-Hair-Bewegung）始於一九六〇年代，是美國民權運動的一部分，並於二〇〇〇年代復興。其背後的動機是重新定義黑人社區的美，並擺脫自殖民時代以來將黑人身體定義爲醜陋、粗俗和獸性的壓迫性種族主義審美規範。與之形成鮮明對比的是，白人身體被塑造成美麗、精緻和成熟的。在奴隸制度和殖民主義時代，黑人髮質尤其被白人貶低爲原始、骯髒、不守規矩和蓬頭垢面。幾世紀以來，這個形象一直留在許多人的腦海中。我當時這句「你這個爆炸頭！」的侮辱是幾個世紀以來恥辱、輕視和種族主義的產物，是來自集體意識的吶喊。

像「美麗」、「令人嚮往」、「沒有吸引力」和「醜陋」這些詞語經常被當作普遍和客觀的眞理。無論是在歷史上以白人和男性爲主的小說家、詩人和視覺藝術家的名作中，還是以我們不安全感爲食的當代娛樂和美容行業，我們都被操縱

去相信世上存在一種狹隘的、客觀的、普遍的美的概念，而且我們對於何為美麗、何為不美麗的說法口徑一致。因此，幾乎在每件藝術作品、媒體和廣告中，我們都會看到這種美的概念的體現，並在我們的集體感知中強化美的規範。同樣地，醜陋被認為是普遍的。當一本書、一齣戲或一首歌中有醜陋的東西時，我們都有一個大概的想法。當描述變得具體時，特徵幾乎總是相同：捲曲或灰白的頭髮、不對稱的眼睛、深色或綠色的皮膚、歪斜和破碎的牙齒、寬或長的鼻子、胖或瘦的身體、明顯的身體障礙、多毛、皺紋和皮膚病。世界上美麗與醜陋的標準主要是由白人、富人、男性和有權勢的人所定義，而所有人都堅信這個標準，即便是那些不符合標準的人亦然。

儘管美的理想嚴格又狹隘，但它們仍比我們想像的更加多變和靈活。凡是我們認為**客觀**美麗的事物，是因為我們**學過**並將其視為美。當我在Pinterest上收集許多留著爆炸頭的黑人女性圖片時，這一點比以往任何時候都更清楚。我每天滑動頁面看圖片時，都會看到幾十張這樣的圖片。幾週後，我開始對自己的頭髮不滿意，覺得它們太直了，不夠捲曲，並希望它們是捲的。同樣的情況也發生在我的腋毛上：很長一段時間我都覺得它很醜，直到我開始以不同的方式看待它，並質疑為什麼我發現同樣的體毛對女性來說是噁心的，但是對男性來說是中性的，甚至是美麗的。在相對較短的時間內，我對美的觀念發生了翻天覆地的變化。

我兒子在家裡的大部分玩具都是黑人玩偶（有些還有一頭假捲髮），還有以黑人為主角的書。有一次，我母親在幫

他繫鞋帶時，我兒子撫摸著她的頭髮說：「奶奶，你的頭髮真漂亮。」我們交換了眼神，幾乎就要落淚。如果我們在兒童和青少年時期也能在書籍、電影、廣告和雜誌中看到留著爆炸頭的女孩和女人的照片，那對我和姐姐會有什麼改變呢？如果我們擁有的不是留著一頭金色直髮的白人娃娃，而是有著爆炸頭和捲髮的黑人娃娃，情況會怎麼樣呢？我會認為「你這個爆炸頭！」是種侮辱嗎？

目前，美國、歐洲和非洲大陸都在努力打破對黑人的審美規範，試圖使其更具包容性。社群媒體在這方面打頭陣：在 Instagram、Pinterest、推特、YouTube 和 Tumblr 上，出現了越來越多支持自然捲運動的帳號，其中也能找到關於兒童讀物和護髮教學影片的推薦。許多倡議賦予了下一代黑人女孩權力，並教會她們愛護自己的頭髮，同時也治癒了殖民主義和種族主義幾個世紀以來留下的跨代創傷。對於下一代來說，自然捲運動似乎正在取得成果（這是一個更廣泛運動的一部分，旨在終結從警察暴力到工作場所歧視的種族主義）。當我在朋友的九歲女兒妮卡的美麗爆炸頭髮型上編辮子時，她的金髮朋友看著我們說：「你的頭髮真漂亮，我好想擁有這種頭髮。」妮卡回答說：「你可以摸摸看，看它們感覺多好。」二十年前，一個德國的黑人女孩不會如此自然和理所當然地接受這樣的讚美。

儘管看到了改變的跡象，但歐洲媒體對爆炸頭髮型的負面看法仍普遍存在。在第一次新冠肺炎封城期間，德國藥妝店羅斯曼（Rossmann）在 Instagram 上發表的一篇貼文引發了黑人社群的憤怒。在一位留著自然、整齊爆炸頭的黑

人女性的照片下方寫著：「#待在家（#stayhome）之後就是
#爛頭髮（#badhair）。像我們一樣，你們之中的許多人肯
定也在爲長出來的髮根和年久失修的髮型而苦苦掙扎。」許
多人並沒有在這樣的貼文中看見種族主義，他們認爲種族主
義的指控是誇大其辭，並指責批評者過於敏感。然而，這些
圖像並不中立，不應該斷章取義，因爲它們植根於長期的殖
民歷史，這段歷史貶低並羞辱了黑人婦女與她們的髮型。時
至今日，黑人仍然因爲天生的髮質被視爲隨便、蓬頭垢面、
不衛生且不雅觀，他們經常因爲頭髮、爆炸頭或辮子等自
然髮型在求職面試中被拒絕。二〇一九年七月三日，加州
簽署了第一部法律，參議院第一八八號法案，也稱皇冠法
案（CROWN Act，爲自然頭髮創造一個尊重和開放的工作
場所），禁止基於髮型的歧視。九天之後，即七月十二日，
紐約緊隨其後，成爲第二個立法將在學校、工作場所和公共
場合針對自然髮型的黑人的歧視行爲定爲刑事犯罪的州。加
州的新法律如此寫道：「我們國家的歷史充斥著各種法律和
社會規範，這些內容將黑人及其相關的身體特徵（如深色皮
膚、捲髮等）等同於劣等標誌，有時會受到個別和不平等的
對待。」該法案接著寫道：「專業性在過去與現在仍然與歐洲
特徵和舉止密切相關，導致那些本質上不符合歐洲中心規範
的人必須改變他們的外表，有時甚至是徹底和永久地改變他
們的外表，才能被視爲專業。」[37] 幾天後，蜜雪兒・歐巴馬
（Michelle Obama）在公開場合以一頭自然捲髮現身，在
社群媒體上引起了巨大迴響，這絕非巧合。一則留言寫道：
「我喜歡你天生的捲髮，女孩們聽清楚了。」[38]

不幸的是，羅斯曼並非個別情況。二〇一七年，多芬（Dove）在 Facebook 上發布了一則沐浴露廣告：一位黑人女性脫掉了她的深色 T 恤進去洗澡；接著一個穿著淺色 T 恤的白人女性從裡頭走了出來，幾乎被洗得一乾二淨。在 GIF 動圖中，黑人女性變成白人女性的轉變讓人想起古老的種族主義肥皂廣告。在廣告中，「骯髒」的黑人通過清潔變成了白人。這類廣告有很多例子，直到一九六〇年代都普遍存在。我真的不認為製作這則廣告的人是有意識地把這些圖像連結在一起，而是這些表象深植於我們的集體（潛）意識中，有時會突然出現。我母親總是擔心她和我們會有難聞的味道，這不意外，許多黑人都有這種不安全感。

二〇一八年十二月，美國一名黑人高中生被迫在捲髮和摔角比賽之間做出抉擇。[39] 上面提到的皇冠法案禁止了以前那些強迫黑人，尤其是黑人女性拉直頭髮或剪去捲髮的「美容政策」。這種對於個人外表的嚴格規定充滿了歧視，無論是針對頭髮、化妝還是特定服裝，尤其對女性以及不符合二元性別規範的人是如此。直到大約三十年前，在空服員、接待員或一般辦公室工作的一些職業中，女性還被迫要化妝、穿裙子和穿高跟鞋。在某些場合，這種期待往往是隱晦的，例如參加電影節和婚禮。這種期望迫使女性從事「審美工作」，雖然這項工作並沒有被承認。女孩從很小的時候就知道，她們需要看起來漂亮，才能取悅男孩和長大後的男人，並被社會認為有價值。「讓自己看起來很漂亮」是一種日常無形的工作，這種工作沒有報酬，但仍然要花很多錢。每個女孩們在梳頭髮時會被告知眾所周知的一句話「想

漂亮，就要受苦」，好讓我們在除毛、穿著緊身衣及高跟鞋而受苦時，能寡淡地有所準備，這些本應更加凸顯身材的物件卻會對腳和脊椎造成傷害。幾個世紀以來，歐洲和北美的女性穿著有害健康的馬甲來突出她們的胸部和纖細的腰部，到二十世紀才被今日的胸罩取代。胸罩比馬甲更柔軟更有彈性，但仍然不舒服。法國貝桑松（Besançon）大學醫院進行的一項研究指出，胸罩在解剖學、醫學和生理學上都是不必要的，甚至對健康有害，並且會導致乳腺癌。[40]為了使審美工作更具挑戰性，女性要看起來很漂亮，但必須看起來很自然。像 #我醒來就長這樣（#iwokeuplikethis）和 #無濾鏡（#nofilter）這樣的標籤，正是隱含這類期望的證據。審美工作所造成的巨大壓力多半會被忽視，因為它被視為是「自然」工作，甚至是樂趣，就像大多數主要由女性從事並且被隱藏起來的事務一樣，譬如育兒、家事和一定程度上的性行為。[41]

女性的審美理想是社會建構的觀念，亦即認為身體吸引力是女性最重要的資產之一，是所有女性都應該努力爭取和保持的東西。當我祖母說「你的頭髮就是你的財富」時，她表達了一種植根於異性戀、種族主義和資本主義模式的社會規範。醜陋作為一個類別，系統性地針對女性、生理／心理女性和其他被邊緣化的性別，傷害她們，定義她們，並且排斥她們：以一種永遠不會同樣影響男人的方式，因為這個標準不為男性量身打造。即便「好看」的男人肯定會從他們的外表中獲益，但他們的社會價值卻不能以同樣的程度來衡量。體力、生產力、智力、領導能力和其他導致資本主義效

益和影響的素質，決定了一個男人在社會中的價值。接著，一個「有價值」的男人能夠透過他獲得的物品公開展示他的價值：頭銜、土地、衣服、女人，過去還包括奴隸。從這個意義上來說，女性也是男性的一次性、可替代、可互換和物化的資產，被視爲男性身分的延伸。在法庭允許的情況下，這些女性可能會被男人鞭打、強暴，有時甚至是謀殺。[42]

　　儘管現在的女性在婚姻之外有很多選擇，但她們的容貌仍在很大程度上決定了她們的社會價值，女人、女孩和任何像這樣長大的人仍然被社會化爲不遺餘力地追求被認爲美麗的事情。我在某個時刻終於意識到，我在見到女孩後說的第一句話都是：「你今天眞漂亮！」但我不會對男孩說這樣的話。從那之後，我努力不去評論女孩子的長相，而是用「你今天做了什麼？」或是「今天很高興見到你」這樣的句子開啟對話。在我們的社會中，被認爲特別漂亮的女孩從小就下意識地被教導，應該根據自己的外表來建立自己的身分和事業，她們應該投資自己的外表，並將其用作爲社會和經濟的資本。卽便外貌確實可以支持她們其他關於創意、專業或個人的努力，但她們並不被鼓勵跳脫外表去追求自主或創造力。那些最符合社會的文化規範和對美的期望的人享有美貌特權，她們僅憑這一點就受到喝采、接納和尊重。

　　我先前提過的同理心差距與美的問題密切相關。美國作家凡妮莎・洛謝爾・路易斯（Vanessa Rochelle Lewis）寫道，在我們的社會中被認爲醜陋的人會被剝奪個人界限：「他們說不允許說『不』，否則會面臨極端的後果。」[43]身心障礙女性最常遭到強暴，但是在反性侵害的運動中卻很少

被提及。黑人女性、跨性別女性、老年女性、性工作者、肥胖女性和身心障礙女性似乎消失在關於暴力侵害女性的主流討論中，因爲顯然只有在父權制度下可以被視爲「美」的女性才會成爲性暴力的受害者。我們堅信，一個人的外表可以很好地傳遞自身的價值，以及他們的自尊、自愛、生產力和專業精神、健康、性生活，還有善良、信任度和能力。對於不符合這些規範的人來說，自我接納和自愛便是一場日常鬥爭，需要耗費巨大的精力和韌性。

身體自愛運動（Die Body-Positivity-Bewegung）質疑並挑戰美的規範，主張接受所有身體，無論形狀、身高、體重、膚色或外貌如何。這項運動誕生於肥胖接納運動（Fat Acceptance Movement）、障礙正義、種族正義以及酷兒和跨性別運動的交叉點。身體自愛主義者意圖挑戰那些不僅不切實際，而且具有壓迫性和排他性的審美標準，並鼓勵不符合這些標準的人能夠愛自己。這其中還涉及創造進入電影和時裝業等在過去相對封閉領域的機會，並打擊在健康、就業市場和約會等領域的歧視現象。近年來，身體自愛運動尤其在社群媒體上迅速發展，有無數個帳號關注這個主題，使「正常的身體」近年來在主流媒體更爲可見，並得到了更高的接受度。

然而，身體自愛運動也存在問題。鼓勵個人通過「僅僅」讚美自己的身體來參與個人賦權的言論，是否沒有抓住問題的核心？這些訊息現在遍及美容、時尚、健身和食品產業，越來越多的公司透過宣傳身體自愛的訊息來銷售他們的產品。新自由主義鼓勵個人形式的賦權，而這樣的形式不允

許我們對體制進行更廣泛的質疑，也因此，進行深度系統性變革的可能性變得非常有限。

二〇〇四年，多芬的第一個「眞美運動」（Real Beauty）廣告引起了廣泛討論，這個廣告的特色在於不找模特兒，而是選擇「普通」女性來呈現。當時，這顚覆了大衆對於可接受的身材形象的觀念。卽便我很高興能在大型廣告牌上看到不同類型的女性身體，卻也看見其中潛在的操縱企圖（這一切都與行銷有關）。這些公司繼續利用女性特別容易面臨的對美貌的不安全感和壓力。關於身體正面角度的行銷都帶有一種微妙的責備語氣，針對的是那些繼續對自己身體不滿意的女性。廣告暗示，透過購買該產品，女性終於可以愛惜自己的身體。這些論述已經從「女性需要美麗」變爲「無論她們的身體看起來如何都需要感覺美麗」。將賦權作爲個人選擇和責任，無法切入問題的根本，反而爲不符合審美規範的人帶來更大的壓力。如果這個時候你不能忽視日常的辱罵、歧視和貶低，**也**不去讚美自己的身體，那就是你自己的錯。例如在 Instagram 上發布一張自己的照片，並打出 #身體自愛（#bodypositive）標籤的這種**賦權**形式，不僅被侷限在外貌，還基於一種個人主義的權力觀念，忽略了社會中眞正的權力結構，將賦權變成個人選擇和責任的問題。在社會上繼續被視爲醜陋或不受歡迎的身體需要自我賦權，要選擇驕傲而不是羞恥，要選擇自愛而不是自卑。但是，壓迫性的權力結構和話語又該怎麼應對呢？

賦權被簡化成個人的表面行爲。這些相關宣傳活動透露出的訊息是：「這跟你頭腦怎麼想有關，愛自己吧！」於是

我們又回到原點：需要解決的問題是女性和她們的「心態」，不是社會條件、壓迫和父權制度。種族主義和新自由主義話語才是剝奪她們權力的根本原因。基本上，這種修辭接近煤氣燈效應（Gaslighting），它試圖讓人相信來自外部的恥辱和羞辱只是幻想。煤氣燈的概念來自一九三八年的戲劇《煤氣燈》（*Gas Light*）以及該劇在一九四〇和一九四四年的改編電影。在劇中，一個男人透過操縱他的妻子，讓她相信男子在她周圍所做的微小變化只是她的想像，使她不再能夠區分現實和幻想，也不再相信自己對現實的感知。這個概念如今更廣泛地用來描述對個人或群體現實感的操縱、控制和心理虐待。

如果人們不愛自己的身體，這會只是因爲他們的態度嗎？許多女性在通報性侵犯時並沒有受到重視，而是被問到她們的穿著如何。肥胖的人在面對嚴重的醫療問題時，可能因爲體重被拒絕治療，即使健康問題與他們的體重完全無關，他們也會爲此受到指責。黑人更容易不成比例地成爲國家暴力的目標，但他們一再被斥責罪有應得。跨性別者（尤其是跨性別女性）被謀殺的比率遠高於人口平均值，而且凶手在絕大多數情況下都逍遙法外。有些身體不符合社會標準的人不喜歡自己，這與他們的「心態」沒有太大關係，而是與社會條件有關，這些條件允許並加深對這些身體的集體蔑視，這些社會階級制度定義了我們身體的價值，而我們獲得保護、資源和愛的機會取決於此。有越來越多的企業在推廣「身體自愛」，確實鼓勵了許多人在這個讓我們討厭自己的世界裡選擇愛自己，但這樣做的問題在於，這些企業認爲只要

讓身體羞辱（Body Shaming）可見，就解決了**身體羞辱**的問題。現在，輪到我們每個人改變我們的**心態**了。在這個情況下，往往不會討論到身體羞辱對身體不符合規範的人在生活中造成的實際影響，以及這些企業迄今爲止如何利用消費者缺乏自尊的心態從中獲利。

企業並不是眞的對結束身體羞辱和終結這套鼓勵身體羞辱的壓迫制度感興趣，而是出於機會主義的目的挪用了這個概念。因此，我們只前進了一小步：讓更多樣化的身體在公衆視野中更爲可見，並處於「正常化」的過程中。但是導致肥胖、黑人、障礙、非二元和跨性別身體被歧視的社會階級制度是否有受到質疑，甚至被明確提及呢？這是否正眞正解構了美醜的社會建構，或者只是爲了更多的消費而將其工具化？「身體自愛」眞的讓身體不符合規範的人感到更自在了嗎？還是它讓那些因爲不受尊重而不敢表達對自己身體的負面感受的人保持沉默？

資本主義社會對美的定義不僅排除了世界上九十九％的人口，而且還是基於一種非常狹隘的理解，只關注外在的、物質的和有形之物。然而，美麗遠不止於外表，如果我們不僅只是擴展美的涵義，而是重新定義和感知美，我們的世界會是什麼樣子呢？與其繼續賦予外表神聖的意義，不如克服對審美的執著？如果我們不必過度在意自己的外表，一切會不會更容易？如果個人美麗不再是充實生活中的必要部分，那將會是怎麼樣呢？

六、在法庭上

　　司法制度並不總是代表正義，因為法律及其解釋受制於與知識相同的邏輯，既不中立也不客觀。社會階級制度也在法庭和整個執法系統發揮作用。法律是正義的基礎，我們經常認為正義的談判是中立和客觀的，但它其實也是社會過程（soziale Prozesse）的結果，社會過程將某些行為視為犯罪，而其他行為則不是。例如，婚內強暴直到最近才構成刑事犯罪，因為法律主要是由男性制定的。[2]正義與合法性的關聯不大，正如巴爾加斯精準觀察到的那樣，雖然種族隔離、大屠殺、對羅姆人和辛堤人的種族滅絕、奴隸制度和殖民主義違背了道德，但它們在當時是合法的，是在警察、行政部門、軍隊和整個國家機器的幫助下被暴力實施的國家制度。在海地革命後，也就是法國殖民地法屬聖多明戈（Saint-Domingue）的奴隸起義，導致該殖民地在一八〇四年轉變為第一個前奴隸國海地（Haiti），法國要求這個新

成立的國家向法國奴隸主支付相當於現今兩百一十億美元的費用，以補償他們被「偷走」的奴隸人力和種植園。這導致了海地至今持續的貧困，而這在當時是合法的。合法性由當權者定義和執行，因此一個國家的法律和政策必須經常接受質疑。諷刺的是，在司法系統中反而經常產生並長期存在不公義。此外，警察、法官和律師每天所做的決定會受到無意識（在某些情況下是有意識的）偏見和陳述的影響。如果無法保障法院和司法機構的中立性，那麼這對被關押在監獄中的人意味著什麼呢？

何為「有罪」？

出於窘迫而在超市偷東西的人是罪犯，但同一家超市至少間接剝削西班牙果園和菜田中的非法移民，並仰賴會虐待牛雞的肉類及奶製品行業，卻不被認為有罪。試圖拯救穿越歐洲邊界時在地中海溺水的人是罪犯，但讓同一批人溺死的邊境警察卻不被認為有罪。從非法交易中賺錢的人是罪犯，但在金融市場從事可能導致像二〇〇八年金融危機，並使數十萬人陷入貧困和無家可歸的投機行為的金融家卻不被認為有罪。關於墮胎、婚姻、強暴和性暴力、移民、稅收和信貸的法律都為統治階級的利益服務。許多現在合法的事情應該是非法的，反之亦然。大公司將有毒廢物傾倒在非洲大陸是否合法？我們的衣服由在奴隸般的條件下工作的人在南方世界縫製，這合法嗎？僅僅因為沒有某張紙本證明就讓人淹死

在地中海，這合法嗎？世界上最富有的人繳的稅收相對中產階級工人繳納的少，這合法嗎？讓人死在冬季的街頭，又合法嗎？

犯罪的概念涵蓋了各種社會不良的行為形式。聯邦刑事警察局網站列出了不同犯罪類型，其中僅包括主要由非白人或窮人犯下的罪行，例如「走私犯罪」、「移民犯罪」和「對自動取款機的攻擊」（有錢人才不會搶劫自動取款機）。[3]性犯罪、強暴和針對女性的暴力行為在網頁上找不到，相應的統計數據也需要仔細查找才能找到。同樣的情況也發生在金融和稅務犯罪。顧名思義，白領犯罪（White-Collar-Kriminalität）往往是富人所為，雖在網站上有列出，但是考量到這類犯罪占警方犯罪統計紀錄中的所有犯罪總損失量的百分之五十，它值得獲得一整頁的篇幅。雖然「執法人員的暴力行為」有單獨列成一類，但是卻沒有列出警察的暴力行為，也沒有任何統計數據。[4]

有很多過去合法的事情，今日視為犯罪，反之亦然。無證移民越境並不一定是犯罪。公開同性戀身分、穿著專為異性設計的衣服或是與不同膚色的人結婚都視為犯罪，直到最近才除罪化。同樣的行為在一個社會可能被認為是犯罪行為，而在另一個社會或同一社會的不同時間則可能被認為是中立行為。行為的法律地位（無論是否被定義為犯罪）不在於行為本身，而在於社會對行為和參與其中的人的回應，於是加害者和受害者的社會地位在這裡發揮了作用。例如，某些行為的刑事定罪允許對威脅體制的人進行控制、懲戒和迫害：窮人、黑人、有色人種、移民、性工作者、精神疾病患

者、無家可歸者、身心障礙者。獵巫運動的基礎是將威脅父權制度和男性統治的女性定罪，歐洲各地的統治階層利用處決女巫來沒收財產、妖魔化乞丐、控制女性的性行為、強化性別角色，並將女性排除在經濟、政治和社會活動之外。[5]

因此，將某些行為定為犯罪可以維持和強化權力和社會階級制度。法律將只由窮人做出的行為視為非法行為，進而將貧困視為犯罪。當刑事司法的結果與一個人的經濟狀況掛鉤時，也會發生這種情況：指控和罰款會對貧窮的被告產生更嚴苛的結果。在工業革命期間，將乞討和無家可歸定為刑事犯罪的法律迫使窮人從事雇傭勞動。在廢除奴隸制度後的幾十年裡，這些法律成為用來延續壓迫和剝削黑人的工具。剛獲得自由的黑人起初大多無所適從，不知道該往何處去，以及該如何在過去五百年以奴隸制度為基礎的社會中生存。許多人開始尋找被賣到其他種植園的孩子、父母、兄弟姐妹和親戚，他們自然也無家可歸和失業。前奴隸主認為這是重新奴役黑人的機會。一八六六年，內戰結束幾個月後，當時數十萬重獲自由的非裔美國人正在遷移以尋找工作和流離失所的家庭成員。政府通過了一項法律，迫使每個看似失業或無家可歸的人最多無酬工作三個月（恢復奴隸身分者腳上會被戴上鐵鍊和鐵球）。這項法律將試圖重建生活的自由人定義為罪犯。[6]歐洲殖民地也曾使用類似的策略來進一步剝削被釋放的奴隸。

在德國，根據一八七一年的刑法，將一個人監禁在濟貧院（Arbeitshaus）的理由包括乞討、無家可歸和「懶惰」。[7]在威瑪共和國時期，禁止流浪的法律有所鬆綁，但是在納粹

德國，流浪與乞討、「賣淫」和「好逸惡勞」被歸類爲「不合群的行爲」，犯罪者會被送往集中營監禁。黑色三角形是納粹集中營用來識別被「反社會」和「好逸惡勞」的囚犯徽章。那些被認爲是「反社會」的人主要包括羅姆人和辛堤人，直到一九四二年，它還被用來指酗酒者、無家可歸者、乞丐、游牧民族和性工作者。[8]貧窮的犯罪化當時已經存在，與對羅姆人和辛堤人的迫害密切相關；如今他們繼續受到歐洲政府的污名化，不僅因爲他們的種族，還因爲他們的社會經濟地位。二〇一五年，柏林參議院計劃將未成年乞討定爲刑事犯罪。此外，如此荒謬的計畫（威脅要求所有乞丐繳交罰款）也表明，對政府來說，消滅這些乞丐顯然比消除貧困更重要。這些法律幾乎完全針對羅姆人和辛堤人的家庭。[9]幾年前，我在柏林米特區（Berlin-Mitte）的御林廣場（Gendarmenmarkt）看到一個成年白人男子抓著一個十二歲左右的羅姆族女孩躺在地板上，她趴在地上，他的膝蓋壓在她背上，她的拳頭被他的手抓住。我跑向他，對他大喊要他放開她。他說：「她是個罪犯，警察馬上就來！」警察的確同一時間到達現場，鳴著警笛，四人一組的前來。他們把女孩和在她旁邊等候的同齡弟弟塞進車裡並拘留了他們。逮捕的原因是他們乞討。當我對那個把女孩按在地上的男人提出書面投訴時，填寫文件的警察說：「你想這樣做很好，但你知道嗎，我們一直都在和這種人打交道。」事後回想起來，我很氣自己沒有順便投訴那個警察。因爲法律並不禁止乞討，爲什麼警察逮捕了兩名沒有犯罪的羅姆孩子，而不是毆打他們的成年男子？

在法國，針對羅姆人和辛堤人的法律仍然有效。二〇一〇年，內政部要求法國各省首長「在三個月內系統性地拆除非法營地，優先從羅姆人開始」。[10]警方遵循了這個命令。兩年後，頒布了一項允許強制驅逐的法令。[11]這類法律經常被濫用，執行時過度熱切和暴力，而且沒有遵守法定的時限。法國警方的驅逐在二〇一七年尤其密集，這些行動中有七十一％與棚戶區和其居民有關，結果便是成千上萬的羅姆人家庭無家可歸。當年一月至十二月期間，有一萬一千三百零九人被驅逐離開法國一百三十個住宅區、棚戶區和棚屋，他們屬於或被認定為是羅姆人，這些人主要是兒童和青年，其中大多數人（八千一百六十一人）被當局強迫離開這個國家。[12]在歐洲社會，貧困是與種族主義交織在一起的罪行。二〇一八年，尼斯（Nizza）市長簽署了一項禁止「攻擊性乞討」的法令[13]，但這種行為已經受到《刑法》處罰，可判處六個月的監禁和三千七百五十歐的罰款。[14]二〇〇三年三月十八日，法國政府通過了一項法律，對乞討者處以三年監禁和四萬五千歐的罰款，如果乞討型是以「有組織的方式」進行，將被處以最高十年監禁和一百五十萬歐元的罰款。「攻擊性乞討」和「組織集團」是羅姆人的象徵。「攻擊」和「集團」的解釋由警方和司法部門自行認定：一個安靜的人如果等候太久伸出一隻手，就可以被視為具有攻擊性，而一個家庭就是集團。

「法律與秩序」這套敘述方法強化了一個觀念，即法律、警察和法院是中立的、客觀的機構，這種論述將追求法律視為神聖不可侵犯的任務和義務。它基於將犯罪作為

一種現象來呈現和解釋，在這種現象中，問題的核心是罪犯本身，而不是貧困、不平等和邊緣化等社會因素。在極端情況下，「法律與秩序」的敘述方法甚至會導致重新引進死刑和酷刑。例如在中央公園五人案中，「法律與秩序」的敘述方法就發揮了關鍵作用。襲擊發生後不到兩週，川普（Donald Trump）就在首都四家最著名的報紙上刊登了整版廣告，標題是：「恢復死刑。把我們的警察帶回來！」[15] 在廣告的一份聲明中，川普批評了該市的犯罪活動，並聲稱「法律和秩序」已不復存在。

秩序常與西方、歐洲和白人連結在一起，他們代表法治、善政和高度發展的官僚機構。相比之下，南方世界和有色人種被視為混亂、不整潔和腐敗的代表。第三帝國的種族滅絕是個反常的法律和秩序政策的典型例子。在第三帝國中，法律、法院、對法條的勤勉執行和對秩序的執著是極其重要的元素，這個時期最主要的加害者眾所周知。然而，鮮為人知的是其中「普通」人的貢獻（醫生、律師、教師、公務員、官員和德國社會中的其他專業人士），他們的個人行動加在一起，促成了一場系統性的、合法的針對六萬多人的殺戮。在這方面，一般法律職業所扮演的角色以及尤其是法官的行動具有重要意義。根據新的法律、法令和規範，律師幫助排擠猶太同事，將他們趕出法院、專業機構和律師事務所。他們受到反猶太偏見的鼓舞，認為排除競爭對手能為他們開闢新的職涯機會。最重要的是，他們用法律做事。法官們（幾乎都是男性）有著長期的專制、保守和民族主義傳統，堅信加強國家權威、確保公眾尊重法律、保證國家行為

具有法律依據，也就是所謂法治國家的定義。法官是那些可以有效挑戰希特勒權威、納粹政權合法性，以及限制政治自由、公民權利以及財產和安全保障的新法律的人之一。然而，絕大多數人沒有這麼做。相反地，在納粹統治的十二年期間，他們其中的大多數人不僅維護法律，而且以影響深遠的方式解釋法律，促進而非阻礙納粹執行議程的能力[16]。這怎麼可能？

　　納粹時代無疑讓一些法官（如同許多其他法官一樣）面臨強烈的個人和道德困境。現在的重點不是從安全的歷史距離回顧並譴責他們，相反地，重點在於批判性地審視他們因法律的絕對性而承受的壓力。唯有通過分析普通的、矛盾的和模稜兩可的人的行為，才能理解倫理衝突的現實。美國大屠殺紀念館展示了一系列關鍵法令、立法行為和判例，追溯納粹領導層在包括法官在內的大多數德國人民的支持或縱容下，將國家從民主變成專政。它們展示了一系列法律步驟，這些步驟將數百萬人交給了納粹國家的種族主義、反猶太主義、恐同和反身心障礙者意識形態。這些法律文件揭示了法官採取的立場，並為針對當今司法機構在社會中的作用以及其責任進行有意義的辯論提供了框架。最重要的是，它們表明合法性是權力問題，必須以任何必要的方式受到挑戰，並且永遠不該被認為是不可改變的和客觀的。

　　康德的定言令式（kategorischer Imperativ）原則至今仍深深影響著德國人的思想，根據該原則，人「應該僅根據您同時希望它成為普遍法則的箴言（行動）」[17]，儘管它一再被誤解為無條件遵守法律和規則的命令。我在十五年前來

到德國時，驚訝地發現，人們即使在沒有汽車的情況下也會在紅綠燈前停下來，他們的目光會一直盯著紅綠燈，彷彿它能保障絕對安全。好像如果汽車闖紅燈，大多數行人都會被輾過去。我認為沒必要在任何情況下都無條件遵守這條規則，我更願意親自看看是否有汽車駛來，以此判斷過馬路是否安全。在世界上所有國家（瑞士、奧地利、新加坡和或許北朝鮮除外），行人交通號誌都被視為是個人判斷情況的輔助工具。行人交通號誌的例子表明，即使交通規則本身立意良好並且可以挽救生命，但是毫不質疑地遵守規則仍可能是荒謬的。然而，如果不對情況進行個別評估，法律和法規也可能會產生致命的影響，例如將地中海海上救援定為犯罪或第三帝國的譴責義務。我正在努力教導我的兒子，規則可以（有時也應該）被打破，因為正義往往需要違法實踐。

社會運動也會帶來行為的法律地位變化（從犯罪到合法），而且幾乎總是透過違反上述法律來實現的。為了使同性戀合法化，同性戀伴侶首先必須違反這項法律。帕克斯與曼德拉違反了種族隔離法；森德勒違反了納粹法律，拯救了數千名來自華沙猶太人區的猶太兒童。那些反抗不公義的人經常會入獄。帕克斯、戴維斯、阿莎塔・夏酷爾（Assata Shakur）、曼德拉、馬丁・路德・金恩、麥爾坎・X、甘地等人都在監獄裡待了很多年，其中還不包括所有在入獄前就死去，但現在已被遺忘的人。這樣的冤獄也在當代歐洲上演：自從二〇一六年法國警察殺害了特拉奧雷之後，他的四名兄弟先後在法國被關押，全都以不實理由被捕，而這些逮捕的真正動機是因為他們對抗警察暴力。這家人為此不知疲

倦地到處奔走了四年，即便是企圖恐嚇也未能阻止家人揭露特拉奧雷之死的真相，特拉奧雷之死已經成爲法國警察暴行的象徵。二〇一八年，在地中海拯救了數百人生命的「生命線號」（Lifeline）船長克勞斯－彼得・賴施（Claus-Peter Reisch），因違反歐盟法律而被捕、受審和定罪；「海上觀察號」（Sea-Watch）船和氣候保護活動家卡蘿拉・拉奎特（Carola Rackete）也無視義大利內政部的禁令，於二〇一九年從海上救援了五十多人；二〇一三年，愛德華・史諾登（Edward Snowden）因揭露美國國家安全局（NSA）侵犯美國公民權利，面臨刑事指控。公民不服從的後果不盡相同。反抗滅絕運動（Extinction Rebellion）採用非暴力（除極少數例外）公民不服從手段迫使政府採取行動，防止大規模死亡，而這個策略迄今是以白人、中產階級的角度發展。這與他們採用「故意被逮捕」的手段有關，但其中不包括那些遭受系統性警察暴力的人們。正如法國的特拉奧雷、德紹（Dessau）的賈洛及不萊梅（Bremen）的孔德、漢堡（Hamburg）的約翰等人在拘留期間死亡所表明的狀況，在警察拘留所待的天數可能會有不同的後果，這取決於你是中產階級白人還是來自貧困社區的黑人。法國平均每年有十五人被警察殺害。[18]

　　如今，全球正義的象徵性英雄被視爲非暴力抗爭的象徵。不幸的是，人們經常忘記，他們在他們的時代被視爲罪犯和國家的敵人。這個事實應該促使我們對警察、司法系統和監獄的作用進行批判性的思考。正如我們所見，犯罪是一種社會政治和歷史建構，被工具化以維持現狀，並實施控

制、鎮壓和壓迫。追求正義要求我們認識司法系統中固有的權力動態和統治模式，並與之對抗。

司法中立

「問問那些可憐的人，
他們在正義的殿堂中過得怎麼樣。
然後你就會知道：不是這個國家是否正義，
而是它是否熱愛正義，或者對正義有任何想法。
無論如何，可以肯定的是，無知與權力相結合，
是正義所能遇到的最大敵人。」
——詹姆斯·鮑德溫[19]

我五歲的兒子最喜歡的遊戲是「警察抓小偷」。我希望他能盡快走出這個階段，但在那之前我必須配合演出。當我們第一次一起玩這個遊戲時，他說：「讓我們來找看起來可疑的人吧！」我問他：「你怎麼知道誰看起來可疑？」他的回答讓我心碎：「他們通常是黑人或阿拉伯人。」我問他怎麼知道，他說是他朋友告訴他的。我也熟識這位朋友和他的父母，可以肯定他不是在家裡學到這個假設的。那麼這種假設是從哪裡來的呢？蒂提安有一個黑人母親、一個黑人家庭，還有一個黑人家庭教師，他與許多黑人和有色人種一起長大，有些人還在他最親密的生活圈中，他甚至描述自己「有點黑」。儘管如此，他的意識已經隱含地將黑人和威脅聯想

在一起。如果蒂提安五歲時就已經內化了這種偏見（他還有我這樣的母親），那麼可以假設這個偏見是普遍存在的。

對阿拉伯長相和黑人男性有負面偏見的警察，通常認為他們的犯罪率比較高，往往會更頻繁地攔下這些人、更長時間地盤查，直到他們的偏見得到證實。與此相反的則是對白人男性抱持更積極的態度，他們被認為更值得信賴，威脅性更小，因此受到更寬容的對待。即使警察本身可能是阿拉伯人或黑人，他們仍然會有這樣的偏見。

「盲目」的司法形象是一個神話。對黑人、穆斯林和非白人男性負面刻板印象的另一邊是對白人男性的正面刻板印象，他們不會被自動與刑事犯罪聯想在一起，享有無罪推定。二〇二〇年二月十九日在黑森州（Hessen）哈瑙市（Hanau）發生的種族主義謀殺案是個悲慘的例子，一個白人男性殺害了十個人。如果警方認真看待凶手在襲擊發生前幾天的宣言，這起謀殺案本可以避免，因為凶手拉特金（Tobias Rathjen）在襲擊前幾天曾將一份供詞和一段仇恨影片上傳到網上。在黑森州議會的一次質詢中，聯邦檢察官（GBA）彼得・弗蘭克（Peter Frank）證實，哈瑙市檢察官辦公室和聯邦檢察官於二〇一九年十一月便收到拉特金的一封信，他在信中透露了他的右翼極端主義觀點。然而，當局沒有任何後續動作。受害者之一的戈克汗・聚特金（Gökhan Gültekin）的胞弟切廷（Çetin Gültekin）描述了白人凶手受益於此的特殊待遇：「如果我寫滿兩頁聲明說我想殺死德國人，並將它寄給檢察官，兩個小時後警察就會來敲我的門。」他指責警察：「如果檢察官辦公室有認真對

待這件事，我哥哥現在還活著。如果德國警察和當局盡職盡責，就沒有公開的種族主義者會擁有槍支。這就是警察跟當局的職責，他們必須確保每個人的安全，而不僅僅是德國人的安全。」[20]

根據德國下薩克森邦（Niedersachsen）犯罪學研究所（KFN）進行的一項研究，非白人會受到更嚴厲的懲罰。所有參與研究的人都要對同一案件作出判斷，唯一的不同是被告擁有馬克思·霍伯（Max Huber）這樣的德國名字，或是像比倫特·金克（Bülent Genc）這樣的土耳其名字。結果擁有外國名字的被告被判處更嚴厲的懲罰。[21]這可以用對非白人的負面偏見來解釋，但不僅如此。本書前面章節討論的同理心差距也是司法系統中的一個問題。

在美國進行的一項實驗顯示了膚色對同理心和懲罰的影響。研究人員請九十名白人大學生擔任陪審員，對一起竊盜案進行評判。陪審團對黑人被告的量刑比白人被告更為嚴厲，對黑人被告的同理心更少，即便他們犯了同樣的罪。[22]這解釋了少年法庭中的嚴厲判決。在美國，黑人和非白人青少年受到的對待比白人青少年更嚴厲。對白人學生來說是惡作劇的行為，對有色人種學生來說往往是犯罪。事實上，這種趨勢在德國也存在，我聽到的一個在柏林新科隆學校發生的故事很好地說明了這點。一名警官在向三年級學生介紹交通規則時，一個孩子問道：「警察先生，A.C.A.B.（所有警察都是混蛋）是什麼意思？」[23]這名警察衝出教室，向老師抱怨無法接受這種侮辱，並要求孩子道歉。孩子被傳喚到學校行政部門，在兩名成年人的壓力下承認自己的提問純屬

挑釁。校長說：「像個男人！說實話！」這句話已經充分說明了她怎麼看待這個孩子。九歲的孩子當然不是個男人。我聽到這個故事的時候並沒有被告知孩子的膚色，但我首先想到的問題是：「這個孩子不是白人吧？」（老師、校長和警察明顯都是白人。）這種故事可能不會發生在一個白人男孩身上，因為警察、老師和校長實際上都將他視為一個九歲的孩子，不會認為他的問題是種侮辱。但是這個黑人男孩被剝奪了無辜的特權。他的母親後來堅持，兩個成年人再次審問孩子的時候她也要在場，校長回答他們只想單獨和他一起解決這個問題，彷彿父母在場並不合適。

　　黑人和其他非白人學生相比更容易被停學，更容易被學校轉交執法部門，更容易被逮捕，更容易被送上成人法庭受審，也更容易被判處更嚴厲的量刑[24]。如果我們還記得大多數人都認為黑人感覺不到痛苦時，這一切就都說得通了。史丹佛大學（Stanford University）的研究人員在針對青少年罪犯的拘留方面也有類似的發現：黑人兒童更有可能被視為應該受到嚴厲懲罰的成年人，而不是應該得到同情和保護的無辜兒童。[25]中央公園五人案殘酷地呈現了媒體、公眾和執法部門對五名黑人男孩完全缺乏同理心，他們因為自己沒有做的行為而被錯誤定罪，並且被判處最高十二年的監禁。他們在接受警方審訊時應該有成人陪同的權利也被忽視。他們受到粗暴對待，有時還有身體虐待，甚至在證明自己清白之前就被定罪，而且沒有翻盤的機會。他們是尚未成年的孩子，而這個事實卻完全無關緊要。[26]

　　同理心差距和隱性偏見導致社會各領域（包括司法部

門）的制度性歧視。隨著人工智能的快速發展，人們可能會認爲演算法很快就會做出比人類更中立的判斷：今日它們已經被用來決定雇用誰、我們接受的醫療品質如何、我們是否應該被警方懷疑調查，以及被定罪的人再次犯罪的可能性有多大。雖然這些工具大有可爲，但也會損害和威脅弱勢及邊緣化群體的權利。如果任其發展和不加以監管，演算法可能會加劇種族主義、性別歧視、對身心障礙者的歧視以及其他形式的歧視。麻省理工學院媒體實驗室（MIT Media Lab）研究員、演算法正義聯盟（Algorithmic Justice League）創始人布蘭維妮（Joy Buolamwini）曾做過一項實驗，要求臉部識別系統識別一千張臉孔，並識別這些臉孔是男性還是女性。她發現這個系統很難識別黑人女性，她們是最常被錯誤分類的群體，錯誤率高達三十四‧七％。相比之下，白人男性的最大錯誤率不到百分之一。[27]根據這項研究，這意味著黑人女性被警察誤認的風險要比白人男性高得多。黑人和有色人種被臉部識別軟體誤認的可能性是白人的一百倍。就在二〇一五年，Google 的圖像識別演算法將黑人的照片歸類爲大猩猩。[28]人工智能是由人類創造的，人的偏見、觀點和看法都會影響這個過程。例如，莎菲雅‧諾布爾（Safiya Umoja Noble）在她的著作《壓迫演算法：搜尋引擎如何強化種族主義》（*Algorithms of Oppression, How Search Engines Reinforce Racism*）中指出，偏見和負面表現會透過搜尋演算法再現。如果絕大多數開發人員是白人男性，那麼演算法就會反映出這一點。布蘭維妮將演算法偏見稱爲「編碼注視」（coded gaze），因爲它使開發演算法者

的視角清晰可見。人們在「現實生活」中的偏見導致制度性的系統性歧視和社會不平等，但演算法的偏見更為嚴重，因為它們呈指數增長和擴散。美國密西根州的一名黑人男子在妻子和女兒面前被戴上手銬，因為臉部識別軟體將他錯誤識別為搶劫嫌疑人，於是他被不公正地逮捕了，這起事件加速了針對警察使用臉部識別技術的相關爭議。[29] 這個錯誤不是個案，它揭露了系統性種族主義的致命影響，不幸的是，連演算法也無法逃脫。這個案子被發現抓錯人了，但至今有多少人因為演算法的錯認（並且無人相信他們宣稱自己是無辜的）而鋃鐺入獄呢？

在科幻驚悚片《關鍵報告》（*Minority Report*）中，犯罪者在犯罪前不久就被逮捕。湯姆·克魯斯（Tom Cruise）在犯罪預防組織工作，透過使用預知能力來防止凶殺案。我們距離影片中的情景並沒有那麼遠。如果被錯誤識別的人說這是個錯誤，其實也於事無補。「證言不正義」（testimonial injustice）指的是對他人發言的信任與不公正之間的關聯性。當一個人因其性別、種族、宗教或身分的其他方面而被忽視或不信任時，就會發生這種類型的不公正[30]，因為偏見極其強大，在許多情況下難以克服。證言不正義也會影響性騷擾和強暴案件中的女性，她們在（白人男子作為加害者）的法庭案件中被人質疑或不被信任。[31] 相反地，無數黑人男性被錯誤指控和因此判刑，他們被指控強暴白人女性，即便他們實際上沒有這麼做。在中央公園五人案中，十二年後真相才得以大白。但是還有多少案件永遠懸而未決呢？真正的加害者不是透過司法制度和公正的審判找到

的，而是犯人自行認罪。二〇〇二年，被定罪的連續強暴犯和連環殺手雷耶斯（Matias Reyes）承認自己是這起犯罪的唯一犯罪者，而DNA檢測顯示受害者身上的DNA也是他的，隨後所有針對五人的判刑皆被推翻。然而，包括川普在內的許多人仍然認為他們在某種程度上是有罪的。不幸的是，這種司法「錯誤」不僅發生在美國，也發生在歐洲。二〇一八年九月十七日，二十六歲的敘利亞人阿邁（Amed A.）在德國克萊夫（Kleve）監獄中因火災身亡。他是冤獄，因為警察將他錯認為一名來自馬利（Mali）的男子，該男子在德國北部因逮捕令而被通緝。阿邁在二〇一八年七月六日因涉嫌在人工湖邊騷擾他人被捕，但他被監禁的理由卻是這名來自馬利的男子犯下的竊盜罪。[32]

演算法和人工智能並不會消除歧視、偏見和同理心差距，反而只會強化它們。在許多其他領域，演算法會對已經被社會排斥和歧視的人們產生負面影響。演算法正在增加許多人在獲得貸款、工作、學習或醫療等資源時都必須克服的障礙。無論是人類還是演算法，都無法保證司法的中立性。警察、監獄和傳統法院延續著結構性的不平等和不公正，那麼是否有其他想得到的替代方案呢？

我們可以廢除警察和監獄嗎？

「激進主義簡單地說就是追根究底。」
——安吉拉・戴維斯（Angela Davis）[33]

　　大多數人都認為打擊犯罪的國家機器是不可或缺的，無法想像一個沒有監獄和警察的社會。警察並非中立的機構，他們的職責是維護當權者的利益並保護統治體系。是誰折磨逃跑的奴隸並將他們帶回種植園？是誰逮捕猶太人、羅姆人和辛堤人並將他們帶到集中營？是誰在種族隔離期間襲擊黑人的家園並毆打他們？是誰在美國種族隔離期間實施私刑？又是誰襲擊了LGBTQI+酒吧並逮捕男女同性戀者和跨性別者？質疑警察的作用是相當重要的一件事情。幾十年來，美國有越來越多運動呼籲廢除監獄和警察，他們的目標是：建立一個**修復式司法**系統，透過有針對性目的的資金來解決導致犯罪的社會條件。在挪威，廢除監獄的運動最終誕生了「開放式監獄」，強調要讓人們重新融入社會，稍後我將對此進行更詳細的概述。在佛洛伊德謀殺案之後，明尼亞波利斯市承諾減少提供警察資金，並且在一個警察和司法部門長期被指控種族主義的城市中建立一個新的公共安全系統。對於幾十年來一直在推動警務改革的積極運動人士來說，這邁出了為每個人（尤其是黑人）提供更安全環境的重要第一步，儘管只是一小步。儘管如此，人們還是不禁想問：為何會有如此多的黑人謀殺案？對於保守派來說，改變很困難。堅持保守主義意味著保護現狀，並對過去抱有某種懷舊之情。「過去」更好，所以要「讓美國再次偉大」。（出於顯而易見的原因，這種口號在德國不適用，但保守派和右翼民粹主義政黨的言論遵循了相同的想法。）傳統是神聖的。保守主義是一種政治觀點，它否定少數群體（過去和現在）每天都在經歷的不公正、迫害、謀殺和系統性歧視。

　　警察的起源有助於我們從社會正義的角度更清楚理解，為什麼警察機構本身存在著問題。警察最重要的職責之一是保護財產和延續社會不平等，這聽起來很奇怪：工業革命後，警察事實上幫助強迫窮人從事雇傭勞動、讓被殖民者繼續成為從屬者並加以控制，以及平息任何形式的叛亂。警察的工作主要是管理秩序和控制。歷史上，警察、監獄和法院一直在保護、執行和延續資本主義、殖民主義／種族主義和父權制度。具體的例子便是，美洲大陸的奴隸制、對納馬人和赫雷羅人的種族滅絕、亞美尼亞種族滅絕、大屠殺和第三帝國時期對羅姆人和辛堤人的種族滅絕、南非的種族隔離、美國的種族隔離以及對歐洲婦女的大屠殺，一直持續至今。警察每天都在做有益於群體的事情，但他們恐嚇、跟蹤、傷害和殺害人們，（並繼續這樣做）以執行這些制度。暴力只是警察工作的一部分。為了對抗當前的壓迫，我們必須回顧警察的起源、監獄和法院的作用。

　　貧窮、排擠、毒癮、移民、精神疾病、無家可歸，這些壓迫性制度的症狀和產物都被關在監獄裡，讓人看不見。如果我們採取一個激進的措施或者僅僅是一個思想實驗，將所有監獄廢除，那麼可能會出現一個新的制度。在這個制度中，這些跟人們相關的問題會得到解決，而不是被關起來。監獄制度並不是永恆的必然。

監獄簡史

「監獄不會讓社會問題消失，它們只會讓人消失，
那些與之抗爭的人會被關進籠子裡。」
——安吉拉·戴維斯[34]

　　美國廢奴運動初期，該運動遭到輿論強烈反對。當時整個國家和大陸的經濟都依賴於奴隸勞動，廢除似乎是個無法想像、烏托邦式的和危險的想法。相反地，許多人主張改革奴隸制度以使其更加人道，例如更好地對待奴隸、改善工作條件以及禁止虐待和謀殺奴隸。今天很少有人會認為僅僅「改善」奴隸制度是個好點子，無論改革的影響有多麼深遠，也無法實現沒有暴力和不公正的奴隸制度。我認為監獄的「改革」同樣具有誤導性。隨著啟蒙運動的推進，歐洲的改革者逐漸擺脫了體罰，人們現在會被關進監獄裡等待懲罰。英國和美國的監獄改革運動是出於對更多人道主義懲罰的呼籲。因此，監獄就是改革本身。[35]允許變革意味著接受只保護少數人、導致不平等和不公正制度的死亡，由此騰出的空間可以讓我們發展旨在造福所有人的制度。

　　艾力克斯·維塔萊（Alex Vitale）在其著作《警務的終結》（*The End of Policing*）中，試圖透過揭露現代警察作為社會控制工具的起源來激發公眾的討論，書中指出擴大警察權力是如何與社區賦權、社會正義甚至公共安全相悖。這本書借鑑了來自世界各地的突破性研究，展示執法如何加劇了它本應解決的問題。相比之下，有些地方持續實施警務

替代方案（如合法化、修復式司法和減少傷害），減少了犯罪、支出和不公正現象。終結警務或許是解決壞警察最好的解決辦法。改革警察機構、使其更加多樣化，以及加強訓練並不會消除暴力、濫用權力和種族主義，因為這些問題都是地域性的。

　　要求加強警力和採取零容忍措施的治安言論是基於下列這樣的假設：犯罪一方面與缺乏紀律有關，另一方面與某種「病態」有關。犯罪被描述為必須嚴厲應對的「流行病」，這種論述完全忽視了這個現象的結構、歷史和社會層面。因此，打擊犯罪就意味著向罪犯發動戰爭。

　　一九九○年代，紐約市的犯罪率急劇下降，甚至比整個美國的下降幅度還大。與此同時，紐約市的警察隊伍增加了三十五％，因輕微犯罪而被捕的人數增加了七十％，監獄人口增加了二十四％。[36]當時，前紐約市共和黨市長和現任川普的律師朱利安尼（Rudolph Giuliani）推出了一項強有力的零容忍法律和秩序政策，該政策加強了執法力度，鼓勵警察和法院不予寬貸、處以重罰。對輕微犯罪採取強硬措施是基於破窗理論（Broken-Window-Theorie），根據該理論，必須儘早阻止社區的「腐爛」。正如朱利安尼在一九九八年對媒體表示：「謀殺和塗鴉明顯是兩種截然不同的犯罪行為，但它們是同一個連續體的一部分。」[37]這句話顯示犯罪和貧困在這些政策中是怎麼被混為一談的，因為這兩種犯罪主要是由窮人犯下，都與毒品和幫派有關聯。由於監禁率極高，導致家庭結構混亂，這使得在紐約市自由生活的青年人數減少了。當我們認為紐約市是當今美國最安全的

城市之一時，我們應該問的是：對誰來說安全？當然不是對黑人而言，因為他們被大量監禁，遠離了公眾視線，就像滲透到這些社區的社會問題一樣。對戴維斯來說，監獄是用來運送「不受歡迎之人」的地方：「這是監獄所做的意識形態工作，它讓我們免除認真處理社會問題的責任，尤其是那些由種族主義造成的問題，以及日益增長的全球資本主義所帶來的問題。」[38]

監獄是執法的主要工具。監獄的明確功能是將特定人群與社會隔離開來。除了保護（部分）公眾免受危險人物侵害、懲罰罪犯和預防犯罪等明顯且普遍接受的功能之外，這種隔離還有一個重要作用，就是權力的執行。監獄作為一種社會組織形式，伴隨著國家的興起。隨著國家的出現，書面語言也相應而生，這使得正式的法律秩序得以創建，成為社會的官方指南──法律。這些早期法典中最著名的是《漢摩拉比法典》，它寫於約西元前一七五〇年的巴比倫。漢摩拉比法典中對於違反法律的懲罰幾乎完全基於報復法則（lex talionis）的概念，據此，人們會受到報復形式的懲罰，通常是接受被害者所受之苦。這種報復或報應的懲罰觀念也存在許多早期文明的其他法典中，包括古蘇美法典、印度的《摩奴法典》（Manava Dharma Sastra）、埃及的赫米斯‧崔斯莫吉斯堤斯（Hermes Trismegistus）以及以色列的摩西律法。[39]在中世紀後期，監禁公民的權利和能力賦予了各級政府官員（從國王到地方法院再到市議員）合法性，而有能力將某人監禁或殺害是社會中對他人擁有權力或權威的體現。[40]即使在當時，監獄和逮捕也與奴隸制度密切相關。另

一種常見的懲罰是將人判處從事槳帆船奴隸的工作，囚犯會被鎖在船底，被迫在海軍或商船上划船；又或者是取代苦役，將犯人放逐至流刑地。從十七世紀末到十八世紀，歐洲和美國普遍反對公開處決和酷刑，因此大規模逮捕和強迫勞動的制度便作為解方應運而生。[41]

雖然監獄最初的目的是以人道的方式代替毆打、酷刑和死亡，但它仍是一個延續不人道待遇的機構。[42]在監獄中，被監禁的人遭受來自獄警和其他囚犯的公然暴力。即使在今天的德國，仍實行單獨關押的做法。聯邦政府的代表在法庭聽證會上表示，只要囚犯處於亢奮狀態，通常的做法是讓囚犯裸體關進隔離牢房，以防止他們自殘。[43]單獨關押受到嚴厲批評，因為它會產生不良的心理影響[44]，並可能構成酷刑[45]。根據二〇一七年發表的一項回顧研究，大量學術文獻證實了單獨關押造成的負面心理影響，促使監獄、衛生、法律和人權組織之間逐漸形成共識，大幅度限制單獨關押的使用次數。[46]然而，德國監獄並未放棄這個做法。一九九六至二〇〇六年間，一名在德國布魯赫薩爾（Bruchsal）的囚犯每天被隔離長達二十三小時，此案例眾所皆知。在另一所監獄中，紀錄顯示一名囚犯與監獄其他人隔離超過十五年[47]，這名囚犯最終在十六年後，於二〇一一年十一月出獄。與酷刑或死刑一樣，一個人做了什麼以及他們是否應該受到這種待遇，都應該是無關的。在大多數德國監獄中，囚犯只允許被探訪幾個小時，通常每個月只有一個小時。對於囚犯的孩子來說，這樣的經歷會留下終生的印記。在德國，大約有十萬名兒童受到父母入獄的影響[48]。

　　許多人反駁說，與犯有殺人罪或性犯罪的違法父母一起生活相比，每月僅一小時的相對短暫探訪肯定不會留下什麼印記。然而，目前在德國被關押的人中，只有極少數是重罪犯。只有六％的人因妨害性自主入獄，七％的人因犯殺人罪入獄。即使對於如此嚴重的罪行，除了監獄中的不人道待遇之外，還有其他方法可以確保民眾的安全。大約有四千五百人因無法支付罰款而入獄，例如因為乘坐火車時沒有買票或犯了類似的輕微罪行。幾乎一半的被拘留者都是犯下財物相關的罪行。[49]窮人比其他人更常入獄並非巧合。今日的美國有超過兩百萬人被監禁，其中大多數是黑人或有色人種，幾乎都出身貧寒。二〇二〇年初，德國共有五萬九千四百八十七名囚犯和被拘留者被關押在監獄中。[50]儘管囚犯人數遠低於美國，但人口統計比例幾乎相同。在德國監獄中，持有非德國護照和有移民背景的人所占比例過高。[51]簡單的解釋是，他們天生就比白人更容易犯罪。儘管這種解釋因其簡單易行而對大眾具有吸引力，但卻與現實不符。非白人和外國人在德國和歐洲監獄中占比過多可歸因於幾個因素。首先，德國人不能違反庇護法和移民法，這主要影響非白人；其次，黑人和有色人種在最貧困人口中所占比例過高（對此有許多結構性原因），而窮人在司法體系中處於極端不利的地位；第三，由警察和法院決定誰應該與社會隔離。他們這樣做是基於法律，但也基於他們的個人判斷，這在很大程度上受到有意識和無意識偏見的影響。警察主要控制黑人和有色人種。關於德國警察中普遍存在種族主義的相關研究和報告一再出現。[52]「種族定性」（Racial Profiling）每天

都在發生，隨機檢查身分、訊問、監視、搜查甚至逮捕，這些都不是基於具體的懷疑或危險，而是僅僅基於膚色或（假定的）宗教信仰[53]，即使這種做法是非法的。這些檢查通常以暴力方式進行，也會影響到兒童。如果主要都是黑人和有色人種受到檢查，那麼他們在監獄中的人數過多也是順理成章的結果。倘若法官也存有類似偏見，就會進一步加劇這種惡性循環。我們在前幾節就看到了這一點。

大多數犯罪是基於剝削、競爭、社會控制、懲罰和壓迫的社會經濟制度中固有的社會剝奪、不平等和虐待的產物。性犯罪是父權制度的副產品；偷竊和竊盜是匱乏和貪婪的產物，它們源於或助長了社會經濟不平等，也是資本主義制度的副產品。而謀殺是這三個制度的副產品。從歷史上來看，人們往往以基因或文化遺傳來解釋犯罪行為。這種理論不僅在第三帝國、殖民主義、種族隔離和南非種族隔離政策時期盛行，而且今天在某種程度上仍是如此。有些政治家和科學家依舊從生物學和天性來解釋社會不平等[*54]，這種觀點既危險又不人道。窮人、有色人種、患有精神疾病的人和同性戀者在監獄中的比例過高，因為他們處於社會階級的底層，成為被定罪或導致犯罪的社會問題的犧牲品。如果我們能夠拆除這些系統（父權制度、種族主義和資本主義），那麼就可以努力消除它們造成的絕大多數問題。正如我們所見，正義的概念被濫用於實施報復、懲罰、脅迫或其他形式的政府

---

* 通常在這裡還會出現與其他不平等維度的交織，如性別、社會經濟地位、法律地位、性取向、障礙、語言和年齡等。

控制，但正義只能透過個人和集體的解放來實現。在一個自由社會裡，需要在不虐待他人的情況下保護社會免受犯罪侵害，否則國家跟罪犯有什麼兩樣？今日，人們普遍認為體罰和專制教育會對孩子造成長期的心理傷害，因此是無效的。根據現在廣受認可的**行為模型**原則（Prinzip des Behavior Modelling），暴力會助長暴力。既然不人道的懲罰被證明無效，為什麼還要繼續對成年人使用呢？

廢除監獄的運動源於認識到監獄無法實現其目標，即預防犯罪和保障人民生活安全。反之，它們延續了暴力、犯罪和不安全，系統性地侵犯人權和尊嚴，並阻礙刑滿釋放者成功融入社會。坐牢的經驗表明著這個人終生都會被貼上危險、無用和不值得信任的標籤。除了刑罰之外，刑滿釋放之人還會遭受連帶損害，例如家庭和友好關係受損、健康受損、失業、無家可歸和社會衰退等問題。即使其家人、伴侶和孩子沒有犯罪，也會蒙受監獄帶來的後果。

實際上並不需要透過把人關起來來解決社會問題，雖然這對許多人來說仍然難以想像，也沒有必要藉由剝削囚犯來滿足經濟需求。[55]監獄掩蓋了諸多社會問題，例如貧困、吸毒和酗酒、失業和社會排斥。另一方面，露絲·吉爾摩（Ruth Gilmore）強調，不可能透過國家或個人暴力來解決問題。相反地，我們必須改變造成這些問題的條件。[56]在上一節中，我們看到警察的主要職責是透過保護主導群體的特權和地位來管理社會不平等，而監獄是這個系統的運作部分。如果治本而非治標，會怎麼樣呢？為什麼不把更多資源投入到學校、庇護所、有意義和更有尊嚴的工作、針對邊緣

化青年的社會項目，加強鄰里關係以及促進團結、合作和互助的地方倡議中？這些都是實現參與和非暴力生活不可或缺的元素。我們作為一個社會，為什麼會相信隱藏問題，甚至將它們鎖起來可以解決問題？

一個沒有監獄的未來

廢奴主義是徹底拒絕非人道的制度和做法，而廢除監獄的社會運動與廢除奴隸制度、酷刑或死刑的運動一脈相承。

自一九七〇年代以來，美國的一個行動者網絡一直積極嘗試[57]逐步淘汰監獄，以不強調懲罰和國家制度化的改造系統取而代之[58]。廢除監獄運動的目的不是尋求改善監獄條件，而是徹底廢除。[59]美國廢除監獄運動中最著名的兩位人物，即上文引用的吉爾摩和戴維斯，迄今被認為過於激進和烏托邦主義、天真，甚至危險。尤其在喬治·佛洛伊德被警察謀殺後，全球反對種族主義國家暴力的運動迅速增長，將關於廢除監獄的討論帶入主流。[60]雖然這類討論在歐洲尚未到達政治領域，但在學術界和活動家的圈子越來越多。[61]在德國，前監獄長托馬斯·加利（Thomas Galli）透過其著作《關起來：為什麼監獄對任何人都沒用》（*Weggesperrt: Warum Gefängnisse niemandem nützen*），提倡逐步廢除監獄[62]；學者凡妮莎·艾琳·湯普森（Vanessa Eileen Thompson）研究司法機構中的種族歸納、警察暴力和制度性歧視，她主張在德國廢除監獄並大幅減少警力[63]。廢除監獄的運動與社會抗爭緊密相關，這些抗爭包括反對警察暴

力、反對致命和不人道的歐盟邊境制度，以及反對任何形式的系統性歧視。「柏林轉型正義聯盟」（Transformative Justice Kollektiv Berlin）在德國的背景下應用了轉型正義的概念，主張一種旨在確保安全和集體責任而不依賴疏遠、懲罰和國家暴力的方法[64]；而在英國，「廢奴主義者未來聯盟」（Abolitionist Futures Collective）則致力於在歐洲建立一個沒有監獄、警察和懲罰的未來[65]。

　　廢除監獄是一個整體計畫，是整個社會的願景。根據法學家麥雷歐（Allegra McLeod）的說法，監獄的廢除應當帶來非常不同的法律和制度形式的監管機制，以取代執法。[66]因此，必須重新考慮社會如何在沒有監獄的情況下，透過非刑事化和改善福利等方法來處理社會問題。[67]廢除主義者並不是在問我們要如何在沒有監獄的未來與所謂的暴力者相處，而是問我們該如何消除不平等，如何在人們犯罪之前提供他們所需的資源。

　　加州的一項新法律禁止建設私人監獄，並將從二〇二八年開始完全禁止在私人設施中實施個人監禁[68]。包括紐約州、伊利諾伊州和內華達州在內的幾個州都對私人監獄頒布了類似的禁令。這樣的政策看似激進、具有開創性，實則只是一小步。為什麼？首先，因為幾乎一半的州根本沒有這種機構；其次，因為加州私人機構的囚犯比例只占監獄總人口的一小部分。此外，這些政策並不適用於由各州矯正部門營運並配有人力的私人監獄[69]。

　　許多批評美國工業化監獄系統的人認為，私人監獄才是真正的問題所在。然而事實並非如此：九十九％的被監禁

者都待在公立監獄中[70]，關閉美國所有私人監獄只是杯水車薪。因此，認為廢除監獄運動在美國以外的地方沒有代表的論點是極其站不住腳的。雖然歐洲和德國沒有私人監獄，但問題卻和廢除運動提出的極其相似。

如果我們不能深入思考公共保護和打擊犯罪的執行方式，就有可能讓我們試圖透過改革解決的問題長期存在。如果人工智能技術會延續並且加劇系統性不公正的現象，那麼將資源重新分配以幫助弱勢群體才是明智的做法，例如投資醫療保健和教育機會，而不是監控技術。監獄內的社會項目其實也沒有多大用處，更重要的是讓受刑人融入社會，加強獄外服務。例如，因輕微犯罪入獄或刑期即將結束的人得以照常外出看醫生、去學校或上大學。雖然廢除由警察和監獄強加的國家暴力聽起來很烏托邦主義，但透過一場徹底的變革是可以實現的。在這個過程中，剝削、競爭、社會控制、懲罰和壓迫會被相互支持、合作、集體責任、調解、信任、和平以及最終的自由所取代。廢除監獄的想法有多現實？又有哪些替代方案？

在挪威，廢除監獄運動導致了「開放式監獄」的出現，這種監獄旨在讓人們重新融入社會。挪威刑事司法系統的監禁側重於修復式司法和受刑人改造的原則。監獄專注於照顧罪犯，並確保他們能夠重新成為社會的正常成員。挪威是世界上累犯率最低的國家之一，監獄中約有三千兩百零七名受刑人，也是世界上犯罪率最低的國家之一。[71]眾所周知，挪威的監獄是世界上最好、最人道的監獄之一。該國沒有死刑，也沒有無期徒刑，最高刑期為二十一年。挪威的方法

非常有效，以至於世界其他國家紛紛效仿「挪威模式」。國家偏好執行所謂的替代懲罰，也稱為「社會懲罰」，它允許犯罪者在監獄外服刑。根據法院的命令，他們必須與一名官員進行一定次數的會談，作為回報，如果他們遵守法院的命令，就可以離開監獄。在多數情況下，他們能保有工作或是由法院分配工作給他們，他們被允許與家人、孩子和伴侶待在一起，通常可以繼續他們的正常生活，只要在不犯罪的情況下。[72]

顧名思義，受害者導向的司法概念主要強調受害者和補償，而不是對加害者的懲罰。在受害者和加害者之間的談判過程中，還有社區成員、社會工作者、專業人士和其他關鍵人物的參與，共同決定損害的內容以及對被害者的補償，無論是經濟上還是以服務的形式。對損害的承認也扮演重要角色。修復式司法旨在讓加害者為自己的行為負責，理解他們造成的傷害，給他們機會彌補，並防止他們進一步傷害。在這個過程中，應該積極對待受害者，並減少他們的恐懼和無力感。[73]前監獄長加利呼籲在德國發展修復式司法制度，他的其中一個理由是，絕大多數（超過七十％）的犯罪行為都為受害者帶來了物質損失。與普遍看法相反，他們最大的願望不是讓加害者受到懲罰和監禁，而是希望損害得到賠償；但這卻因為加害者入獄使損害賠償變得更加困難，甚至被逃過。與監禁相比，以非懲罰性的方式表達譴責和強制賠償顯然更受歡迎。[74]

受到挪威制度的啟發，德國不斷發展的廢除運動提出了一份具體且實際的訴求清單，這些要求包括立即廢除監禁、

驅逐出境前的拘留，以及僅透過民法執行繳納罰款。如果基於安全考量無法達到這一點（例如連環殺人犯），那麼牢房將以由社會心理專業人員密切監督的住宅取代。應該廢除未成年人的刑罰制度，並以青少年支持措施取代。最後，終身監禁必須被視爲不人道待遇，並被相應廢除[75]。

　　我們的社會假設人性本惡，如果任其發展，不受到紀律處分、懲罰和脅迫，他們就會犯罪、變得懶惰，並導致社會崩潰。我的看法不同，我認爲人們傷害他人是因爲他們正在受苦或受到傷害，而不是因爲這是我們的內在本性。如果我們能夠建立一個保護所有人免受傷害和痛苦的社會，我們就會看到合作取代競爭，協商取代權威，互助取代警務，社會和平取代不信任。

七、在工作中

「我不想工作。」

──依蒂・琵雅芙（Edith Piaf）

　　我和姐姐很早就開始工作了，那時我們大約十二歲。先是當保母，然後盡可能成為酒吧和餐館的女服務生，接著在服裝店、麵包店、市場和電話行銷公司當店員。我在整個求學期間都在兼職工作。我第一次找到一份「真正的」工作（有薪資單和存入我銀行帳戶的錢）大概是在我十八歲的時候，那時我在哈根達斯冰淇淋店當店員。第一天，我經歷了一個特殊的時刻。當我把餐具一件件擦乾放進抽屜裡時，我覺得自己成了一個巨大系統的一部分，成為無盡鏈條中的一環，失去了一部分自由。這種巨大的感覺讓我既驕傲又不安，帶給我很大的壓力。那份焦躁不安伴隨著我直到今天，它源於害怕脫離這個體制，並因為貧困、社會排斥和毫無價值而受到懲罰。我必須盡一切努力來防止這種情況發生。

　　資本主義之於我們就像水之於魚，我們沒有意識到它的存在。我們的生活深植於資本主義制度中，以至於根本難以想像非資本主義的世界，尤其是在看似唯一選擇的共產主義失敗之後。隨著一九八九年柏林圍牆倒塌，資本主義被含蓄地宣布為唯一有效的經濟體系。從那時起，我們就很難想像其他的選擇。富裕國家中的許多人將對資本主義的批評視

為對制度的背叛,因此對資本主義的批評經常被包裝在全球化的外衣之下。我經常舉辦有關壓迫和交織性主題的培訓、研討會和講座,幾乎每次提到「資本主義」這個詞時,都會引起反感。當那些像我一樣在資本主義體系中享有特權地位的人提出批評時,常常被認為在潑自己家的髒水,而且毫無意義:因為我們有什麼選擇?甚至我們有可能擺脫資本主義嗎?

　　到底什麼是資本主義?雖然目前沒有明確、統一的定義,但其主要的特徵包括私有財產、資本無限積累(也稱為成長)、雇傭勞動、價格體系和基於供需的競爭市場,以及功績制和個人決策權為原則。雇傭勞動和勞動分工是資本主義最重要的兩個支柱。在資本主義社會中,雇傭勞動和(顯然)與資本積累沒有直接相關的勞動形式具有不同的涵義,例如志願工作、維持生計、家務和家庭工作。不同類型的工作區別也影響政治權力、影響力和地位等資源獲得。勞動分工基於人與人之間的不同劃分,有些人被視為有價值的勞動者,而另一些人則不然。但諷刺的是,資本主義是建立在無價值的勞動者身上,而他們的價值是根據全球社會等級制度來界定的:性別、階級、膚色、種族、國籍、障礙。雇傭勞動的價格體系主要也是根據這些等級制度來確定。因此,資本主義、父權制度和種族主義這三種壓迫制度都對勞動力產生了影響。沒有父權制度和種族主義,資本主義就無法生存。資本主義批評家拉傑・帕特爾(Raj Patel)和傑森・摩爾(Jason Moore)在他們的著作《廉價的真相:看穿資本主義生態邏輯的七樣事物》(*A History of the World in*

Seven Cheap Things）中，透過考察統治階級自殖民主義以來獲得的七種事物（自然、金錢、工作、照護、食物、能源和生命），追溯資本主義的歷史。根據帕特爾和摩爾的說法，資本主義之所以成功，是因爲它讓自然資源和整個階層的人盡可能廉價地爲其工作。

資本主義的支持者（他們更喜歡稱之爲「自由市場經濟」）聲稱，資本主義藉由競爭生產出更好的產品和創新，將財富分配給所有具生產力的人，促進多元化和權力下放，創造出強勁的經濟增長，並產生大力造福社會的生產力和財富。資本主義的批評者則認爲，資本主義賦予少數人權力，而這些少數人透過剝削工人階級變得更加富有。資本主義下的工人的工作既不是眞正自願的，也不完全是爲了他們自己的利益。首先，由於工人缺乏生產工具的所有權而被迫以低於他們所生產商品全部價值的價格，將自己的勞動力賣給生產工具的所有者。其次，因爲後者利用自己的特權地位剝削工人，將他們工作創造的部分價值據爲己有。因此，資本主義剝削就在於資本家占有工人生產的剩餘價值。這些工廠本身不必生產任何東西，而是可以依靠工人的生產能量爲生，剩餘價值則成爲資本主義利潤的源泉。按照這個邏輯，卽使「公平」地支付工人工資，工人仍然受到剝削。這種機制造成了社會不平等和全球政治不穩定。資本主義將金錢和利潤置於人與自然之上，它掠奪自然資源和貧窮國家。資本主義（包括所謂的「綠色」資本主義）是基於全球社會等級制度和壓迫制度，與尊重人、自然和動物的交流方式格格不入。

成長（資本主義的脈搏）幾乎完全是根據物質標準計算

的。金錢主宰世界，也是我們所有人必須工作的原因。金錢就是力量，但是金錢並不真實，它只是基於對其價值的信念而存在的，即使它對生活必不可少。金錢是一種因我們集體信念而存在的發明，而且如此強大。坦率地說，如果明天所有人都不再相信金錢的存在，它就會消失。但為什麼我們仍然相信它？因為金錢是一種結構，沒有實體（大多數金錢既看不見也摸不著*），所以必須由控制它的人付出巨大代價來強制執行。用來保護權力的全部架構也被用於保護金錢的概念，警察、軍隊、法院、立法機構和公司，又一次不知不覺地齊心協力，以維持使金錢發揮作用的人為結構：產權、股票市場、債務和工作。這一切都賦予金錢意義以及它的巨大力量。

我們絕大多數人都是為了賺錢而工作。實際上這非常荒謬。我們做事的唯一目的就是創造一些不存在的東西，但我們的生存卻依賴於它。我們都渴望變得富有，並渴望擁有一些虛幻卻又殘酷存在的東西，就像種族一樣，錢也不存在，卻能奪走人的性命。[1]工作本身並不是目的，但必須作為一種美德來強制執行以維持系統。「勞動帶來自由。」（Arbeits macht frei.）這句話最廣為人知的是被放置在許多納粹時代集中營的入口處，包括奧斯威辛。但它源自一八七三年的一個故事，叫做〈勞動帶來自由〉，這是迪芬巴赫（Lorenz Diefenbach）的一個短篇故事，描述賭徒和騙子透過工作找到了通往美德的道路。[2]而這句話在威瑪共

---

* 如今人們嘗試完全廢除現金使用，也使得這種趨勢變得更為嚴重。

和國被用來促進國家建設項目。[3]就我們今日所知的工作而言，其中並不包含任何自然元素。人們並不總是工作，我們一直在做的是確保我們的生存。在石器時代，生存是狩獵和保護自己免受野生動物侵害。今天，我們被迫為生存而工作。自從資本主義經濟出現以來，我們都陷入一個無法擺脫的無盡積累的全球體系。然而，我在前面提到了一個悖論：窮人既是資本主義的支柱，又是資本主義的賤民。金錢的力量是藉由社會對窮人的可怕對待而強制實現。對窮人的壓迫形成了不想成為窮人的壓力，這就是我得到第一份「真正」工作時的感受。對有些人來說，工作的壓力就像隨時會落在頭上的達摩克利斯之劍；對另一些人來說，則是軟硬兼施。然而，工作給出的承諾無法兌現，工作既不自由也不快樂。

這並不意味著我們不可能在工作中找到意義。這跟錢的關係不大：有些人賺了很多錢，卻很不快樂；其他人賺取最低工資，卻在工作中感到充實。有些工作被認為是有意義的，例如護理或人權工作，但並非所有在這些領域工作的人都能從中找到真正的意義和目標。還有一些人在被認為糟糕的領域工作，例如性工作者或執法人員，但他們也能從中找到意義。如果每個人都能找到一個使命，而不是一份工作，那麼我們的社會將會不同。然而，資本主義的壓力阻礙了我們找到自己真正使命所需的閒暇。

關於「愛的勞動」

在我還小的時候，我總觀察著周圍成年女性之間的關係，譬如我的猶太祖母和她同樣來自阿爾及利亞的移民家務女傭，祖母稱她為「ma bonne」（意為我的女傭，儘管字面上是我親愛的）。我聽她們講述在殖民地班基（Bangui）的生活，「男孩們」為一家人準備可口的飯菜，然後把飯菜頂在頭上走進灌木叢，讓一家人享受一頓豐盛的野餐。在馬丁尼克島，我看到我的另一位祖母和她的女傭一起做飯，互相稱呼「doudou」和「mamie」等可愛的名字。我還聽過曾祖母的故事，她曾在馬丁尼克島當過女傭。兩代人過去了，我母親有時會帶我們去巴黎郊區，挨家挨戶地照顧老人。在其他時候，我深愛的來自葡萄牙的新移民卡明達會在我母親去照護時負責照顧我們。

儘管我還不完全理解這些關係的範圍，但我在孩童時期就已經意識到這是個更廣泛的體系，有天我也會成為其中一部分。這些女性之間存在複雜的社會階級制度，儘管這種關係很模糊，但我還是能感覺到這個事實。這些關係不僅以等級為標誌，還有親情、尊重和愛。讓我印象最深刻的是，幾乎沒有男人在場。他們在熟悉的女性面孔中偷偷地出現，幾乎很少打斷日常的照顧工作。這些關係影響了我對男女之間以及女性之間的權力關係的大部分思考。在我還是孩子的時候，我已經開始直覺劃分我周圍所有成年人之間的等級。後來我意識到，我為自己設定的等級不僅反映了我個人的觀點，還反映了更大的社會結構。

照護工作（Care-Arbeit）是只有在沒有完成時才會被注意到的工作。生活裡彷彿有個小仙女做著所有小事，這些小事的總和成了巨大的體積：整理襪子、除塵、澆花、調整孩子的衣服尺寸、整理冰箱、更換床單、更換真空吸塵器袋、製作相簿，以及所有讓我們的生活變得美好的東西，這些「愛的勞動」[4]。「照護工作」一詞應運而生，為了讓人們看到女性、母親和女兒在家庭裡進行的無償工作，並將其視為工作。這種工作也被稱為「再生產工作」，因為它對資本主義制度中勞動力的再生產必不可少。照護工作包括因為婚姻而產生的家庭責任，一旦有了家庭，所有人都必須進行照護工作，但政府支持的異性戀婚姻導致工作主要由女性承擔。國家在這個領域的干預造就了婦女在家庭內外的從屬地位。一九八〇年代，斯堪地那維亞國家開始質疑國家在提供照護工作方面的角色。此時，福利國家開始發揮更大的作用，照護工作進入公共領域，不再僅由家庭負責。雖然如今照護工作在國家、市場和家庭之間分配，但大部分仍由女性執行，因為女性仍然被認為具有從事此類任務的內在和自然傾向。

因此，這項工作在社會中被貶低和忽視，並且很大程度上由數十億女性無償完成，而全球經濟的成長正是基於此。照護工作的組織不僅具有全球影響力，還加劇了女性之間因種族、階級、國籍和移民身分而產生的社會不平等。為了讓從事高薪工作的女性增加工時，並在孩子出生後更快地重返工作崗位，其他女性就必須承擔這種再生產工作。這些女性收入微薄，大多來自弱勢社會階層、少數民族、居留身分不

穩定，並且有從南方世界或前蘇聯移民背景。她們通常也有孩子，但是將孩子寄養在家庭成員或更窮困的女性那裡，而她們只能付出很少的報酬，或者以食宿等方式交換。這些女性在西班牙、法國、加拿大、杜拜和香港照顧其他女性的孩子，而自己的孩子留在摩爾多瓦、厄瓜多、委內瑞拉、印尼或菲律賓。這種全球再生產工作的體系也稱為全球照顧鏈。這個現象不見得是與實際的移民有關，也可能涉及來自同一國家、社會階級較低的女性。在某些情況下，女性承擔再生產工作，而無須承擔此類工作的婦女卻無法在正規勞動力市場工作，例如在沙烏地阿拉伯或阿拉伯聯合酋長國，或是在非洲、亞洲和拉丁美洲國家，來自北方世界的外派人士和其家人基於「發展合作」的原因或擔任外交人員而被外派到這些地方。

大多數的政策措施通常都在「兼顧家庭和工作」的名義下推行，卻加劇了這個問題。這些措施不是讓男人承擔起責任，反而是讓其他女人做家務。如果家庭內部對再生產工作有更公平的分配，就沒有必要將「其餘」的再生產勞動工作外包給其他女性。全球照顧鏈並沒有影響父權制度和異性戀本位的勞動分工。所謂的唯物女性主義（materialistische Feminismus）是在一九七○年代由羅斯瑪莉・韓賽（Rosemary Hennessy）、史蒂菲・傑克森（Stevi Jackson）和克里斯汀・德爾菲（Christine Delphy）等理論家塑造，它考慮到北方和南方世界之間的權力不平衡，用以理解對女性的壓迫。在資本主義中，經濟成長和利潤總是以犧牲人和自然為代價來實現，但這不會在

如國內生產總值（GDP）的官方資本主義計算中出現。國內生產總值對我們這個世界產生的價值說明甚少，而照護工作產生了很多價值，但它是無形的。沒有它們，資本主義將很快崩潰。

再生產勞動從白人女性轉移到黑人和非白人女性有其歷史根源。在奴隸制度時期，白人女性有權擁有奴隸，儘管當時不允許她們擁有土地。她們與男性奴隸主一樣殘忍，利用奴隸作為獲得社會和經濟地位的手段。[5]美國、法國和其他實行奴隸制度的國家都是如此。雖然白人女性不能離婚、不能讀書、不能工作，但可以擁有他人。她們的財產所有權與她們的膚色有關，而不是她們的性別。她的身分地位同樣與此相關，因為有產階級的女性也有能力雇用其他工人階級的白人女性來撫養她們的孩子，並進行其他家務勞動。西方「女權」話語中的「女人」這個範疇並不具有普遍性，它指的是白人有產階級的女性。因此，世界上大多數女性並沒有從這種簡化的女性主義中受益，這種女性主義沒有或不夠充分地考慮數百萬人的社會差異和生活現實。

全球照顧鏈不僅使全球不平等現象長期存在（被稱為照顧流失〔Care-Drain〕的現象會對原籍國造成災難性後果），而且還加劇了男女間的工資差距。女性特徵的貶值在勞動力市場上尤為明顯，女性或男性主導的具有可比性的行業薪酬差距很大。根據美國勞工統計局的數據，IT產業經理（主要是男性）的平均工資比人力資源經理（主要是女性）高出二十七％。在薪資範圍的另一端，住房管理員（主要是男性）的收入比家政人員和清潔工（主要是女性）高出

二十二％。[6]在逐漸達到某種性別平衡的以男性爲主的職業中，例如教師或法律職業，可以觀察到薪資和地位同時下降；但是當一個過去主要由女性占據的職業吸引更多男性時，就會發生相反的情況。例如，程式設計過去是由女性從事的相對低下的工作，但隨著男性程式設計員的人數增加，這份工作的報酬提高，並獲得了更大的聲望。當女性大量在低薪護理行業就業時，整個經濟體中的男女薪酬差距就會自動擴大。

性工作

> 「未賣淫女性在社會化的過程中，被教育成沒有性方面的知識或技能，不應該談論性，不該在任何情況下要求金錢，也不該與妓女來往。賣淫女性與非賣淫女性之間對於經濟和性行為的交換挑戰了這種社會化，質疑它強加於女性的分裂，並挑戰了女性對於性依賴和經濟依賴的規範性假設。」
>
> ——蓋兒‧費特森（Gail Pheterson）[7]

性工作與照護工作一樣，是權力、統治和社會控制的複雜交叉點，在這兩個工作領域都可以清楚呈現資本主義、父權制度和種族主義的交織，沒有任何其他活動能更好地闡明男性統治和父權權力的隱含邏輯。最重要的是，有些女性與父權制度的暴力同流合污，這點在廢除賣淫（或將性工作定

爲刑事犯罪）的運動中可以看得最清楚。

性工作是指以性服務交換金錢或物質報酬的各種活動。性工作是各種不同形式的性工作和色情工作的統稱，包括脫衣舞、伴遊、BDSM、色情舞蹈和按摩、虛擬在線或電話性愛、色情電影的演出，以及人們最熟悉的在街上或在妓院從事性工作。未經同意的性工作不是性工作，而是強暴，因爲違背當事人意願的性行爲是刑事犯罪，卽便性行爲是有償的。性工作一詞出現在一九八〇年代的國際性工作者運動期間，與「家務勞動工資」（Wages for Housework）運動同時間出現，後者旨在提倡家務勞動的能見度和有償性。[8] 將家務工作和性工作連結起來表明這兩種活動與父權制度對女性的壓迫有關，雖然方式不同。

女性在情感上、體力的和性方面進行了大量的勞動，但她們都沒有意識到自己的艱辛。事實上，她們甚至沒意識到自己在工作。其中一個原因是，這種工作被視爲理所當然，例如我在〈在媒體〉這章談到的美學工作，都是對女性的期望。因此，許多女性在做這些事情的時候，並沒有意識到這是種工作形式。許多女性還在不自知的情況下從事長期的、無報酬的性工作，例如那些想要透過性獲得某些資源（如權力、工作或物質財富）的女性。如果不將性工作污名化，而是將其視爲一種服務，那麼顯然它與其他任何形式的雇傭勞動一樣。

然而，「賣淫」這個詞往往自動會聯想到剝削、虐待和犯罪。主張將性工作定爲刑事犯罪的運動使自願從事該行業的性工作者蒙上污名，這就是它存在的理由。與反對賣淫者

的主張不同，廢除性工作並沒有任何進步意義，因為該運動是主流運動，符合主流敘事。另一方面，性工作除罪化的運動則是進步的，因為它反駁並挑戰了以往對於性、女性角色和父權制度的主流觀念。無論是要求廢除賣淫，還是想組織性工作者工會，這兩種立場都明確反對剝削女性，而此二立場的分歧在於性工作是否道德的認定。

　　過去，我是想廢除性工作的其中一人。因為我認為性工作本質上是種虐待，是女性不平等的原因和結果，是根植於男性統治和權力的單向剝削交易。我認為制止性產業中的暴力和剝削的最好方法就是徹底結束它，我直覺地站在了主流思想的一邊。但是，當我在幾年後撰寫關於反人口販運的碩士論文，並在柬埔寨的一個反人口販運項目中工作後，我從根本上改變了想法。我以前自以為了解性工作的一切都被顛覆了。在研究過程中，我很快意識到，將性工作定為刑事犯罪實際上加劇而非解決剝削和虐待等問題。將性工作本身定為刑事犯罪的言論，使有效打擊強迫賣淫，包括強迫兒童和未成年人的賣淫變得更加困難。在分析許多打擊人口販運的國際文件、政策、法律和總體框架時，我注意到其中表現出對移民和女性性行為的恐懼。在保護婦女權利的背後，隱藏著全球父權制度固有的更深層次的模式。政府、非政府組織、西方女性主義者和媒體將南方世界的女性構建成「需要拯救的受害者」，進而簡化了一個複雜的議題。這些政策導致了嚴重且危險的簡化，以「保護」女性的名義限制了女性的權利和自主權，例如禁止來自某些已知特別容易被人口販賣的國家單身女性移民。我意識到，與其將人口販賣和性工

作視爲道德問題，不如從勞動法和移民政策的角度來處理會有效得多。如果到目前爲止它對防止虐待和剝削沒有任何幫助，那麼爲什麼反賣淫運動會如此熱衷於這場抗爭？

　　主張性工作刑事化的主要特徵之一是，除了少數例外之外，運動人士大多由非相關者所組成。這不禁讓人聯想到反對墮胎權的男人們。這種現象有個名字：認知暴力（epistemische Gewalt）。印度哲學家蓋雅翠·史碧瓦克在一九八八年一篇名爲〈底層階級能發言嗎？〉（Can the Subaltern Speak?）的論文中創造了這個詞，她在文中解釋，當底層階級的人被剝奪談論自己的利益，而其他人聲稱了解這些利益時，便會產生認知暴力。9

　　許多所謂的女性主義者主張，應該透過制裁皮條客和嫖客以及救援行動來消滅性工作。「賣淫女子」一詞本質上就帶有家長式色彩，因爲這種稱呼將性工作者置於被動受害者的位置，這種態度並沒有賦予性工作者從他們可能遭受的壓迫或剝削中解放出來的角色。一九八三年，美國舉辦了販賣婦女問題國際女性主義會議，組織者凱瑟琳·貝瑞（Kathleen Barry）拒絕與性工作者兼活動家瑪戈·詹姆斯（Margo St. James）辯論，並稱「該會議是女性主義的，不支持賣淫……與妓女討論性奴役並不合適。」10 二〇〇六年，婦女圖書館（Die Women's Library）在倫敦策劃了一場以娼妓爲題的展覽，卻拒絕性工作者組織的代表入場，引起國際性工作者聯盟（IUSW）在外面抗議。因爲性工作除罪化被描述爲支持剝削，所以人口販運和強迫賣淫的倖存者故事被用來當成詆毀性工作者的聲音。在廢除主義者主導了

關於性工作討論的情況下，主張性工作刑事化的協會和組織獲得了政府的絕大部分資助（儘管它們長期沒有成效）；相較之下，提倡性工作除罪化和性產業勞工權利的組織獲得的資助則少之又少。

性工作者被排除在廢除賣淫運動之外，但符合明確受害者敘述的前性工作者卻受到該運動歡迎，她們被認爲代表性產業中的所有女性。相反地，提倡性工作合法化的性工作者則被描繪成例外情況，她們被認爲是「妓女」中享有特權的、不具代表性的一部分。這種雙重標準讓人想起反對禁戴頭巾運動的穆斯林婦女被對待的方式，她們被視爲特權例外和所有女性的叛徒。爲什麼接受女性可以（並且被允許）自己決定這麼困難？（無論是戴頭巾與否、要不要從事性工作，即使性工作領域存在結構性限制和剝削機制，這點我稍後會談到。）

事實是，沒有一個女人可以代表所有女人，無論是不想戴頭巾的女人，還是在工作中快樂且自主決定的性工作者。普遍經驗並不存在（這在〈何爲知識？〉一節中有解釋），因此不可能「用一個統一的聲音」來說話，因爲性產業極其多樣化，包含如此多不同的觀點、背景、動機、故事和身分。我不是性工作者，也從未在性產業工作過，我認爲將我的意見放在首位是有問題的。因此，本書的這部分主要基於性工作者自己編寫或錄製的訪談、文本、影片、Podcast 和書籍。[11] 法國導演兼記者歐森（Océan）的 Podcast《妓女政治》（*La Politique des Putes*）對我來說是個非常豐富的資訊來源[12]，該節目一共十集，每集三十分鐘，邀請性工作者

上節目談話。這是我第一次聽到來自不同背景的（前）性工作者的觀點，包含跨性別、順性別、白人、黑人和有色人種，來自法國、加拿大、奈及利亞、中國、哥倫比亞、阿根廷、巴西、泰國，來自富人和貧窮國家和階級、合法和非法移民、得到和沒得到愛滋病的、身心障礙和四肢健全者、同性戀和異性戀性工作者、被強迫的人，以及一些人口販運的倖存者。他們談論自己的經歷和現實、性工作被定義為犯罪的影響，以及這個很多人在談論卻很少有人真正了解的工作。這五個小時對我極具啟發，我笑過、哭過、興奮過、沮喪過、苦澀過、充滿希望過。在整個Podcast系列中，我與分享經驗和觀點的人們建立起非常緊密的連結，而幾個世紀以來圍繞性工作的污名化很大程度上阻礙了這種連結。

性工作者污名化

「排斥跨性別和反對性工作的女性主義透過監視女性主義和女性氣質的界限，強化和追求主流運動的權力和權威意志。」
——艾莉森・菲普斯（Alison Phipps）[13]

性工作是用性換取金錢。《劍橋辭典》將動詞「賣淫」定義為：「以不值得尊重的方式利用自己或某人的能力或信念，尤其是了獲取金錢。」《大英百科全書》提供了更完整的定義，將賣淫定義為：「進行相對隨意的性方面的行為，通常對象非配偶或男朋友，以立即支付金錢或其他有價物品作

爲交換。」[14]「隨意」和「對象非配偶或男朋友」等用詞表明賣淫通常發生在允許發生性行爲的情況之外。[15]《杜登辭典》中則包含了以下定義:「與性相關的商業行爲。」

　　這些定義反映了幾個世紀以來圍繞著社會對性工作的污名化。當我還是孩子的時候,我住在離著名的布洛涅森林(Bois de Boulogne)不遠的地方,那裡是巴黎街頭性工作的溫床。爲了不讓我們看到性工作者,我的父母不惜繞遠路。如果沒有別的辦法,我們「不得不」開車穿過森林的話,我的鼻子就會貼在窗戶上,眼睛睜得大大的。我爲這些女人著迷,同時也爲她們感到難過。我不知道自己爲什麼會爲她們感到難過,但從父母的不安中,我感覺到這些女人有些令人無法接受的地方。後來我很快意識到,當性工作者絕對是世界上最糟糕的事情。「婊子」、「妓女」、「蕩婦」是所有女性至少被侮辱過一次的髒話,被貼上性工作者的標籤被認爲是對許多女性的最大侮辱。對性工作者的污名化以一種微妙而有力的方式延續著厭女症,它不斷提醒女性不要打破父權制度的規則。我的青春期經歷了一個非常滑的斜坡,我必須時刻保持警惕,確保我的行爲、外表和選擇不會導致我被貼上「妓女」的標籤。同時,我也充滿好奇,想自由探索並體驗這個爲我打開的新的性世界,許多女性都熟悉這個令人緊張的領域。十幾歲的時候,我的穿衣風格很有個性,母親總試圖讓我低調點。我可能今天穿著運動褲、運動鞋、帽子和飛行員夾克出門,隔天就穿高跟鞋,化上妝,穿著緊身褲。有天,母親的一位朋友告訴她,我的著裝方式「煽動強暴」。這種評論是許多女性都經歷過的一種性暴力形式:蕩

婦羞辱（slutshaming）[16]。我和數百萬其他女性和女孩一樣，因為我的外表、穿著和性活動程度被貼上「妓女」的標籤。然而，當時還沒有形容這種性騷擾的說法，也還沒有針對被稱為「蕩婦」的年輕女性的賦權運動。那時唯一的觀念就是：「妓女是壞的，做什麼都好，就是不要當妓女。」為了反抗這一點，我養成了男性化的態度，從「蕩婦」變成「壞女孩」。我改變了說話方式、穿衣風格和舉止行為，幾乎不再微笑，盡可能表現出孤僻和威脅感。我當時真心希望自己永遠不要有女兒，以免又將因為她重溫那些緊張感。對妓女的仇視心態應該成為反歧視術語中一個常用的詞，因為對性工作者的敵意是仇恨言論，這是一種會對所有女性產生負面影響的歧視形式。對性工作者的敵意在性行為正當性方面畫出了一條明確界線，區分了出於正當理由和預設框架內進行的性行為（一夫一妻制關係中的免費性行為），以及那些跳脫框架從事一項本應保持免費卻獲得報酬的工作。

對性工作進行資本主義批判的分析，有助於更清楚理解這項活動以及性工作者面臨的污名化。就如同在資本主義體系中所有其他的行業一樣，人們在性產業中買賣商品或服務。人們常說性工作者出賣自己的身體，但這並不正確，因為顧客在交易結束後並不擁有性工作者的身體，而是購買了一項服務。這種區分並不是無意義的細節，而是一個非常重要的元素。這意味著性工作者本身不是商品，他／她對自己的身體甚至有控制權，這是父權社會中很多女性做不到的。在Podcast《妓女政治》中，幾位性工作者分享了這項工作如何讓他們感到充滿力量和感激，因為它讓他們能夠獨立養

活自己。性工作甚至可以成為一種賦權形式，一種重新贏回身體的方式。維吉妮・德龐特回憶道：「賣淫是強暴後重建自我的關鍵一步，就像一家公司要用一張張鈔票賠償我被強行偷走的東西。（……）這個性別只屬於我，不會因為使用而失去價值，還可以賺錢。」[17]

這種對自己身體的控制不僅對父權制度構成威脅，對資本主義亦然，因為這同時涉及對自己勞動和生產工具的控制。性工作掩蓋了許多社會關係，這些關係受到權力、特權和資源（包括金錢、文件、住房、醫療保健等）影響。性工作者有個共同點：他們在家庭之外從事性行為，而家庭之內，性與生育、家庭維持和一夫一妻制婚姻有關。[18] 馬克思主義分析表明，性工作是一夫一妻制的反面。首先，因為一夫一妻制和婚姻是為了保護私有財產而被發明的。第二，因為在資本主義社會，性關係與經濟關係無法分離。從這方面來看，傳統的父權婚姻可以被視為某種形式的性交易。正如恩格斯所說：「一夫一妻制和賣淫雖然對立，但卻是不可分割的對立面，是同一社會狀況的兩極。」[19]

禁止性工作的一個重要論點跟欲望有關。沒有欲望的性是一種剝削和變態，這個觀點不僅天真，還很虛偽。性不是愛的奉獻，而是偶爾可以進行的、帶有中性色彩的生命活動。我們總是喜歡吃飯嗎？我們只在餓的時候吃東西嗎？更重要的是，女性的性欲快感從什麼時候開始成為主流思想的關注點了？有二十％的女性在異性性行為中很少或從未達到性高潮的這個事實[20]似乎都沒人在意了。與欲望相關的這個論點也隱藏著一個明顯的矛盾：那些認為我們應該只為快樂

而發生性關係的人，恰恰最容易覺得女性欲望是威脅，而且
他們傾向在女性充分表達性欲並生活在父權框架之外時，將
她們貼上妓女的標籤。所以欲望太多不好，太少也不好。另
一個強調欲望重要性的問題是，它將同意和欲望混爲一談。
一個人可以在沒有欲望的情況下選擇同意，也可以選擇儘管
有欲望但不發生性行爲。

　　將性工作刑事化也是基於一種觀念，即所有其他性行
爲都不存在任何形式的暴力。然而，即使不付費，性行爲也
可能是暴力的。強暴和其他形式的性暴力大多發生在性行業
之外。[21] 在婚姻中，每天都在發生無法形容的暴力，但目前
（或仍然）沒有人討論廢除婚姻的話題。在 Podcast《妓女政
治》中，一位同時有無償性行爲與有償性行爲的性工作者表
示，當性行爲是無償性行爲時，有時更難設定明確的界限並
拒絕某些行爲，因爲情感扮演重要的角色。但是在有償性行
爲時，她更容易設定界限，因爲交易需要明確的服務框架。

　　控制女性的性欲是維持父權權力的要素之一，雖然不
見得是最重要的。將性工作定罪的主要論點集中在性產業
的暴力、剝削和虐待。但我們在上一章中已經看到，將任
何活動、行爲或人員定爲犯罪會導致他們被社會排斥、被警
方起訴，以及處於國家的保護框架之外。正如《反乞討法》
（Anti-Bettel-Gesetze）不是爲了消除貧困，而是爲了讓窮
人消失一樣；將性工作定爲刑事犯罪並不是爲了保護性工作
者，而是爲了讓他們消失。刑事定罪無法解救那些陷入剝削
網絡的人，還會掩蓋實際的虐待行爲，因爲如果整個行業都
被視爲虐待和剝削，那要怎麼樣才能發現那些實際真正發生

的虐待行為？

　　廢除主義者的論述在兩種類型的性工作者之間劃清了界限：一邊是天眞、被動、受過創傷和脆弱的第一種受害者；另一邊是貪婪、唯利是圖、不受控且對前者的創傷有連帶責任的第二種女性。人們在自認爲正確的範圍內對第一種女性提供幫助（往往忽略她們的實際需求），卻拒絕對第二種女性提供援助，哪怕她們是眞的需要幫忙。爲了尋求幫助，女性必須符合所要求的敍事，她們必須明確拒絕性工作的積極主動性，譬如向警方舉報皮條客。在多數情況下，向警方舉報皮條客比許多反人口販運法條聲稱的要複雜得多。許多女性在帶走之前就知道她們將從事性工作，但並不知道她們會在虐待和剝削的條件下工作。[22] 我在撰寫碩士論文時採訪了一位前性工作者阿米娜，她的故事至今令我難忘。她來自奈及利亞，多年來一直被禁錮在巴黎的剝削網絡中。她一直試圖尋求幫助以擺脫這種情況，卻發現警察和反賣淫的庇護所都沒有傾聽她的需求或支持她，而且恰恰相反，當她報警說她被皮條客剝削和虐待時，卻因無法出示有效證件而被捕，而針對她被剝削一事，警方沒有採取任何行動。當她白天想方設法前往一處反賣淫庇護所時，接待她的女子詢問她知不知道自己是性工作者，以及她是否願意停止從事性工作。她將這兩個問題看作提供協助的條件。阿米娜感覺自己被審判並且感到內疚，在第一次見面之後，庇護所便再也無消無息。我們很少眞正關注當事人的實際需求，因爲掌握資源的人總聲稱自己比當事者*更了解他們的需求。性工作被污名化，而廢除賣淫的運動又加劇了這種污名化，這使得拯救需

要幫助的女性變得更加困難，也更難讓她們融入社會。如果援助有附加條件，那麼援助就發揮不了作用。污名化和批評那些需要幫助的人並不能幫助他們，反而助長了負面的自我形象、排斥感和缺乏選擇的惡性循環。此外，當人們先前從事的職業被如此強烈地譴責時，要轉行到其他職業也並非易事。最後，對性工作的污名化創造了一種論述，讓性工作者將發生在自己身上的一切歸咎於自己。如果他們被強暴、欺騙、搶劫或虐待，都是因為他們是性工作者。

不幸的是，阿米娜的情況案例並非個案。在性產業中的女性向警方尋求保護時，經常會因為移民和庇護的相關罪行而遭警方逮捕和拘留。如果警察真的來了，那她們就要付出代價。性工作的刑事定罪也經常被警方用來逮捕「非法」移民，以及一般的黑人和非白人婦女。一九七〇年代，美國公民自由聯盟（American Civil Liberties Union）發現，黑人女性因賣淫被捕的可能性是白人女性的七倍。這種差異不是過去的遺留物：二〇一二至一五年間，在紐約市因「以賣淫為目的遊蕩」被起訴的人中，有八十五％是黑人或歐洲的拉丁裔女性。[23]因此可以合理推測，歐洲的情況可能類似，因為限制性的庇護法和涉及性工作的移民法交織在一起。

主要由於限制性移民政策導致的人口販賣和性販賣，往往被描述為過於簡單化的現象。有邪惡的皮條客和嫖客，還有落入他們手中的脆弱善良的女性。這種描述通常與現實相

---

* 另一個例子是針對無家可歸之人的援助計畫，有時需要滿足不切實際的先決條件，例如不得飲酒或不得攜帶狗。

去甚遠。盧貝松（Luc Besson）於二〇〇八年拍攝的好萊塢電影《即刻救援》（*Taken*）就提供了一個人口販運駭人聽聞形象：一個十七歲的金髮富家女被邪惡的阿爾巴尼亞和其他（有著濃重口音的）「外國」人口販子殘忍綁架。這個名叫琴的女孩完全符合無辜受害者的形象：白人、年輕、漂亮、天眞、無知和被動。她依賴她的父親來拯救她，而她父親是個英俊、符合英雄形象的白人男子。在電影中，皮條客和嫖客大多是阿拉伯、穆斯林和黑人男性，這符合對黑人性犯罪者的刻板印象（請見〈在街上〉一章）。她父親在她被殘忍強暴前的幾分鐘及時拯救了她，她父親的榮譽所幸得以保全。這部電影中出現了各種性別歧視和種族主義的刻板印象，但現實與（大多由白人男性製作）好萊塢電影大相徑庭。皮條客也可能是女性，嫖客並不一定是邪惡的變態男人，女性也不總是天眞、無知和脆弱的存在，可能恰恰相反。這些論述削弱了性產業中的女性並使其幼稚化，這點從法律、政策和運動中對「女人和女孩」字眼的使用中可以看出來。

許多性工作者遭受的暴力是他們被污名化的直接結果。這種暴力不僅來自顧客和皮條客，還來自警察和公衆。在Podcast《妓女政治》中，幾位性工作者講述了他們在街頭受到侮辱和身體攻擊的經歷。一位性工作者說，她在街頭遭到警察毆打。當警察離開時，他們還說：「你是妓女，活該。」[24]性工作者經常被謀殺，尤其是跨性別女性。根據一位我在碩士論文中採訪的HIV（人類免疫缺乏病毒）陽性的性工作者所說，她的抗反轉錄病毒療法*被拒絕是因爲護士認爲她「故意感染了病毒」。同樣的事情也發生在喬瓦娜身

上，她是一位跨性別性工作者，在 Podcast《妓女政治》中講述了她爭取治療的艱辛過程。另一位性工作者在 Podcast 中回憶，一位女士給了她一張二十歐元的鈔票，並對她說：「拿著這些錢，請回家吧。」雖然這是好意，卻讓她覺得自尊受損並受到譴責，因為這筆錢能幫助她支付房租。性工作者被媒體視為賤民和被排斥者，在大眾文化中幾乎總是負面形象。在許多國家，性工作者的權利受到限制，例如旅行權或子女監護權。當他們的家人得知他們的職業時，他們也經常遭到排斥並失去社會支持。對於身分不穩定、缺乏社會支持和財務困難的性工作者來說，這些影響會更加嚴重。

　　包括德國、法國和歐盟在內的許多國家都不贊成將性工作完全刑事化，而是傾向透過懲罰嫖客的方式進行部分刑事化。所謂的「瑞典模式」主張終結對性服務的需求，並將購買性服務定為刑事犯罪。根據這些法律，性工作者本身並不犯罪，但其客戶和第三方會受到刑事制裁。該法律的主要目的是藉由消除需求來消除賣淫。然而，瑞典的經驗顯示該法律並無法實現這個目標。[25]支持瑞典模式的人認為，這種方法可以讓性工作者更容易獲得基本服務，包括愛滋病的預防。但是多項科學研究證實，這些法律實際上達到相反的效果。[26]研究結果表明，對客戶實施刑事制裁會使性工作者更難獲得社會服務、醫療保健和支援，尤其是對移民和難民而言。所有研究都顯示，這些法律導致性工作者在社會經濟弱勢的狀況急劇增加，包括遭受暴力的經歷增加、工作條件惡

＊譯注：俗稱雞尾酒療法。

劣和負面健康影響增加。對嫖客的刑事制裁還導致保險套使用率降低，並增加性工作者在安全性行為的談判和獲得愛滋病治療的困難。[27]部分刑事化只是個謊言。將性交易部分刑事化是不可能的。一個國家怎麼允許人們出售無人購買的東西？對嫖客的刑事制裁自動導致性工作者的邊緣化、更高的風險和刑事制裁。他們被迫搬到不太可見和偏遠的地區，因為他們的客戶不希望被警察逮捕。那些被皮條客剝削的人被關在公寓中，嫖客會被帶到他們面前，這使得他們更難接觸社會服務和其他支持網絡，更容易受到虐待。

　　瑞典模式是建立在對變態、暴力嫖客的刻板印象上。有些男人確實有暴力傾向，這不僅限於性工作者的客戶，但大多數客戶並非如此。在Podcast《妓女政治》中，性工作者將暴力嫖客稱為「假客戶」並非偶然。他們將自己的服務理解為一種可以安慰孤獨者、滿足人們對肉體交流的永恆渴望，並彌補某些人的性困境，如年輕和年老的單身者、鰥夫、不再有性生活的配偶、性取向困難者、身心障礙者、性虐待的倖存者。貝貝爾（Bebel）在一八八〇年代談到婦女和社會主義時解釋道：「賣淫因此成為資產階級社會不可或缺的社會制度，就像警察、常備軍、教堂和資本家階級一樣。」[28]一位性剝削援助機構的工作人員在Podcast中表示，客戶經常向她報告情況，並幫助性工作者擺脫困境。一位性工作者在Podcast中說，許多客戶難以滿足父權制度的要求，他們無法符合標準，無法達成男性被期望的角色。然而，在Tinder上連續約會的男性欺騙那些明確表示希望建立認真關係的女性（當然並非所有女性都如此），只是為了

做愛而見面，然後就消失了，但社會卻鼓勵並獎勵這種行為。這種操縱行為又怎麼會比為了性付錢的男性更好呢？

學術研究、性工作者工會和一些非政府組織，包括世界醫生組織（Médecins du Monde）和國際特赦組織（Amnesty International）在內，都支持將性工作除罪化，以確保為性工作者提供有利於健康和安全的工作條件，這個觀點不僅僅在歐洲，而且在全球範圍內被廣泛贊同。

儘管性工作者每天都遭受迫害、邊緣化和污名化，但他們仍努力組織起來爭取自己的權利。性工作是對抗父權暴力和壓迫的核心，排斥性工作者的女性主義站在父權制度和權力的同一邊。全球各地的性工作者展示了一個不被樂見的性工作形象：堅強、自主和自治的女性。印度的索納加奇（Sonagachi）計畫、杜爾巴行動（Durbar Mahila Samanwaya Committee，在孟加拉語中意為「不可阻擋」和「不屈不撓」）、法國的性工作者工會（STRASS）以及為跨性別性工作者而設的 Acceptess-T 協會，這些都只是展現性工作者驚人韌性和力量的幾個例子。著名的南非活動家德拉米妮（Duduzile Dlamini）表示：「我們厭倦了人們基於自身道德觀念來制定政策，把性工作者定義為壞人。我們自願從事這份工作，我們不是受害者。性工作者同時也是母親、姐妹。政治家和立法者必須承認我們的存在。事實上，我們也是人。」[29]

自由選擇的問題

「賣淫不過是工人普遍賣淫的一個特殊表現而已。」
——卡爾·馬克思（Karl Marx）[30、31]

《麻雀變鳳凰》（*Pretty Woman*）是最受歡迎的浪漫喜劇電影之一，片中由茱莉亞·羅勃茲（Julia Roberts）飾演的薇薇安是一位自信、獨立的性工作者。她總是直言不諱，不讓任何人告訴她什麼能做或什麼不能做：「我可以做任何我想做的事情。」她「偶然」遇到了極具魅力的約翰（李察·吉爾飾），當然，他不是她的顧客，只是個問路人。隨後他們墜入愛河，薇薇安的生活發生了巨大的變化，他為她購買昂貴的項鍊，帶她去歌劇院和高級餐廳。她成了一位有教養、受人尊重的女性，衣著得體，舉止優雅，而這個社會地位的提升歸功於約翰，他打算與她結婚並照顧她（以換取性）。她用性工作和自主權換取了社會認同和物質安全。

性工作者和父權婚姻中的妻子是否同樣受到父權資本主義的剝削？性工作者的客戶多半處於特權的經濟地位，但與雇主或皮條客不同的是，他們不會剝削性工作者，他們只是個消費者。當然，這並不意味著性工作者不會受到顧客的壓迫。這種情況在社會的其他領域、在經常被剝奪基本人權的國家都是如此，在異性婚姻中也普遍存在這種壓迫。德龐特嘲諷地表示，如果性工作者能在可接受的條件下工作，沒有他們經歷的持續迫害和污名化，那已婚婦女的地位就突然變得不那麼有吸引力了。許多現代婚姻最終都陷入了父權模

式，尤其是當孩子出生後。其中一個原因是國家提倡傳統的主要收入者模式（Hauptverdiener-Modell）：夫妻之間的工資勞動分配越平等，夫妻所需繳納的稅就越高。因此，即使是希望實現平等的夫妻，也會受到誘惑接受父權模式，也就是男方全職工作，女方則兼職或不工作，但要承擔絕大部分的照顧工作。

在廢除主義的辯論中，選擇的問題扮演著核心角色。有人聲稱，沒有人可以**自願**選擇從事性工作。但是，誰決定**自願**工作呢？在資本主義全球經濟中，是否真的可能**自由選擇**？導致女性從事性工作的因素有很多，但共同點都是金錢。許多女性認為性產業是比其他低薪工作更好的選擇，因此她們在照護工作和性工作之間猶豫不決。例如，印度的性工作者質疑自己在生活的其他方面是否有選擇的餘地：「我們大多數女性什麼時候有機會在家庭內外有選擇權？我們願意成為家庭主婦嗎？我們可以選擇與誰結婚以及何時結婚嗎？大多數女性，尤其是貧困女性，很少有『選擇』的機會。」[32] 一位性工作者在 Podcast《妓女政治》中說道，選擇的問題是「資產階級的執著」。人們都能接受所有其他職業缺乏選擇權，卻唯有性工作除外。那些「別無選擇」在建築工地、屠宰場、麥當勞工作的人仍有權受到保護，免受剝削和虐待；但一個「別無選擇」仍然留在性產業中的性工作者卻沒有這種權利。

虐待和剝削普遍存在於全球所有行業和富裕國家的地下經濟中。令人遺憾的是，在建築業、農業、紡織業和護理行業中，剝削性的工作條件司空見慣。我們是否因此質疑這些

行業的存在？有出現討論廢除它們的聲音嗎？在瑞士的羅馬尼亞籍水泥工人、在杜拜的印度籍和中國籍建築工人，以及美國、法國、德國和歐洲各地的「非法」移民，每天都在奴隸般的環境下工作到筋疲力盡，如果想回國的話還會受到威脅。來自世界各地的婦女被困在全球照顧鏈中，在北方國家的家庭中像奴隸一樣工作。難民和移民在西班牙、義大利、加州和奧地利的溫室中採摘蔬菜和水果，婦女、男人和兒童在極其惡劣的工作條件下以微薄的薪資縫製衣物，然後這些衣服在巴黎、柏林、紐約和墨爾本以低價銷售。然而，沒有任何運動主張廢除這些行業。

這些領域都接受了「強迫勞動」的概念，但在性產業卻不然。因此，如果性工作不被視為工作，那麼性產業中的女性就不是作為工作者被剝削，而只是作為女性被剝削。如果將性工作視為強暴，那麼性產業內就不可能存在強暴，因為性產業中的一**切**都已經被視為性暴力。那麼性工作者可能在其工作範圍內遭到強暴，因此無法得到保護。

聚焦於「選擇」的論調忽略了導致貧困和缺乏選擇機會的社會結構。歐盟國家的勞動市場和移民限制讓許多人不得不接受他們不能「自由」選擇的工作，其中也包括性工作。

法律對於性工作的限制阻礙了「合法」行業的擴張，使其繼續處於非法的陰影之下。正因如此，將性工作納入全球勞工權益的抗爭中，而不是將其視為特例，這點顯得尤為重要。許多性工作者對自己的工作不滿意，如果有現實的替代選擇，他們很樂意換工作。性工作是異化勞動形式中的其中一種。

剝削是資本主義的一部分。性工作中的虐待和剝削有助於揭露勞動領域中的這些問題。那些追求終結性工作的人，是否應該更廣泛地為終結工作而努力？

「終結工作」是否只是烏托邦？

「你是做什麼工作的？」
——每個人，無時無刻都掛在嘴邊

一個經過充分研究的事實顯示，失業不僅導致收入損失，還會帶來與地位喪失、精神委靡和士氣低落有關的身心疾病。研究表明，從長期失業中恢復過來要比失去親人或經歷改變一生的傷害更加困難。對工作的重視程度也與社會階層密切相關。中上階層的管理者和領導者通常被期望全心投入工作，並將工作視為生活的重心。中上階層的孩子從小就吸收這樣的訊息。成功相關的特質在菁英學校中受到鼓勵，譬如雄壯志心和強烈的職業道德，被視為道德和社會經濟純潔的象徵。[33] 反之，不將工作視為生活核心的人被視為缺乏雄心壯志、不思進取，甚至是懶惰。工作世界，包括其規範（講話風格、行為準則、服裝、工作時間和工作步調），以及其作為基礎的物質基礎結構，對許多人來說具有排斥性：具神經多樣性的人和身心障礙人士、患有慢性疾病和精神疾病的人經常無法適應狹隘的工作框架，因此面臨社會排斥和歧視。無論來自哪個社會階層，許多人仍然需要工作來感受自

我的價值。在結識某人時，有時甚至在詢問對方姓名之前的第一個問題就是：「你是做什麼工作的？」如果答案是「我目前失業」，大多數人就會對談話失去興趣並轉身離去。他們想逃離的是那個體現他們最大恐懼的存在，也就是代表一無是處的失業。同時，我們中很少有人滿意自己的工作，而且經常在抱怨。心理學家米哈里·契克森米哈伊（Mihaly Csikszentmihalyi）和茱蒂·拉斐爾（Judith LeFevre）將其稱之為「工作悖論」（Paradox der Arbeit）。失業者的不快樂是因為工作本身具有成就感，還是因為無法達到嚴格的社會期望？對絕大多數人來說，賺錢是工作的主要動機，因為我們需要錢才能在資本主義社會中生存。然而，許多人特別努力、工時特別長，這是因為我們的文化讓我們養成一種習慣，如果沒有生產力，便會內疚並覺得自己毫無價值。我們的社會從小就灌輸我們這樣的觀念：工作和成就決定了我們的價值。有誰在觀看Netflix時不曾感到內疚或覺得自己毫無價值？如果工作不再是常態的準則，這種內疚感會消失嗎？

我是那種連在睡覺時也會感到內疚的人（這一點也不誇張），同時也是少數幸運的人之一，因為我喜歡並覺得工作充實有成就感。因此，我個人很難想像沒有工作的生活。同時，當我在被迫暫停或大幅減少有償工作的特殊時期，我內心深處的平靜讓我開始思考工作的角色。第一次是我和我的第一個孩子一起待在家一年，第二次是在我第二個孩子去世後，第三次是在第一次新冠肺炎封城期間。第一次時，我在孩子預產期前一週交了論文，把育嬰假視為當之無愧的休息

時間，沒有任何負罪感。我有一份工作在等著我，所以我並沒有受到許多女性在產假期間經歷的不安全感影響。我也不覺得照顧孩子的生活毫無價值，更何況我等了好幾年才有了孩子。因此，這段時間是純粹的幸福，我能夠毫無憂慮地全身心投入這些特殊的時刻，真正地活在當下。那是我一生中最美好的時光之一。但第二次在很多方面都不同了：我的孩子意外早產，我們在他出生後都在醫院陪著他，一個月後他去世了。

恰好在同一時間，我創立的多元交織正義中心（Center for Intersectional Justice）正式開幕，但我沒有出席。我感覺自己生活在另一個時空，無法理解自己曾經覺得工作至上的想法。一切都變得不再重要了。我感受到了得盡快重返職場的壓力，但這根本不可能。最終，三個月後，我懷著沉重的心情慢慢開始工作。沒有工作的這三個月對我來說至關重要（現在回想起來這段時間實在太短了），沒有這段時間，我就不可能重新找回自己。新冠肺炎的隔離以類似的方式影響了許多人。突然間，我們發現自己從早到晚都待在家裡，必須兼顧孩子、工作和家庭。直到我能夠接受自己的工作效率降低，我才真正開始享受隔離和隔離帶來的緩慢。在這三個減少工作或完全沒有（帶薪）工作的階段裡，我注意到在「正常」時期不曾體驗過的內心寧靜。我可以只做自己，而不是只做事。這並不意味著我**什麼都沒做**，恰恰相反。我做了非常重要的事情：愛、悲傷、療癒和反思。我們為了生存所做的一切都是工作，不僅只是賺錢的事情而已。因此，這就是為什麼關於帶薪工作的終結並非廣義上的工

作。然而，我們的資本主義社會對工作的定義非常狹隘。它讓我們相信，沒有帶薪勞動就意味著什麼都沒做。所以育嬰假經常被拿來與度假相提並論。因此，失業者被邊緣化和污名化。爲什麼無償勞動在我們社會中沒有一席之地？

兩歲半時，我第一天上幼兒園。我們坐在小桌旁，學習一週有七天、學畫畫、學唱歌、學習遵守明確的規定，同時學習如何將我們的創造力和獨特性深埋在內心深處，並讓我們總是忙碌不停。哲學家韓炳哲（Byung-Chul Han）認爲，我們生活在一個「疲勞的社會」裡。他在《倦怠社會》（*Müdigkeitsgesellschaft*）一書中，描述我們當中有多少人已經完全內化了資本主義的成就原則，以至於毫不自覺地自我剝削。那些「高成就者」（High-Achievers）是「倦怠社會」的典型代表：爲了追求外界的肯定，他們願意犧牲健康、友誼、家庭，甚至生命，也要奉獻給工作。這些人在社會中被塑造成成功的榜樣和象徵，網路上有無數網站、文章和社群媒體帳號提供如何獲得高成就者特質的建議。但很少有人知道自己在巨大的壓力下受苦，而且永遠覺得自己做「不夠」。他們一直在追逐一個永遠無法達到的目標。我自己也正在努力擺脫自小施加在我身上的壓力。我在失去第二個孩子後感受到很大的壓力，希望能盡快重返工作崗位時，醫院的心理醫生對我說：「艾蜜莉亞，慢慢來！你需要什麼才能讓自己相信這已經足夠了？**你已經做得『夠了』！**」從那時起，這句話成了我的口頭禪。

如今，我們已經失去工作、休閒和私人生活之間的區別。新科技行業的初創企業以Google、蘋果和微軟爲榜

樣，讓員工相信工作其實不再是工作，而是一種娛樂。工作與休閒之間的界線變得模糊，工作場所布置得彷彿居家空間和遊樂場，並且透過在家辦公的形式讓工作侵入了我們的私人空間。數位科技的無所不在要求我們二十四小時待命。**數位排毒**（Digital Detox）應該是一種常態，而不是需要害羞、不好意思地舉起牌子表示：「請不要打擾我，我在休假！」

勞動社會失敗的證據比比皆是，但我們卻對此視而不見。在某些方面勞動並未失敗，例如資本的累積。然而，作為人們體面生活的來源，勞動卻失敗了（絕大多數處於貧困線以下的人都有工作）。對許多人來說，無論是極富之人還是普通人，工作在經濟上的重要性已不及繼承財富或擁有房屋的重要性。而生命中重要的活動卻因工作被忽略，例如育兒和照顧年長者。日益增長的「後工作」（Post-Work）運動風潮認為，「後工作社會」（Post-Work society）不僅是可能的，而且即將來臨。根據目前估計，未來二十年內，約有三分之一至一半的工作崗位可能被人工智能取代。其他預測者則懷疑，工作以目前這樣惡性的形式能否在地球升溫的情況下繼續維持。[34]「後工作運動」認為，在一個沒有工作的世界裡，人們可以花更多時間照顧家人和鄰居，並從人際關係中獲得自豪感和成就感。終結有償工作可能帶來一個幸福的黃金時代，在這個時代，意義、身分、成就感、創造力和自主權將會更加普遍。休閒、關懷和服務將取代工作，創造力和交流將取代消費，生產力的壓力將慢慢消失，讓我們有更多時間進行精神上的發展和純粹的存在。歷史學

家班傑明・亨尼卡特（Benjamin Hunnicutt）認為，學校
和大學可能再次成為文化中心，而不僅僅是職業預備機構。
他指出，「學校」一詞源自希臘文的「skholē」，意思為「休
閒」。[35] 他說，「過去我們是教人們如何自由」，而不是如何
工作。

　　雖然這個願景可能有些天真和理想化，但是可以想像。
然而，這種樂觀設想應該考慮到當前社會的不平等，這些不
平等會在向「後工作世界」的過渡階段中表現出來。終結工
作的前提必須重視目前主要由女性和非白人族群從事的低薪
或無薪工作。這種轉變必須伴隨著對工作和其價值的重新定
義。在學校中，我們不僅要學習自由的價值，還要學習愛、
關懷和同理心，並了解種族主義、資本主義和父權制度間的
相互作用。一個不質疑壓迫體系的「後工作社會」將延續由
此產生的不平等，從這個意義上講並不具有變革性。但我們
是否已經做好準備了呢？可能還沒有。工作在我們的信仰體
系中如此核心，以至於大多數人無法想像一個不以有薪工作
為中心的世界。我們的社會似乎還不具備讓它消亡的能力。

　　人類學家大衛・格雷伯（David Graeber）在《40%的
工作沒意義，為什麼還搶著做？》（*Bullshit Jobs*）一書中
指出，超過一半的有薪工作毫無意義。他認為自動化的生產
力優勢並沒有讓人們進入每天只需工作幾小時的休閒社會，
反而出現了毫無意義且不必要的「狗屁工作」；然而，大家
卻假裝它們很重要。這些工作大多數存在私營部門，而且許
多人的薪水還相當豐厚。其中包括為了讓上級覺得自己很重
要而存在的工作，例如接待員、行政助理、保安人員；還有

遊說者、企業律師、電話銷售員、公關專家；以及那些暫時解決可以永久解決的問題的工人、修復糟糕程式設計的開發人員，以及那些讓人誤以為正在做有益事情實際上卻不是如此的員工，例如調查管理人員、法令遵循人員等等。[36]人們沒有利用生產力進步來縮短工作時間，反而創造了毫無意義的工作來填補新產生的空白。

早在一八四五年，馬克思就曾多次預言後工作社會的到來；社會主義者威廉·莫里斯（William Morris）也曾預言；半世紀後則是由經濟學家凱因斯（John Maynard Keynes）提出。一九八〇年，當機器人開始取代工廠工人時，法國經濟學家高茲（André Gorz）便宣稱：「廢除工作的過程已經開始。如何管理這個過程將成為未來數十年的核心政治問題。」[37]幾年前，歷史學家羅伯特·史紀德斯基（Robert Skidelsky）寫道：「我們遲早會沒有工作。」[38]根據經濟學家的評估，我們不會直接陷入全面失業的境地；相反地，技術可能會對工作價值和可用性產生緩慢但持續的下行壓力，進而使工作的總數量逐漸減少並持久下降。軟體工程師正在致力於廢除工作者。最終，這可能逐漸形成一種新常態，工作不再是成年生活的核心特徵。[39]從新冠疫情爆發以來，基本收入的相關性和可行性突然引起了嚴肅討論，因為這種社會變革的跡象，加上對於在危機時期確保基本生活需求的擔憂，都讓基本收入被視為一種實際的解決方案。

終結工作可能導致社會階級制度的侵蝕，這也是我對「後工作」情境感興趣的主要原因，因為社會階級制度塑造了勞動市場和經濟。然而，終結工作並不意味著壓迫和社會

不平等的自動終結。終結工作而不終結資本主義（以及父權制度和種族主義）將導致由薪資勞動所造成的社會不平等再度重現。在沒有改變所有權關係和權力結構的情況下終結薪資勞動，讓機器取代人類來累積資本，將維持和加劇不平等。全球經濟的轉型必須包括性工作者、清潔工、家庭主婦、身心障礙女性、跨性別女性、貧窮女性和移民，才能實現公平、包容、以生命爲中心的體系。性工作的討論在本章占了很大的篇幅，因爲性工作者的解放與所有勞工的解放息息相關，從祕魯的農民到每天冒生命危險在鈷礦中工作的剛果兒童皆然。

八、在醫院

醫療體系是最殘酷揭露人們價值的場所。在醫療領域的歧視對人們產生深遠且實際的影響，甚至導致死亡。醫院是一個讓人們只剩下身體的地方。我們的身體並不是中性的，而是被賦予了價值。有些人的身體被視為有價值的，應該得到救治和尊重，而有些人的身體則被視為毫無價值。

「健康」的標準

科學理論圍繞女性的身體發展，合理化了將她們排除在權力範圍之外的行為。例如，十九世紀的醫生提出的「能量守恆定律」（Energieerhaltung）聲稱，人體內的器官必須競爭有限的內部能量。女性的主要生活目是生育和撫養孩子，因此她們被要求在子宮周圍保留內部的能量。她們必須避免進行任何智力活動，因為據說大腦可能會從子宮中取走能量。[1]這些理論當時被認為是客觀和中立的，卻導致對人體的錯誤理解，尤其是出於純粹醫學的原因，這些理論主張將女限制在家庭領域內。同樣地，基於偽科學的理由，黑人被認為智力較低，因而被奴役和壓迫。

「健康／不健康」的醫學社會標準不僅基於客觀的科學特徵和標準，還基於被構建出來的優越白人、非障礙、二

元、異性戀和順性別者的標準。這種標準將某些人排除在「正常」人的定義之外，以維持社會階級制度，這種排除合理化了政府對被視爲異常者在最私密領域的控制和干預。那些偏離社會和健康標準的人被病理化，以維持僵化的社會秩序，其中某些人類行爲被建構爲自然和天生的，例如異性戀、婚姻和生育。因此，「健康」的標準並非客觀、純粹科學的標準，而是歷史、社會和政治的建構。

　　「健康」的標準隨著社會秩序的變化而轉變和調整。對於超出標準範疇的人，他們的異常會被建構，並導致對其非人的對待。在納粹主義時期，「健康」的標準被納粹意識形態所利用、調整和定義，成爲納粹宣傳的核心特徵。羅姆人、辛堤人、猶太人、同性戀者、跨性別者和非二元性別者被視爲醫學意義上的「不健康」。一九三三年頒布了《預防遺傳疾病後代法》（*Gesetz zur Verhütung erbkranken Nachwuchses*），該法案成爲迫害、排斥和後來屠殺精神疾病患者的基礎，以確保「健康人種的純正」。種族研究學者後來將此法律作爲對羅姆人和辛堤人進行絕育手術的依據，因爲他們被視爲「不良份子」。兩年後的一九三五年通過了《保護德國血統和德國榮譽法》（*Gesetz zum Schutze des deutschen Blutes und der deutschen Ehre*），禁止猶太人和雅利安德國人之間的「種族混合」。

　　無論是在第三帝國時期還是今日，身心障礙者都被視爲「不健康」。對許多人而言，身心障礙似乎是個**客觀且純粹**描述性的標準，意卽當一個人因聽力或視力較差、無法行走，或無法學習閱讀、寫作和計算等時，他們被客觀且

實際地視為有障礙。身心障礙人權活動家霍伊曼以及其他許多身心障礙者一再提醒人們，有障礙並不意味著他們「不健康」。[2]我們已深深內化「健康」和「無障礙」身體的至高標準，以至於我們很難對此提出質疑。一個「健康」且「有能力」的身體被視為能夠在物質和精神上為資本累積做出貢獻，同時透過在異性婚姻家庭中生育「健康」的生物孩子來繁衍國家。許多身心障礙者確實受到身體和心理方面的限制，經歷持續的疼痛，並擁有特殊需求。但要注意的是，「身心障礙」這個術語包含的不僅是身體或心理狀況。只有當我們對這個範疇提出質疑時，才能理解身心障礙者所面臨的系統性歧視，他們更多地受限於許多地方缺乏無障礙設施，以及社會對他們的描述和看法，而不只是實際的身體狀況。

優生學是一項影響和控制人口基因庫的人口和健康政策，旨在增加正面遺傳因子的比例，並減少負面遺傳因子的比例，這項政策在殖民主義和第三帝國是個重要工具。[3]雖然人們現在可能本能地排斥這件事，但它仍然被有意識和無意識地應用於不符合所構建的「健康」標準的人身上，例如：患有唐氏症的嬰兒會被系統地墮胎。在歐洲，大約九十二％被診斷患有唐氏症綜合症的孕婦會被終止妊娠，因此冰島和丹麥幾乎沒有唐氏症患者。[4]在這種情況下，問題不僅在於支持墮胎權與否，還在於對唐氏症患者系統化、制度化的歧視。為了避免誤解：問題不在於終止妊娠的可能性，而在於對身心障礙者生命價值的低估。身心障礙兒童的父母經常因為選擇生下他們的孩子而受到批評，隨著孕期早

期篩檢技術的發展，這種辯解壓力也與日俱增，而且這些檢查越來越常被視為常規檢查。這難道不是違反了保護和確保所有人權利，包括生存權利的《身心障礙者權利公約》嗎？這種歧視的依據便是源於所謂客觀的「健康」標準。

　　生活在二元異性戀性別秩序之外的人也面臨類似的制度性排斥。根據荷爾蒙、染色體、生殖器官和解剖學，現今的醫學已經不只能識別出兩種性別。迄今為止，人類僅根據生殖器官進行嚴格的男女二分法歸類，就像人類種族的形成一樣武斷。由於社會規範不容許變異，許多人被迫適應兩種性別的其中之一。因此，許多兒童和成年人在身體的完整性上受到傷害，因為他們無法被明確歸類為其中一種性別。雙性人在出生時仍會受到系統性的「手術」干預，儘管從健康角度來看並無必要。這件事情現今已經有了重要進步，例如在二〇一八年十二月生效的德國法律，允許雙性人可以將性別登記為多元（divers）；然而，這條法律並未改變一些醫生繼續建議父母在嬰兒出生後立即手術，以確保孩子是（所謂的）男孩或女孩。而登記「多元」所需要的醫療鑑定仍是基於性別的生物主義觀念。二元性別秩序是源自歐洲的概念，在殖民主義的影響下傳播到世界各地。在世界許多地方，人存在兩種以上的性別是正常的：在印度和巴基斯坦，跨性別女性「海吉拉」（Hijras）和「庫斯拉」（Khusras）被官方承認為第三性別；北美洲的土著民族除了女性和男性之外，還承認「雙靈」（Berdache）。還有其他地方也都承認和接受第三種性別，如墨西哥南部的穆克斯（Muxe）、泰國的卡索埃（Kathoey）、阿爾巴尼亞的宣示處女（Burrnesha）、

玻里尼西亞群島薩摩亞的法法菲妮（Fa'afafine）和東加的法卡雷蒂絲（Fakaleiti）、菲律賓的芭卡拉（Bakla）、夏威夷和法屬玻里尼西亞的瑪胡（Māhū）等。在玻利維亞的阿馬雷特鎮（Amarete）和印尼蘇拉威西島（Sulawesi）的武吉士族（Bugis）中，甚至分別承認十種和五種社會性別。然而，世界衛生組織在二〇一九年之前仍將跨性別歸類爲精神疾病，而同性戀則是在一九九〇年前被歸類爲精神疾病。針對LGBTQI+人士的制度性病理化使他們在家庭、學校、宗教社群、工作場所、街頭、警察、法庭和媒體中受到系統性歧視。然而，這其中存在一個悖論：雖然LGBTQI+人士被看作精神疾病患者，但他們在心理治療中卻經常沒能得到適當的對待，因爲他們問題的結構性因素（如歧視、微侵害和社會排斥）都被忽視或否定了。

　　身體割禮在歷史上主要針對女性和非二元人士進行，例如前額葉切除手術主要被用於被診斷爲「歇斯底里」的女性身上。[5]十九世紀末，有數百名女性的卵巢被切除，以抑制她們被認爲過度的性欲。[6]女性割禮（切除陰蒂）作爲非洲大陸的一種文化習俗而聞名，但它曾經在歐洲和美國作爲醫療措施被廣泛使用，據說可以治療多種疾病，包括「歇斯底里」和精神疾病。[7]它還被用於對付那些被認爲對婚姻構成威脅的「不女性化」行爲，例如「不喜性交」和「對丈夫反感」。由此可以假設，當時許多女同性戀、酷兒女性、無性戀者和跨性別人士都必須接受陰蒂切除術。一八六一年，英國醫生艾薩克・貝克・布朗（Isaac Baker Brown）將「陰蒂肥大和刺激」（基本上就是指手淫）列入可以透過陰蒂切

除治療的疾病清單中，因為他認為這會影響女性神經系統。西方文化中最後一個已知的陰蒂切除手術是於一九四八年在美國對一名五歲女孩進行的，目的是「治療」她的手淫行為，進而將她的女性欲望消滅在萌芽狀態。[8]

把人塑造成「不健康」的人，可以讓人們不將他們當回事，進而抹殺他們的感受，將他們噤聲。「歇斯底里」（Hysteria）源自希臘文的「子宮」（hystera）一詞，在精神病學中用來指一種精神官能症，其特徵是情緒失控、極度追求關注和認同的需求[9]，這是父權制度下用來控制女性的一種發明。此外，這裡還涉及所謂的「煤氣燈效應」概念，這種觀念讓人們相信有些東西只是自己想像出來的。早在西元前，歇斯底里在女性身上就被視為一種可診斷的身體疾病，隨後在十六世紀轉變為一種心理疾病。[10]許多有影響力的精神病學家，都在十九世紀對歇斯底里症患者進行了廣泛的研究，如佛洛伊德（Sigmund Freud）和沙可（Jean-Martin Charcot）。[11]自卑、歇斯底里的女性形象可以追溯到古希臘人認為子宮是「萬病之源」的信仰。人們相信「子宮窒息」（hysterike pnix）會導致女性出現反覆無常的行為。其中一種治療建議是時刻保持懷孕狀態，以保持子宮安全和作為母親的觀念。[12]直到二十世紀末，仍會將出現多種症狀的女性診斷為歇斯底里，包括焦慮、神經緊張、性欲高漲、易怒以及具有「給他人帶來困擾」的傾向。[13]對於不符合傳統女性觀念的女性，她們依然被描繪為精神病患者並且要接受治療，例如不想結婚和生孩子的女性，以及不是一夫一妻制和非異性戀的女性。與歇斯底里相關的污名至今仍然存在。索

拉雅・切梅利（Soraya Chemaly）在其著作《女人憤怒的力量》（*Speak Out! Die Kraft Weiblicher Wut*）中寫道：「許多女孩被教導，憤怒對他人來說是種無理。我們的社會非常善於將女性的憤怒視為一種病。」[14]

偏離「健康」的標準不僅會造成排斥，還可能導致錯誤治療和併發症。我的朋友艾斯瑪有劇烈的背痛。她夜晚無法入睡，走路困難，整體生活品質受到大幅影響。於是她向她的家庭醫生尋求幫助。醫生的診斷很明確：這是因為她體重過重，她至少需要減十五公斤。當艾斯瑪表示她一直都維持這個體重，但從未有過這樣的背痛時，醫生回答道：「您不能告訴我您對自己現在的樣子很滿意。」艾斯瑪沒有進行檢查，沒有抽血或其他檢測，她只是從頭到腳被批判性地打量了一番，還帶有一絲厭惡。經過三個月的節食之後，她除了背痛越來越嚴重外，還產生了深深的不滿和自我厭惡。於是，艾斯瑪決定去找另一位醫生。這一次，她接受了適當的檢查，檢查結果與她的體重無關：她罹患了骨癌。

「健康」的身體是理想的、正常的。身體「應該」是健康的，它應該沒有疾病、功能正常而且窈窕合度。精神疾病患者、肥胖者、身心障礙者、癌症患者和倖存者，以及愛滋病毒感染者都被他們的「疾病」所定義，他們就是疾病的化身。長期以來，政府對愛滋病流行視而不見並非巧合，有些人甚至將感染愛滋病視為生活不檢點的懲罰。這主要影響同性戀者、性工作者、受刑人，以及在我們社會中被剝奪人性的那些人。有慢性疾病、身心障礙和其他健康限制的人，甚至肥胖者，也都受到銀行和保險公司的系統性歧視，他們被

拒絕貸款、信貸和保險。在新冠疫情初期，對患病和身心障礙者的貶低也顯而易見。當人們逐漸意識高風險族群主要是老年人、身心障礙者和病患後，在越來越多的言論中都能感受到那些「重要之人」知道自己相對安全後的輕鬆感。我們甚至沒有意識到，我們每天在使用貶低性的言語，延續了對病人的系統性歧視。

　　肥胖者（尤其是女性）會被描述成失敗、不健康和不負責任的人。「肥胖」和「超重」等詞語，以及身體「脂肪過多」、「不健康」或罹患慢性疾病風險的概念均源自身體質量指數（BMI）的計算方法。它將身體歸類為正常／異常、健康／不健康、美麗／醜陋、有紀律／無紀律。多項研究表明，身體質量指數是一種粗略簡化且不準確的衡量指標，它成為一種健康標準，不斷被用來排斥和壓制不符合這個標準的人。透過計算身體質量指數，人們開始懷疑自己的認知，這也被稱為醫療性的「煤氣燈效應」。肥胖者經常經歷這種情況，因為他們對什麼是健康的、什麼不是，哪些行為或身體是病態的或有患病風險的產生了不準確的概念，因為他們信任科學的「事實」、觀點和建議，就連艾斯瑪也不再相信自己的認知。幸運的是，儘管經歷了錯誤的治療和歧視，她仍然戰勝了癌症。這不僅是醫生的錯，也是社會和健康標準的錯，它們將肥胖的身體視作低人一等和不負責任。不幸的是，艾斯瑪並非個案，在一項樣本數超過兩千四百名成年女性的研究中，有六十九％的受訪者表示她們曾因體重受到醫生歧視。[15]

　　新自由主義的邏輯也沒有放過健康領域，它導致了結構

性問題的個體化。健康被視爲個人責任的範疇：誰不健康，誰就沒有做出正確的決策，過著不良的生活方式，這是他們自己的錯。社會階級在這方面扮演核心角色，因爲資本主義社會從根本上傾向於將窮人所面臨的困難歸咎於他們自身。如果他們身材肥胖，他們會被訓誡和教導要正確飲食、做出明智的決定，並控制自己。但貧困和肥胖的結構性原因被忽略了：健康飲食的成本高昂，我們的資本主義消費社會和強大的食品工業遊說集團利用窮人的低購買力來推銷低品質的食品。只要最便宜的食物最有害健康，那麼羞辱肥胖者和窮人沒有做出正確選擇的言論就會繼續讓這種制度合法化。

壓迫如何讓人生病

> 「您放心，您在這裡不會被槍殺的。」
> ——心理治療師

我的朋友艾祖莉已經在柏林生活了好幾年，她的家族來自海地，而她在美國出生長大。去年，她哥哥在街上被槍擊身亡，同時也爲了面對她受到種族主義和歧視的種種經歷，她決定尋求心理治療的幫助。在初步談話中，心理治療師表示這是一個政治問題，不需要心理治療。對於她哥哥的死，他只是簡單地說：「您放心，您在這裡不會被槍殺的。」他不僅輕視了她哥哥的死亡，還否認了德國存在種族主義暴力的事實。他沒有細聽她的觀點，也沒有爲她的情感保留空間，

而是就德國歷史典範般的問題處理方式自顧自地發表長篇大論。當她離開診所時,感覺更糟糕了。

對於每天直接或間接遭受種族主義、性別歧視、同志歧視、跨性別歧視和障礙歧視之人來說,壓迫對他們造成的心理和生理影響不容忽視。這些經歷會塑造大腦的發展與思維的形成方式,創傷可能影響大腦的調節功能。眾多研究指出,與白人相比,黑人和有色人種更容易出現創傷後壓力症候群(PTSD)。**種族創傷**(Racial Trauma)是真實存在的,原因可能是源於重大的種族主義經歷或是許多小事件累積的結果。根據哈佛大學FXB健康與人權中心(FXB Center for Health & Human Rights)主任瑪麗・巴塞特(Mary Bassett)的說法,膚色也可能逐漸損害身體健康。越來越多的研究發現,長期承受歧視所帶來的慢性壓力與健康問題息息相關。例如,長期忍受微侵害的人更容易罹患心臟疾病。一項針對黑人女性的研究發現,慢性發炎症狀與頻繁遭遇種族歧視的壓力有關。其他研究也指出,受到嚴重歧視的懷孕婦女容易生出體重過輕的新生兒。一些研究人員將持續被邊緣化的壓力與一種稱為「風化」(Weathering)的現象放在一起研究,該現象會加速基因層面的老化。[16]因此,當馬丁・路德・金恩的屍檢結果顯示他的心臟狀況相當於六十歲的男子,而非他過世時的三十九歲時,也就不足為奇了。

德國和法國缺乏充足的民族和種族統計數據,無法進行與美國相同的研究,但以下研究結果可以推論德國或法國等存在系統性種族主義和歧視的國家。二〇〇八年進行了一項

研究[17]，利用統計分析尋找種族相關的困境與身體疾病之間的相關性。該研究得出結論，由於持續存在的與種族主義相關的壓力，非裔美國人相對白人更有可能生活在貧困中，患有糖尿病、乳腺癌和攝護腺癌等疾病的機率更高，感染愛滋病的機率是其他族群的七倍，被謀殺的機率則是其他族群的八倍。

　　德國的心理治療師通常無法為受到種族主義相關創傷的人提供適當的治療，因為他們大多沒有意識到歧視帶來的影響，並且沒有認知到種族主義經驗可能造成創傷，也不懂得主動詢問病患相關經歷。此外，大部分的白人心理治療師並不擅長談論種族主義。這個議題讓很多人感到不自在，因此他們寧願選擇不談。白人已經學會透過「假裝膚色沒有差異」這種說法來證明一切與種族主義無關。然而，這種方式使得專業人員在與非白人患者討論種族主義時毫無概念，更遑論種族主義導致的創傷經驗了。當像艾祖莉這樣的黑人和有色人種試圖與白人治療師敞心談論自己的種族主義經驗時，他們經常不得不面對白人的脆弱反應，也就是白人聽到自己被指責是種族主義體制中的一份子時的反應，特別是那些自稱跟有色人種相處很敏感的白人；他們同樣還得面對治療師的抵抗、懷疑和否認的風險。當然也有例外，但心理治療普遍在實際應用中對種族主義的意識不足，患者經常被診斷有妄想症，或其他與種族主義結構和社會影響絲毫無關的精神疾病。主流的白人群體對於被指責自己的國家存在種族主義時感到受傷，也因此常常會否認現實、對他人進行心理操縱，以及病理化這些受種族主義影響的人們。[18]黑人和

有色人種在訴說他們的種族主義經驗時最常聽到的話就是：「你一定是誤解了」、「當然不是那個意思」、「這也可能發生在我身上」或「並非所有白人都⋯⋯」

壓迫不僅對種族主義受害者產生創傷、憂鬱和心理健康問題，對其他形式的壓迫受害者也同樣如此。這種壓迫不僅體現在日常中微侵害，也包括從童年以來就內化的自卑感。LGBTQI+社群中的性別和性傾向少數成員在年輕時面臨著比一般人高四至六倍的自殺風險。其中，跨性別者的自殺風險最高，其次是雙性戀者、女同志和男同志。除了自殺傾向之外，LGBTQI+人群也面臨著更高的心理和情緒問題風險，包括嚴重的憂鬱症和焦慮症。[19]

白人、異性戀和非身心障礙治療師的知識和同理心差距都反映在培訓內容上，培訓內容沒有涵蓋與身分相關的差異。不了解與壓迫相關的創傷，不了解微侵害造成的心理困擾，不了解作為少數族群生活在被種族主義影響的異性戀社會中的心理負擔，這些不理解都助長了壓迫。因此，對於許多不符合隱性普遍標準的人來說，心理治療伴隨著風險。就像艾祖莉一樣，許多人在求助心理治療師之後感覺比之前更糟了。

在新冠疫情爆發初期，很多人說：「病毒不分膚色、階級和性別，我們都在同一艘船上。」然而幾個星期後，我們意識到這並非事實。我們社會中的一切都無法逃脫強大的社會階級制度和壓迫體系的束縛，哪怕是像Covid-19這樣微小的病毒也無法。病毒本身可能不會區分人類，但我們的社會結構（包括醫療系統和整個經濟體系）加劇了特定社會群

體的感染和死亡風險。在美國，黑人死於Covid-19的比例是白人的三倍，在堪薩斯州甚至高達七倍。[20]在疫情的最初幾個月也在英國觀察到了同樣的現象，截至二○二○年六月底，在超過四千八百名的Covid-19重症病患者中，其中有三十四％是黑人、亞洲人或少數族裔。[21]包括法國和德國的多數歐洲國家，由於沒有收集所謂的平等數據，因此無法得到這類的統計數據，但恐怕同樣存在類似的趨勢。較高的死亡率與人們的健康狀況有關，但與結構性和經濟因素更為相關，例如獲得醫療保健的途徑和職業的危險性。護理師、照護人員、超市工作人員、收銀員和公共交通工作人員主要是女性、黑人、有色人種和移民。

我們的健康不僅取決於我們的基因構成和生活方式，也受我們的個人經歷和生活環境影響。例如，心血管疾病、肺癌或第二型糖尿病在貧困和處於不穩定工作環境的人中更為常見[22]；低收入和低教育水準的人通常比社會地位較好的人更容易受到環境污染的影響。環境造成的健康負擔在德國與全世界皆分布不均。過去幾年的社會和環境流行病學研究表明，在德國，社會地位是決定兒童、青少年和成年人是否以及在多大程度上受到環境污染物的影響因素之一。教育和收入等社會經濟因素，以及移民背景和社會環境等其他因素，都會影響居住條件、生活方式、可用資源以及與之相關的健康風險。在大多數研究中，社會地位較低的人更容易受到負面環境影響的壓力，尤其是交通噪音和空氣污染等與交通有關的健康負擔影響，而且比較難接觸到城市綠地，也就是說他們能接觸的運動和休閒設施更少。[23]從歷史上看，這種與

環境不公平有關的不平等現象是有跡可循的。在多數歐洲城市中，貧困社區都位於市中心以東的地區，因為在大多數世界城市所在的中緯度地區，主要風向從西向東吹，並夾帶了工廠和交通所產生的煙霧和氣味。[24]

　　一個富有的白人男子負擔得起健康飲食，生活在空氣品質較好的社區，從事的工作幾乎不需要劇烈的體力勞動，每天不會受到微侵害、排斥和貶低的對待。他不會對疾病和健康問題免疫，但他不會面臨到與壓迫相關的某些風險。他或許會飲酒過量、食用過多油膩的食物、抽菸、缺乏運動，工作壓力也很大，因此他的健康狀況可能不是最好的，但結構性因素之於他並不會有任何加劇的作用。

　　許多地區仍然使用著富裕國家禁止使用的致命農藥。例如，在法屬殖民地馬丁尼克和瓜地洛普（Guadeloupe），直到一九九三年仍在使用一種在一九七二年就已被確認會致命的有害農藥，甚至有些香蕉工人表示直至二〇一六年還在使用。這種叫做十氯酮（Chloredecon）的農藥污染了當地的土壤、河流、地下水和整個食物鏈，並在九十％人口的血液中留下了痕跡。這種危險的農藥導致異常高比例的前列腺癌、性早熟和嚴重的內分泌失調。這種中毒現象可能持續幾個世紀，唯一的替代選擇就是只能食用進口食品，但這也注定了當地農業的衰亡。十氯酮在法屬安地列斯群島直到很晚才被禁止，因為在香蕉產業的遊說團體仍然由奴隸主和白人法國人的後裔（Békés）牢牢掌握著。由於自身膚色的緣故，許多男性、女性、兒童以及被迫面對嚴重健康問題的人因為十氯酮中毒而死亡。不僅在馬丁尼克和瓜地洛普，許多

南方世界的國家都在使用在北方世界國家只有在嚴格條件下才被允許使用的農藥和其他毒物，例如在印度和巴基斯坦就可以買到拜耳（Bayer）生產的嘉磷塞（Glyphosate）。[25] 二〇〇六年，一艘在巴拿馬註冊的船隻在一家象牙海岸的廢棄處理公司卸下有毒廢棄物，並在阿比讓港（Abidjan）處理了該廢棄物。當地承包商在城市周圍的十二個地點處理了這些廢棄物，結果導致七人死亡，二十人住院，超過兩萬六千人出現中毒症狀。非洲大陸經常被製藥產業用作試驗實驗室。不道德的實驗、未經知情同意的臨床試驗和強迫性醫療程序屢見通報，並且受到刑事起訴，譬如從德國於十九世紀末、二十世紀初在納米比亞，尤其是針對納馬人和赫雷羅人種族滅絕所進行的絕育實驗；到羅德西亞（今辛巴威）的強制節育，再到一九九〇年代美國未經知情同意在辛巴威進行的愛滋病測試；或是一九九六年美國藥廠輝瑞（Pfizer）在奈及利亞進行的腦膜炎測試。而在尋找Covid-19疫苗的過程中，非洲大陸很遺憾地也未能倖免於新一輪可能危及其人民健康的非法和濫用實驗。

　　無論是法屬安地列斯群島的十氯酮醜聞，還是非洲國家的非法藥物測試事件，皆是出於對黑人生命的蔑視所致。因此，無論在世界的哪個地方都可以高呼：「黑人的命也是命。」

缺乏同理心的後果

「如果再發生這種情況，你可以用手指把它重新推
回去。」
——婦產科醫師

在我第二次懷孕的第三個月期間，我不得不在半夜掛急診，因爲我的子宮脫垂了（至少 Google 是這麼說的，看起來也很像是這樣）。急診室的一位女醫生替我做了檢查，卻無法做出診斷，因爲超音波沒有顯示任何異狀。我小心翼翼地詢問她有沒有可能是子宮脫垂，她對此持懷疑態度。爲了安全起見，她讓我留院觀察兩個晚上。我在短暫的住院之後，去找我的婦產科醫生想再次檢查，但她並沒有認眞替我看診，而是輕蔑地對待我。當我詳細解釋發生的事情時，她不耐煩地聽完後說：「懷孕期間一定會感到輕微的疼痛。」當我詢問是否有相應的治療方法時，她只說：「這我無能爲力，如果再發生這種情況，你可以用手指把它重新推回去。」她沒有開診斷證明讓我請病假，也沒有要我待在床上休息，而是讓我繼續正常生活。那次談話的四個月後，我因爲感染導致胎膜早破。

在我的孩子去世三個月後，我在與孩子出生的醫院的主治醫生進行的後續談話中得知，我在懷孕第三個月的時候可以預防性進行一項例行手術以防止感染；如果我下一次懷孕，無論如何都必須進行這個手術。這位主治醫生對我的病史一無所知。當我把一切都告訴她，並問道：「我孩子的早

產是不是可以透過手術避免？」她謹慎地回答說：「這我不能肯定，但是很有可能，因爲這就是這項手術的目的。」如果我當時得到了適當的治療，也許我的孩子今天還活著。

在我生第一個孩子時，我的會陰撕裂。醫生開始縫合時的疼痛非常劇烈，以至於剛出生的寶寶被我發出的尖叫嚇到了。在過去的二十個小時裡，我已經承受太多痛苦，所以向疼痛屈服了，直到醫生把她的頭從我張開的雙腿中露出來，用些許不耐煩的口氣問我：「你能停止尖叫嗎？」她讓我倍感羞辱，因爲我已經處於很脆弱的狀態。當我說我因爲疼痛而無法停止時，她說：「那好吧，那我們再打一點麻醉。」她注射了局部麻醉劑，接著，噢，奇蹟發生了，我突然安靜下來，她也得以安靜地繼續縫合。

我母親曾被一隻狗襲擊後摔倒在地，之後她去看醫生。醫生診斷她的肩膀骨折，卻沒有給任何緩解疼痛和防止進一步傷害的治療，譬如止痛藥或固定石膏，只是讓她回家。他告訴母親，她需要進行手術，並幫她預約了三週後的時間，沒有爲她開立病假證明。由於疼痛劇烈，她幾天後又去了醫院。另一位醫生發現她的肩膀狀況惡化了，並且對沒有爲母親開止痛藥、病假證明以及讓她長時間等待手術的做法感到震驚不已。正如這位醫生所說，這是「疏失」。我母親沒有得到「適當」的治療。四個月後，我母親必須面對當時適當治療就能避免的額外併發症；一年過後，她的肩膀仍未完全康復。

我的黑人朋友娜伊瑪在懷孕第五個月時流產，不得不在柏林一家醫院進行「子宮擴刮術」的流產手術，也就是要

將胎兒從子宮內取出。在懷孕的最初幾週進行這種手術相對較不危險，但是她的情況需要在全身麻醉下進行手術。手術結束後，她還處於迷糊的狀態中，護士卻毫無預警地拉開她的被子，請她盡快起床以讓出床位。娜伊瑪疼痛難忍，詢問是否可以見醫生。醫生來了，告訴她這種疼痛是正常的，不需要小題大作。當娜伊瑪問到是否可以開立病假證明時，醫生說：「就我看來，你明天就可以去上班了。」娜伊瑪起身，艱難地穿上衣服，沒有病假證明，也沒有止痛藥，拖著沉重的步伐回家。一年後，娜伊瑪的德國白人丈夫進行結紮手術（手術過程在局部麻醉下大約只需要十五分鐘），他獲得了一週的病假，而且在手術隔天還接到醫生的私人電話，詢問他術後狀況如何。

在〈在媒體〉那一章節中，我們就討論過同理心差距。多項研究證實，包括醫療從業人員在內的人們普遍認爲黑人比白人更不容易感到疼痛。[26]正如上述故事所示，同理心差距對醫療體系中的黑人及有色人種產生了具體的後果。這些不僅是故事，而是反映了一個更廣泛存在且長期被忽略的系統性現象。德國和法國與美國一樣，在醫療體系中都有長久的系統性種族主義歷史。在馬丁·溫克勒（Martin Winckler）的著作《白衣惡魔》（*Les Brutes en Blanc*）中，呈現出傳統醫學的專業文化如何導致虐待，尤其是對女性的虐待。這是一種「古老、暴力和性別歧視」的文化，以權力濫用爲基礎，將女性視爲「次等人」並相應地對待她們，甚至包括虐待和醫療暴力。女性被孩童化，她們未經徵求是否同意，她們的身體自主權經常被剝奪。[27]神經生物學

家凱瑟琳‧維達爾（Catherine Vidal）解釋道：「在相同症狀下，抱怨胸痛的女性會被開立抗焦慮藥物，而男性則會被轉診給心臟科醫生。」[28] 此外，許多女性在被診斷出子宮內膜異位症之前，必須忍受多年的月經困擾[29]。在研究主要影響女性的症狀和疾病的方面，科學研究也相對不足。一般來說，醫事人員往往不太認真對待女性。時至今日，她們仍經常受到輕視，被灌輸她們只是在小題大作，這與對女性歇斯底里的刻板印象直接相關。如果她們抱怨，那只是「她們自己想出來的心理作用」。然而，心理作用不意味患者幻想自己有病但實際上沒有，而是指疾病的原因可能是心理上的，因此症狀和原因都應該得到治療。

性別歧視和種族主義交織在一起，加劇了對黑人女性的影響，同時也影響了其他被認為價值較低的人，例如身心障礙人士和跨性別者。網球選手小威廉絲（Serena Williams）在二○一七年生下女兒後發現了肺栓塞的早期症狀，她向醫生提出卻沒有被相信。如果她當時沒有堅持要求接受治療，她可能已經死了。[30] 小威廉絲並非個案，美國的非裔女性死於與懷孕有關的疾病的概率是白人女性的四到五倍。[31] 即便她是個有名氣的富有女性，她的疼痛和對自己身體的感知也沒有被充分重視。在歐洲，對黑人族群（包括女性、男性和兒童）缺少同理心也導致了悲劇性的死亡。二○一七年十二月，法國史特拉斯一位二十二歲的黑人女性娜歐米‧瑪森嘉（Naomi Musenga），撥打緊急醫療服務電話時遭到嘲笑。當她說出「我會死」的時候，接電話的人回答：「人總有一死，我們都一樣。」經過五個小時的等待，娜歐米被

救護車送往醫院,她在醫院裡中風,最終因多器官功能衰竭死亡。[32]十年前,黑人女孩諾艾麗(Noélanie)在學校被霸凌而死,她幾乎每天都受到其他學生的種族主義侮辱和毆打。她的母親曾向學校和警察投訴,但情況並未改善。一日,女孩再次被打,回家後開始抽搐,母親撥打急救電話,懇求人員立即前來,卻收到這樣的回答:「您不是醫生,來不來不是您說了算。」最終,在經過一個半小時,在消防隊長的請求之下,救護人員終於到達,結果醫生說:「她是裝的(並模仿了她)。」三天後,諾艾麗死於被醫生忽視的嚴重腦水腫,這是由於她的同學勒住她的脖子所引起。[33]另一起案件是黑人男子威廉(William Tonou-Mbobda),他在二〇一九年四月因德國漢堡一家醫事人員採取的「強制措施」而死亡。[34]這些案例再次表明種族偏見可能致命。

　　二十多年以來,美國的研究表明,黑人和有色人種接受的止痛藥物治療不足。例如,一項早期研究發現,患有復發性或轉移性癌症的少數族裔患者比較少獲得相應的止痛緩解治療。[35]在偏頭痛和背痛[36]、老年人癌症治療[37]以及兒童骨折[38]方面,也發現了疼痛治療上的種族差異。根據美國美式足球聯盟(National Football League)的受傷報告檔案數據顯示,與受傷的白人球員相比,受傷的黑人球員更有可能迅速復出比賽,這可能是因為人們認為他們比較不會感覺到痛。[39]二〇〇八年曾經整理過一份針對過去十三年國家急診的求診數據,據此數據的綜述可以發現:在因疼痛相關的急診求診中,白人患者(三十%)比黑人患者(二十三%)更有可能獲得鴉片類止痛劑的處方。[40]根據二〇〇五年的一項研

究，美國密西根州白人社區內藥局的鴉片類藥物庫存充足，估計可能為非白人社區的五十二倍。[41] 然而，這並不能完全解釋問題，因為即使有止痛藥物可用，黑人和有色人種得到的藥物治療仍然較少。這並不是說所有醫事人員都想看到非白人受苦，而是因為他們很少意識到疼痛，因為他們自童年以來便無意識地被灌輸黑人和有色人種比較感覺不到痛。

同理心差距既是醫療不平等的根本原因，也是加劇不平等的因素。黑人患者更有可能得到比較差的醫療服務，並接受不甚理想的治療。例如，黑人患者因糖尿病而需要截肢的可能性是白人患者的三倍以上。對於黑人患者被系統性地低估疼痛治療的情況[42] 已經有許多解釋，從認為黑人患者無法負擔醫療費用到種族偏見等[43]，這些解釋都暗示雖然黑人患者的疼痛問題有被察覺，卻仍沒有得到適當的治療。然而，另一種解釋是黑人患者的疼痛根本沒有被發現。

導致我孩子去世的醫療問題，有部分是因為德國醫療體系不重視我的問題，並未能提供我適當的治療；而我母親因為沒有適當治療而未能避免的併發症，是缺乏同理心的直接結果。因為缺乏同理心，壓迫才會發生。人類、動物和自然都必須被客觀化，各自承受的痛苦才能被感受與容忍。這正是我最後的希望所在：如果我們的痛苦和感受能夠互相連結，那麼苦難和壓迫就會越來越少。

九、在街上

「在美國和其他資本主義國家，通常強暴法制定的初衷，是為了保護其妻女免於攻擊的上層階級男性。法院通常不太關心工人階級女性的遭遇，因此導致很少有白人男性因為對這些女性施加性暴力而被起訴。雖然這些強暴犯很少被繩之以法，但黑人總是不分青紅皂白地被指控強暴，無論他們有罪還是無辜。」

——安吉拉·戴維斯[1]

我們幾乎每天都在街上和其他公共場所活動，如火車站、公園、購物中心、公車、地鐵、博物館、圖書館。我們很少意識到這些地方是權力、特權和壓迫的交匯點。理論上，公共場所屬於我們所有人，沒有人比其他人更有權利。然而，某些人在那裡卻享有更多的自由、和平和輕鬆。許多公共場所（如俱樂部、餐廳、公車、會議中心和音樂廳）對輪椅使用者和其他身心障礙者來說不夠無障礙，導致這些身心障礙者被隔離在公共生活之外。無家可歸者必須躲藏起來，不能自由地在街上生活，否則會被警察驅逐，這也表明街道並不屬於**所有人**。街道也是明顯而粗暴表現出男性優勢的地方。父權暴力既由男性又由警察實施，因為警察是執行國家權力的工具，很遺憾地也是父權和種族主義暴力的工具。本章所提到的性別暴力形式是父權統治和控制體系的一部分。

時刻警惕！

溜直排輪時，我注意到自己經常經歷千鈞一髮的意外事件。每次我都必須在最後一刻迅速閃離那條狹窄的、凡是溜直排輪的人都希望持續保持的直線軌道，才能避免碰撞。在大多數情況下，向我撲面而來的直排輪滑者都是男性。我很納悶，為什麼總是我必須離開自己的軌道，所以我決定不再避讓。結果出乎意料地強烈，我要不是受到致命的眼神攻擊或是相應的手勢懲罰，要不就是被粗魯地辱罵。為什麼？是我不了解直排輪界的重要潛規則，還是這是一個在公共空間中普遍存在的現象？為了找出答案，我進行了一個小實驗：當有人朝我走來時，我不再讓路*。實驗結果不出乎意料：在九十五％的情況下，當男性朝我走來時，如果我在最後一刻沒有讓到一邊，我們就會狠狠地撞在一起，實際上這也發生過好幾次。這些男人有老的、年輕的、胖的、瘦的、有錢的、窮的、白人和非白人，而且都沒有明顯的障礙**。相較之下，我跟女性幾乎沒有發生過碰撞，因為我們在碰撞之前就已經察覺到彼此，每個人都會稍微避開一些。然而，我似乎必須讓路給男性，好像他們比我更有權使用人行道。大多數人可能沒有意識到這一點，參與我進行的小實驗的大多數男性甚至可能根本沒注意到他們在街上從不讓路。我現在

---

* 這個實驗只針對沒有在走路或騎車時使用手機的人。

** 我一位坐輪椅的朋友也提到了相同的現象，那些朝她走來的人根本沒有注意到她。

想知道的是：如果我是男人，我的實驗會怎麼樣？男人之間會整天都撞在一起嗎？還是他們會以不同方式察覺彼此並為彼此騰出空間？

我已經聽到有人在抗議了：「不是所有的男人都⋯⋯」的確，有些人確實會稍微讓開，但我的目的不是要說所有男人都不可理喻而且行為惡劣。我想說的是，這種行為模式與其說是關乎個人，不如說是關於產生和讓這種行為成為常規的社會準則。我相信差點跟我相撞的多數男性都是出色且充滿愛心的人，所以如果你現在發現自己以前在街上都不會讓路給女性，別慌張！這並不代表你是壞人，但你現在可以選擇改變自己的行為。

「有誰會怕那個黑人男子？」

二〇一〇年代，透過一系列的網路倡議運動，街頭騷擾（Street Harassment）*成為歐洲和北美許多城市的一個重要議題。這些倡議運動旨在喚起人們對街頭上許多男性問題行為的關注，例如對女性吹口哨、叫囂，甚至騷擾。這種行為以前被廣泛容忍，並且被許多人視為正常。例如，許多男性在街上和其他公共場所小便是被接受的事，不會遭受質疑。有人可能會說，這只是出於男性確實需要更頻繁上廁所

---

* 我對「Belästigung auf der Straße」這個德語翻譯不太滿意，因為英語中的「street」（urban）翻譯到德語後，便少了其原有的文化內涵。因此，在接下來的幾頁我會使用英語原文。

的原因；但是從根本上來說，這是一種在公共場所展示父權力量的象徵行為。許多在街上小便的男性只是隨便找個地方方便，未曾思考為什麼他們會覺得可以隨意這麼做，而且這麼做是他們的權利，或是周圍的人是否會感到不悅（例如我總擔心在風大的日子走路會被幾滴尿液濺到）。

在父權體制中，許多事情都是在無意識中發生的。即便是女性，通常也不自覺地知道自己在路上須時刻保持警惕，這已經成為她們生活的一部分。從「男性開腿」（Manspreading，又稱大爺式占位）到強暴，父權力量幾乎無所不在。直到街頭騷擾倡議運動出現之前，這些現象在主流社會中幾乎沒有受到關注。這個過程帶領我們走到#MeToo運動，使數百萬女性獲得了**權力**。我們已經從個人層面轉向結構性的觀察，從「這是我的錯」（責怪受害者〔victim-blaming〕）到「這是社會問題」（責怪體制〔system-blaming〕）。這種認知的轉變徹底改變對性騷擾的處理方式，我們不再只關注作為群體一部分的兩個人身上，而是著眼於更大的範圍，亦即容許這種行為的父權結構。如果騷擾行為被發現，我們會試圖改變整個體制，而不僅僅是懲罰加害者。

在二〇一〇年代，有一系列的影片試圖引起人們對於街頭騷擾問題的關注。這本質上是個好主意，但這些影片的問題在於它們利用種族刻板印象來展示性別歧視。其中一些受到關注的倡議包括由艾莉諾‧普里亞特（Eleonore Pouriat）拍攝的法國網路電影《弱勢的多數》（*Oppressed Majority*，二〇一〇）[2]，觀看次數超過一千三百萬次；還有來自比利

時，由蘇菲・皮特斯（Sofie Peters）所導演的網路紀錄片
《街頭女子》（*Femme de la rue*，二〇一二）[3]，甚至還上了
國際新聞。幾年後的二〇一六年，法國影片《手扶梯「愛」
作劇》（*Love Escalator Prank*）在網路上爆紅，觀看次數達
到一千六百萬次，該影片以隱藏式攝影機拍下一名男子向
其他男子（多半是阿拉伯人）搭訕時他們的反應。在德國，
由美國女演員舒夏娜・羅伯茲（Shoshana Roberts）製作
的影片《女性在紐約街頭十小時被搭訕側錄》（*10 Hours of
Walking in NYC as a Woman*）尤其受到關注，影片展示
了她在紐約街頭不斷被男子搭訕、跟蹤和觸摸的情況，而影
片中幾乎所有男性都是黑人和拉丁裔。

在電影《弱勢的多數》中，女性扮演男性，男性扮演女
性，因此男性在電影中受到女性的性別歧視。這種相反的呈
現幫助我們以不同視角看待表面上正常的行為，並意識到對
待女性和男性的不平等待遇。例如，當我們看到一個女人
裸上身在街上慢跑時，我們才會意識到男性經常這樣做。這
部電影的目的在於喚起共鳴和激起憤怒：「幸好我不用每天
經歷這樣的事情！」或是「太不公平了，我以前都沒有注意
到！」電影中只出現一次身體上的性暴力：男主角遭到薩米
亞和她穆斯林及羅姆人朋友的騷擾。而這種情境我們一點也
不陌生：一個白人女性受到非白人男性的性暴力。

《街頭女子》主要在比利時的莫里斯大道（Boulevard
Maurice Lemonnier）和安妮森廣場（Place Anneessens）
使用隱藏式攝影機拍攝，呈現一位「普通」女性（即白人、
苗條、外貌出眾）在街上不斷受到阿拉伯和黑人男性的搭訕

和騷擾。這段影片非常讓人受不了，而且讓我感到憤怒。一方面是因爲這位女性不斷受到侮辱和攻擊，另一方面則是因爲這部影片暗示這些騷擾是特定文化、宗教和「種族」固有的行爲。影片製作人聲稱這種騷擾行爲有九十五％都來自外國男性。

這讓我的內心陷入兩難：一方面，我想與這位女性站在一起以表達我的支持；另一方面，我卻感覺到，如果這樣做，我就是否定了一部分的自己。所以我必須選擇到底哪種情況對我來說更糟糕？是在影片中展現的性別歧視，還是在強調這種性別歧視時所涉及的種族歧視，也就是好像只有黑人和阿拉伯男性才會性騷擾別人一樣？

這類影片和席捲歐洲與北美洲的大規模仕紳化（Gentrifizierung）新浪潮同時間出現並非巧合，因爲這些影片突然使兩個之前幾乎沒有交集，甚至沒有任何關聯的世界對撞在一起，同時也呼應了殖民關係：中產階級白人女性和黑人、阿拉伯或穆斯林男性之間的關係。這些在街頭騷擾運動中出現的情境，回溯到熟悉的種族主義刻板印象和殖民模式，引發人們強烈的情感反應。白人女性被「野蠻人」綁架和性威脅的形象，在殖民時代經常被用來培養對男性具有過度性衝動和侵略性的觀念，使人們對他們產生恐懼，進而證明對壓迫和暴力控制他們是合理的。在中央公園五人案中，投射在該案的形象如此強大，以至於他們是否**眞的**有罪幾乎無關緊要。這個案件幾乎是發生在象徵和情感層面，強暴行爲在兩個世界相互接觸的時代成了一種象徵，一邊是窮困、被邊緣化的紐約哈林區（Harlem）黑人居民世界，另

一邊則是蓬勃發展的華爾街與那裡的白人富有金融家世界。

這些殖民時代的形象絕不會過時，如今它們在融合的討論中又被提出，並堅守一種觀念，就是認爲歐洲和西方國家正被落後、兇殘和未開化的人民（特指伊斯蘭教徒）淹沒，他們的文化和宗教威脅著西方開明的國家和其民主、平等價值和規範。作爲對皮特斯的影片的回應，布魯塞爾政治家菲利普·克洛斯（Philippe Close）宣布對街頭的性別歧視行爲處以罰款。他將這項法律改革稱爲一種「象徵性的姿態」，目的在於「喚起共同生活的規範和規則」。然而，單靠刑事手段很難有效打擊街頭性騷擾，因爲這種罪行難以判斷和定罪。與此同時，我們有充分的理由相信，這樣的法律將極大化地加劇種族定性＊的問題。

我並不想暗示反街頭騷擾運動之所以引起關注，只是因爲它們遵循根深蒂固的殖民主義和種族主義思維模式。然而，事件後續反應的激烈程度很值得關注。二〇一六年，在德國科隆發生跨年夜大規模性侵女性事件，這也觸發了相同的效應。突然間，反女性主義、具民族主義色彩的新納粹團體也跳出來反對性別歧視，但他們這麼做根本不是因爲他們關心女性的身體自主權，恰恰相反：他們主張這些身體**屬於**他們，只有他們和國家能擁有白人女性的身體，而非阿拉伯和黑人男性。在殖民時期對於「受威脅的白人女性」的描述中，經常能看到背景中的白人男性最終武裝起來向女性伸出援

＊ 意指警察、保全、移民和海關人員的行動是基於某個人的膚色、種族、宗教或國籍來進行，也稱爲種族歸納（racial profiling，有時也譯爲種族篩選）。

手。他們不僅拯救了女性，也拯救了白人女性象徵的國族[4]，因爲女性在民族主義中扮演著維護「純正」國族的重要角色，因此控制女性身體是至關重要的（請見〈在女性的身體裡〉一章）。

　　一個多元女性主義者聯盟對可恥的科隆跨年夜性侵事件發起主題標籤 #無一例外（#Ausnahmslos），在衆多強調犯罪者國籍的論調中提供了爲數不多的另一種觀點。這個標籤促使公衆對事件進行討論，不僅將重點放在犯罪者主要來自阿拉伯和北非地區的事實上，還將性別歧視和父權暴力視爲整個社會的問題。

　　中產階級白人女性和非白人男性在街頭騷擾的影片中出現，這個組合本身具有一定的意義。兩者既受到了不利待遇，卻同時也享有特權：男性行使父權力量，但女性因其膚色（以及可能的社會背景）而擁有更大的政治影響力。因此，街頭騷擾之所以成爲政治議題是因爲對白人女性的關注。黑人女性、穆斯林女性、羅姆人女性和亞洲女性同樣在街頭受到騷擾，但她們的聲音在主流社會中卻小聲得多。

　　如在〈在媒體〉一章中所說，#MeToo 標籤是由一位黑人女性發起的。二〇〇六年，活動家塔拉納・伯克開始在 Facebook 的前身 MySpace 上使用這個口號，鼓勵有色人種女性分享她們遭受到性暴力和虐待的經驗，由此產生的同理心回應能幫助她們擺脫創傷性經歷。這個行動當時引起的反響相對較小，當然部分也歸因於當時社交媒體的發展狀況，但原因不僅於此。在集體的潛意識中，黑人女性仍然很難受到保護[*]。部分原因在於，幾個世紀以來，無論是殖民地中

的原住民婦女、種植園中的奴隸還是大都市中的女傭，她們經常被強暴和虐待。黑人女性和有色人種女性一直是殖民者和奴隸主的物品，無法自主決定自己的身體。因此，卽使在今天，當一位黑人女性受到白人男性的性騷擾或虐待時，通常很少得到人們的同理心。

二〇一一年法國總統選舉前夕，爆出一椿涉及性、金錢和政治的醜聞，完美收集了所有爆炸性故事的元素。酒店清潔工狄亞洛（Nafissatou Diallo）指控當時的候選人史特勞斯－卡恩（Dominique Strauss-Kahn，簡稱DSK）性侵了她。最終，她的指控被駁回，因爲檢方嚴重懷疑她說詞的可信度。許多媒體將她描繪成善於操縱、自私和虛僞的形象。現在，讓我們想像一個相反的情景：黑人門房被富有、有權勢的白人女性指控強暴。媒體和執法單位是否會同樣強烈懷疑她的陳述？我認爲不會。爲什麼？因爲野蠻的黑人男性侵害白人女性的形象衆所周知，具有強烈的情感影響力。同時，這起醜聞還帶有強烈的階級歧視色彩。

情感的影響力解釋了反街頭騷擾運動的巨大成功。換句話說，如果這些影片沒有涉及種族刻板印象和殖民模式，就不會激起同樣程度的憤怒。但是這些運動同時也爲更廣泛的女性主義運動鋪了路，讓之後的女性主義運動無需再倚賴種

＊只有當黑人女性和穆斯林女性需要被自己文化和宗教中的男性保護時，她們才會被認爲是值得保護的對象。例如，戴頭巾的女性常常被描繪成受到穆斯林男性的壓迫，這些男性被認爲對歐洲社會所謂的女性主義標準和價値構成威脅。這種敍事只是讓女權和女性主義工具化，以達到帝國主義的目的，「捍衛女性權利」甚至被用來當作發動伊拉克和阿富汗戰爭的理由。

族主義和殖民刻板印象來發揮作用。

沒有種族主義的女性主義

　　也因此，厭女情結往往被描繪爲某些特定文化、宗教或種族的問題，而不是一個在全球存在的現象。這類女性國族主義的論述經常被右翼政黨納入自身的性別政策中。

　　將街頭騷擾當作父權暴力的核心例子會導致其他形式的性別歧視壓迫被忽視，例如處於權力地位的男性騷擾或脅迫女性的狀況，這些案例不如街頭騷擾那麼顯眼，因爲後者主要由處於相對不利地位的男性進行的。「街頭騷擾」這個名稱隱含了騷擾者的社會背景，因爲「街頭」這個前綴有明顯的影射，譬如街頭舞蹈、街頭語言、街頭服飾等詞語，都會讓人聯想到特定的種族和社會階層。爲了呈現性別暴力的各種面向，我們必須擴大性別歧視的定義，防止將這個現象文化化和種族化。#MeToo運動在這方面相當成功，表明性別歧視和父權權力並不屬於特定的膚色、宗教、階級或文化*。二〇一七年發起、被標注在一系列短片的主題標籤「＃這就是騷擾」（#thatsharassment）就是個很好的例子，它討論了性騷擾和工作場所之間的權力動態關係，並且展示了如何處理性騷擾問題，而不是僅將這個現象與特定的

---

* #我是酷兒（#mequeer）等其他主題標籤的出現，是基於對#MeToo運動中LGBTQI+和其他群體能見度不足的批判。

群體、文化、宗教和社會階級連結在一起。

然而，問題仍然存在：該如何打造無種族歧視的反街頭騷擾倡議？這類活動要怎麼避免對某些群體的污名化？換句話說，我們要如何交織性地組織這些活動？首先，我們應該用「公共場所騷擾」這個詞彙替代「街頭騷擾」，這樣做可以避免危險的、有問題的聯想，並擴大「受害者」和「加害者」的涵義，使那些在使用「街頭騷擾」一詞時被排除在外的人也能納入其中。這些人首先是在公共場所中特別脆弱且經常成為性暴力受害者的人，其次則是不符合典型加害者形象且傳統上不被視為有危險性的人，例如警察或西裝筆挺的白人男性。

街頭騷擾的議題還包括一種常見的、主要由年長男性所犯的罪行。這種情況通常發生在擁擠的、人們幾乎無法動彈的列車上，而加害者就是利用這種情況來騷擾女性。這種類型的騷擾在街頭騷擾的討論中被忽略了。不僅是順性別女性，還有無家可歸者、非二元性別、跨性別和酷兒群體、性工作者、羅姆人和辛堤人、戴頭巾的穆斯林女性和身心障礙者，他們在街頭被攻擊的風險更高*。在許多情況下，騷擾和暴力行為來自警察。無家可歸的人被警察驅離特定場所；跨性別女性很少能受到警察保護，她們在尋求幫助時經常被逮捕；羅姆人和辛堤人的社區在歐洲各地經常被警察騷擾和追捕；穆斯林女性的頭巾經常在大街上被扯下。

---

* 身障人士經常被陌生人未經允許地觸摸，無論是在紅綠燈前的視障人士，還是坐輪椅被推著的人。

　　為了公平、有效地打擊街頭騷擾，必須考慮到**所有**的加害者和**所有**的受害者。這就是交織性。

十、在女性的身體裡

我生了兩個孩子，當媽媽已經六年了。從我第一次懷孕以來，一種潛在的恐懼就一直伴隨著我。那是害怕與孩子分離的恐懼。這種恐懼是潛意識的，大多時候是無意識的，但它持續削弱我作為母親的基本安全感。許多母親擔心自己的孩子會死亡，或是要與孩子分離。我認為這是一種普遍的恐懼，但它對某些女性的影響更大。我們都承擔著祖先的創傷、恐懼和痛苦。當我讀到有關奴隸制度的書籍，並聽到祖母講述我的祖先因為被賣到其他種植園而失去孩子的故事時，我明白我的恐懼不僅屬於我自己，而是代代相傳的。

對許多女性來說，有權利撫養自己的孩子直至成年，或是有懷孕生育的權利和基本保障並不是理所當然的事情。一八二三年的馬丁尼克島上，一個名叫泰瑞莎（本姓艾薩塔）的奴隸，她的六個孩子接連被帶走；在今天的匈牙利，一個名叫西蒙娜的羅姆女性在生下第四個孩子後，被勸告進行終身節育；還有一名居住在德國的跨性別女性納依瑪，面臨著領養困難的問題。這三人有許多相似之處，她們作為女性和母親的命運及經歷，與瑪麗亞（納粹時期的雅利安母親，有十個孩子）、阿梅莉（懷有唐氏綜合症孩子的孕婦，

正面臨是否要終止姙娠）和阿娜什卡（十八歲的波蘭女孩，
意外懷孕且無法獲得合法墮胎的權利）之間有許多相似之
處。她們共通點是什麼？她們對自己身體的掌控權並不完全
掌握在自己手裡。關於選擇、自主和自由決定自己身體的問
題非常複雜，並且受到社會階級和「哪些生命有最高價值」
的問題所影響。不是所有身體都會被平等對待，也不是所有
生命都能享有同樣的保護。這一切從懷孕這件事就開始了。

　　無論在世界的哪個角落，女性的身分與母親的身分密
不可分。女性的價值主要體現在她們作為母親的角色上*。
女性和母親終其一生都會受到社會無情的評判，甚至是在她
們成為母親之前，尤其是當她們有意選擇不生孩子時。儘
管「擁護選擇權」的運動（Pro-Choice-Bewegung）聚焦在
何時以及擁有多少孩子，而不是「是否」想要孩子，但事實
上這個運動仍然圍繞著「選擇」的問題展開。[2]在我家族的所
有成年人眼中，我總有一天會有小孩。我從來沒有不生小孩
的選項，也因此我總是想像著有孩子的未來。從很小的時候
開始，我就清楚知道自己非常渴望有小孩。（這是我自己的
意願，還是社會灌輸給我的觀念呢？）在我迎來第一個孩子
之前，我等待了很長一段時間，而等待的痛苦也因為女性必
須成為母親的潛在壓力而加劇。這種壓力並不會隨著第一個
孩子出生而消失。不！一個母親只有在生了第二個孩子之後
才算完整。擁有一個孩子時，女人會被社會視為「母親半成

---

* 對許多非二元性別和想擁有孩子的跨性別人士來說，將女性和母親合二為一的
做法有失偏頗。

品」。對許多女性來說，想要第二個孩子與內心深處渴望成為真正的母親合而為一。這種壓力非常強大，導致那些不想生小孩的女性受到很大的質疑。因此，生育正義應該體現在更廣義的「選擇」上，亦即選擇不要生小孩，不生小孩的決定也可以是一種賦權，例如我想到十九世紀末的非裔美國女性，她們將不要孩子視為一種權力的表現，因為當時的社會會系統性地加害、壓迫和邊緣化黑人社群。那時許多黑人社區的男性反對墮胎，因為他們認為這是一種種族滅絕；而獲得權力的女性則持相反立場。這種立場也可以被解讀為利他主義，因為這意味著應該讓孩子遠離充滿辛勞、侮辱以及身體、性和心理虐待的生活。有些人將其視為一種抵抗形式。[3]童妮・摩里森（Toni Morrison）的小說《寵兒》（*Beloved*）講述了一個殺嬰的悲劇故事：母親塞西為了不讓孩子落入壓迫者手中而殺死了自己的孩子。瑪麗斯・孔戴（Maryse Condé）在她的著作《我，提圖芭，塞勒姆的黑女巫》（*Moi, Tituba sorcière*）中也提到了這個主題：書中主角決定墮胎，並給出了這樣的理由：「只有每個人都能選擇孕育自己的子宮，那麼生命才會是一份禮物……成為受剝削、受侮辱之人，那些被強加上名字、語言和信仰的人，啊，這是多麼痛苦！」[4]在美洲各地的種植園裡，人們開發出了針對女性的藥水並使之代代相傳，除了預防她們懷孕，還能在必要時終止懷孕。

　　自古以來，男性一直在系統性地壓迫和控制女性及其身體。婚姻制度透過基於財富和經濟資源的依賴機制來控制女性的性行為；如果沒有這種依賴，女性將更自由地決定與誰

發生性關係、是否要孩子，以及與誰一起撫養孩子。如果女性能夠自由決定自己的身體，父權制度將不會再有任何影響力。即使對女性身體的控制在歷史上並不一致，而且在世界各地的方式和強度不盡相同，但它仍是父權制度的核心。

誰的生命更值得被保護？

與穆斯林和黑人男性走得太近的德國白人女性會受到某些白人男性的保護。他們要保護的不僅是這些女性個體，還包括她們象徵的國族。這聽起來抽象，而且行動者本身可能並不自覺，但是從歷史的角度來看，白人女性是父權社會的繁衍工具，國族的延續仰賴於她們。因此，在墮胎禁令的辯論背後還隱藏著一個與種族主義和民族主義緊密相關的、更廣泛的現象。

幾個世紀以來，女性的身體被用來延續「社會階級制度」和「白人優勢地位」。有些懷孕會被鼓勵，甚至強迫；有些懷孕則會被阻止，甚至被強制絕育。在提倡延續「良好」基因的同時，人們試圖逐漸消滅「劣等基因」。英國人類學家弗朗西斯・高爾頓（Francis Galton）早在一八六九年就創造了「優生學」（Eugenik）這個詞，它被定義為「一門與改善種族先天特徵的所有影響的科學」。[5] 這就是優生學的意義所在：改善人類物種。我們已經討論過優生學在第三帝國的意義，這裡再次強調：它從「消滅不值得生存的生命」的觀念出發，被用來合理化殺害病弱者、身心障礙者、羅姆

人、辛堤人，以及一定數量的猶太人和同性戀者的事實。在集中營進行的人體實驗和強制絕育便是這場優生學計畫的一部分。法國思想家傅柯（Michel Foucault）指出，進化論和適者生存論（社會達爾文主義）就是這種殺戮政治的基礎。[6]

在納粹時期的強制絕育和對「劣等種族」生育控制的諸多措施背後，是針對白人雅利安女性的增育政策，並且嚴格禁止墮胎。德國家庭被鼓勵，甚至透過嚴格立法來強迫女性盡可能多生小孩。在這兩種情況下，女性的身體都被工具化和控制：強制絕育和禁止墮胎侵犯了女性和其他有子宮之人的身體完整性和自由選擇權。

在過去幾十年中，墮胎權在許多歐洲國家被視為不可動搖的權利。然而，這個權利在近年來越來越受到質疑。在德國圍繞《刑法》第219a條（Paragraph 219a）的辯論中，核心問題在於：究竟是生育權利和女性的自主權重要，還是女性在維持國家運作中的角色重要（即使很少有人如此直接地表達）？換句話說，為什麼國家如此強硬地介入女性對待自己身體的處理方式？《刑法》第219a條禁止「宣傳墮胎」，如果醫生在公開場合提供墮胎服務也將受到懲罰。自一九三三年實施以來，《刑法》第219a條幾乎沒有任何修改。這條法令在納粹統治初期出現並非偶然，也不奇怪。納粹立法機關聲稱擁有對生命價值的解釋權。令人不悅的是，即使在今天，國家仍然保有這種解釋權。為了推行這項政策，希特勒及其政府展開了對雅利安母親的崇拜政策。早在一九三三年，他們就將母親節定為國定假日，希特勒也一再

反覆提到母親的重要性。因此,《刑法》第219a條來自一個這樣的時代:德意志人民對傳宗接代的母親們頒發榮譽勳章以示感謝,卻又同時強制絕育和謀殺數百萬人。

因此,歐洲所謂「擁護生命權」運動(Pro-Life-Bewegung)的論點帶有雙重標準。該運動的主要口號是「保護生命至關重要」。但是,是保護誰的生命呢?當數千人因為歐洲嚴格的庇護和移民政策以及歐洲國際邊界管理署(Fontex)淹死在地中海時,大家的憤慨在哪裡?當大規模的武器從德國出口送至戰區,數千人(各年齡層)在那裡死亡,人們為何不感到憤怒呢?對日益增加的「優生」墮胎(例如唐氏症嬰兒)的憤怒又在哪裡?諷刺的是,反墮胎的人通常也支持死刑和持有武器的權利,至少在美國是如此。美國的「擁護選擇權」(Pro-Choice)活動家林迪‧韋斯特(Lindy West)在節目《每日秀》(*Daily Show*)中說道:「反墮胎的人不是試圖阻止墮胎,而是試圖立法規定誰可以墮胎,因為保守派的政客、他們的妻子、女兒和情婦總能找到地方墮胎。反墮胎言論只會讓人們世世代代困在貧窮的桎梏中。這就是他們的目標,如果不是這樣的話,他們會把時間和金錢用在全面的性教育、免費的避孕措施和免費的避孕方法。」[7]

右翼和民族主義思潮也在歐洲議會的反墮胎聯盟中積極推動其政治目標。反墮胎人士正在布魯塞爾大力遊說。在廣泛的反墮胎運動的資助者不乏來自俄羅斯和美國等有影響力的外國贊助者。德法公共電視台(ARTE)於二〇一七年推出的紀錄片《生命至上:反墮胎運動的崛起》(*Pro Life*

– *Abtreibungsgegner auf dem Vormarsch*）中，也報導了這些反墮胎聯盟的運作方法、資金來源和策略。墮胎權受到越來越多人質疑並非偶然（例如德國對《刑法》第219a條的辯論），這與對外來移民的恐懼和白人歐洲人口下降的擔憂不謀而合。在這種背景下，女性再次被定位為生育的母親角色，被視為國家再生產和維持的關鍵。女性的決策自由和自主權對民族主義構成了重大（即使不是最大的）威脅，這不僅反應在懷孕方面，在婚姻、人際關係和性方面也是如此。

對滅絕的恐懼

反墮胎人士的回歸是基於對白人「種族」滅絕的恐懼。對於來自其他種族背景的移民過多的擔憂，是移民辯論中一再被提及的論點。一個典型的例子是基民盟（CDU）政治家於爾根·呂特格斯（Jürgen Rüttgers）在二〇〇〇年競選活動中經常使用的口號：「要孩子，不要印度人。」（Kinder statt Inder.）這個口號最初的本意是要表達，該政黨更優先支持德國青少年的職業培訓，而不是招募印度來的科技專業人才。然而，這個口號被廣泛理解為一種呼籲，要讓新一代德國本地人茁壯，而不是用外國人及其後代取代他們。後來，這個口號被極右政黨「共和黨」（Die Republikaner）採用。

一年後，在一份由巴登符騰堡內政部委託人口專家赫爾維格·比爾格（Herwig Birg）撰寫的報告中，概述了德

國人口下降的兩個主要改善方向。他首先提出的選項是採取補償性移民政策，目的是透過增加移民人數來彌補出生率的不足。而他明確偏好的第二個選項則是回歸到他所稱的「人口的可持續性社會發展」，藉由更有效的家庭政策逐步實現每位女性都生育兩個孩子的目標。[8]比爾格將成功的整合政策描述為，一個旨在確保社會結構穩定和保護文化基礎的政策。他認為其中一個增加移民無法接受的後果是，德國人在自己的國家成為少數。[9]這種預言更多是情感恐懼的結果，而不是可靠的計算，因為現今有很多德國人實際上屬於少數民族。所有的人口控制措施都是基於白人多數會成為少數的根深蒂固的恐懼。

在第三帝國統治結束半世紀之後，比爾格明確地以殖民主義和種族主義的形象來捍衛領導文化（Leitkultur）的概念，並呼籲在德國維持白人的主導地位。在戰後時期，種族的概念逐漸被文化所取代。在德國和歐洲，種族主義不再基於「種族」，而是以**種族化**的文化為基礎，並用來代指國家內的少數族群。正如比爾格所說，這種模式與以種族為單位的國家的社會建構互相關聯。

又過了二十年，比爾格的擔憂再次出現在有關移民的主流辯論中。不僅是極右派份子，就連保守派聲音都在操弄這種說法：德國正在自我毀滅，穆斯林將在可預見的未來成為多數人口。這些對未來的描述不僅影響著德國的輿論，還延伸到如氣候變遷這類的全球議題，人們有時甚至會將氣候危機歸咎於南方世界的「人口過剩」。無論是在極右派運動還是主流環保主義者眼中（例如麥可・摩爾

〔Michael Moore〕的紀錄片《人類的星球》〔*Planet of the humans*〕），所謂的生態法西斯主義（Ökofaschismus）都試圖藉由權威措施和暴力來控制人類的生活，以拯救環境。儘管這種意識形態在歐洲仍然屬於邊緣化，但它從馬爾薩斯主義（Malthusianismus）中獲得了理論支持。馬爾薩斯主義將氣候危機歸咎於全球人口過剩，而殖民主義的遺留物與種族主義、父權制度和資本主義體系滋養了這種意識形態，並允許將導致氣候危機的主要肇事者（企業）的責任推到全世界的邊緣化群體身上。

除了以可再生能源替代化石燃料作爲主要戰略之外，在氣候變遷的討論中，人們一再要求各國致力於逐步減少世界人口。[10]其背後的邏輯是，人口過剩是日益增加的二氧化碳排放和有限資源的負擔。時至今日，「溫和派」的聲音仍然呼籲將計畫生育和環境政策結合起來，認爲這對女性和地球都有好處。

讓我們回想一些有關人口控制的例子：無論是美國持續到一九七〇年代，針對黑人女性和美洲原住民女性強制避孕的運動[11]，還是美國慈善機構在印度推動的大規模避孕運動；又或是法國政府於七〇年代的差異化政策，在其所謂的海外省推廣墮胎和避孕，同時在大都會區將墮胎與避孕定爲犯罪[12]，以及最近以色列衛生當局對來自衣索比亞的猶太移民實施的強制避孕，這些都是人口控制帶有明顯種族主義的鮮明例子。以南方世界的女性權益爲名，主張家庭計畫（避孕）並不能消弭人們對人口及環境可能互相帶來災難性後果的擔憂，尤其氣候危機的原因並非對人口缺乏控制。氣候危

機是源於一個不斷增長的、以人和自然生態爲代價，以及無盡利潤的資本主義制度，而這個制度與殖民主義的歷史，以及稀缺資源的不平等分配有著密不可分的關係。如果有人對此抱持反對意見，並將女性權益作爲因應氣候變化的理想途徑，那麼應該卽刻敲響我們心中的警鐘。

從少數人的權利到全民正義

一九九四年，黑人女性主義者提出「生育正義」（reproduktive Gerechtigkeit）一詞，以重新定位在種族、性別和階級相互壓迫的政治背景下爭奪生育權利的抗爭。實際上，這意味著保護個人身體的自主權，除了爭取得以選擇不要孩子的權利，同時也爭取在健康、有尊嚴和安全的環境中撫養孩子的權利。然而，黑人女性、原住民女性、羅姆女性、有色人種女性、酷兒、跨性別和身心障礙者的這份權利經常被剝奪，而生育正義最根本的貢獻就在於此。主流的生育選擇討論關注的多半是白人、中產階級、異性戀女性的權利，並且給予她們壓倒性的支持，黑人女性主義者對此感到厭倦和憤怒，也因此她們建立了一個框架，將激進主義從狹窄的選擇抽象概念轉向成更廣泛的系統性變革。事實證明，生育正義是一個強而有力的視角，藉此我們能夠賦予環境正義一份意義：我們需要解決氣候危機的制度根源問題，並追隨基層活動人士的腳步，他們已經在自己的社區中做出貢獻。我們應該不懈怠地努力，讓當前的新冠疫情危機成爲我們迫切需要的氣候正義的催化劑。

十一、壓迫的終結

> 「另一個世界不僅可能存在，而且正在來臨的路上。
> 也許我們之中的許多人不會在這裡迎接它，
> 但在一個安靜的日子裡，
> 如果我仔細聽，我可以聽到它的呼吸。」
> ——阿蘭達蒂・洛伊（Arundhati Roy）[1]

　　在最後幾個章節中，我試圖揭開幾個世紀以來所建構的社會階級制度，這套制度將人們分爲低等和高等、有價值和無價值。這些等級制度能被打破嗎？由此產生的壓迫能夠被克服嗎？深遠、全面且可持續的變革是可能的嗎？本章節不是一份指南，目的也不在於爲讀者提供克服壓迫的神奇公式和具體行動建議。相反地，本書在最後進行了一個我個人認爲至關重要的精神層面轉向。我們只能透過深刻的集體意識轉變，才能擺脫壓迫和建立在壓迫之上的等級制度。在這個背景下，精神性與宗教信仰無關（我自己不信仰任何宗教），更多地是涉及尋求和培養所有生物之間的連結。這種變化將伴隨著精神上的開放。

　　變革不僅有可能，而且正如作家阿蘭達蒂・洛伊所說，變革正在進行中。因此，本書的最後一部分專注在這種變革過程和相關的典範轉變。深度的系統性變革是什麼樣的？我們如何在個人和集體層面爲這種變革作出貢獻？如何確保我

們不再重蹈過去的錯誤與模式？

蛻變孕育了蝴蝶。許多文化將蝴蝶與我們的靈魂連結在一起，將其視爲復活的象徵。全世界的人們都將蝴蝶視爲堅毅、變革、希望和生命的象徵。沒有人知道蛻變的終點是否會孕育出一個更美好、更公正的世界。蛻變本身不是目的，也不是最終目標，而是一個過程，是我們幾十年來共同經歷的旅程。這個旅程將決定變革的樣貌，以及我們在其中扮演的角色。而變革伴隨著政治和精神層面的集體覺醒過程。因此，當前的變革過程要求我們認知到，必須超越以個人爲中心的思維和價值體系。蛻變關乎整個人類。變革的力量在於它所激發的集體能量，惟有作爲集體，我們才能掙脫狹小的繭，翱翔而起。

在《抗議的終結》（*The End of Protest*）一書中，作者米卡·懷特（Micah White）描述了四種社會變革的理論。第一種被廣泛接受的理論將社會變革視爲一種人類過程，亦卽人們的行動帶來變革。根據第二種論點，變革的發生獨立於人類行動之外；相反地，社會變革被理解爲有機過程的結果。例如，「阿拉伯之春」和「占領華爾街」運動與糧食價格飆漲在同時間發生，而糧食價格飆漲又是由氣候變化導致。根據這個理論，變革是在沒有人類干預的情況下發生的。第三種理論將變革理解爲一種不涉及物質領域的人類過程。與前述理論相反，第三種理論認爲革命是一種思想的轉變。根據這種觀點，現實的改變可以透過改變看待現實的方式來實現：想要改變現實，就必須改變看待現實的方式。因此，社會變革可以透過冥想、精神實踐和心態改變來推動。第四

種理論則將社會變革理解爲一種超自然的過程，卽通過神力的干預而發生。[2]這些觀點並不互相排斥，而是相互交織和互補。從整體上來看，推動社會變革的集體意志和行動削弱了壓迫體系的基礎。迄今爲止，這些體系已經適應了社會變革，沒有因此重新定義權力：君主制在法國大革命時被推翻、奴隸制度的廢除、殖民統治的終結、納粹主義的失敗，婦女重新獲得選舉權、冷戰的終結，南非的種族隔離和美國種族隔離的廢除，這些都是爭取社會正義的抗爭中的重要事件和里程碑。然而，這些事件雖然帶來了較深層面的變革，例如賦予長期以來受國家和制度壓迫的人們更多的權利，但作爲壓迫基礎的階級制度至今仍然存在，只是形式有所改變而已。白人至上和對黑人及被殖民者的統治雖然不再出現在法律中，但在這些法律被廢除之後，它們仍然持續存在。儘管女性、跨性別和非二元性別者擁有選舉權、離婚權、同性婚姻權，以及得以在人口普查中登記第三性別，但他們仍然受到父權制度的壓迫。這些事件使壓迫和不平等變得不那麼明顯，但並未完全消除。它們以一種隱晦而幾乎不可察覺的方式繼續產生影響。直到最近，公衆討論幾乎完全集中在一個問題上：不公正到底存不存在？性別歧視今天是否仍然存在？種族主義眞的還存在嗎？

　　近年來，繼上個世紀六、七〇年代的意識覺醒浪潮之後，一種緩慢但持續的集體頓悟正在發生：無論是線上還是線下的全球社會運動，例如「#MeToo」、「黑人的命也是命」或「罷課救地球」（Fridays for Future）運動，都逐漸而有力地揭露了壓迫的邏輯。沒有人能夠斷言，這些運動是

否將帶領我們重新定義權力、消除社會階級制度和壓迫。這些運動與之前的運動有何不同？這次它們眞的能推動我們前進嗎？我相信是的。雖然不是明天、明年或十年後，甚至可能是超越我們的有生之年。變革不僅需要放手、信任和希望，還需要時間和耐心。當前的社會運動浪潮旨在影響整個社會結構，質疑權力的分配。因此，這種變革不僅比過去更加難以捉摸，而且更加深遠和激進。它沒有那麼明確的定義，而且無法言喩，不受地域和時間的限制；它更有機動性和靈活性，而且無法被控制。對於試圖乘著變革浪潮前進的人，以及全力反對這種變革的人來說，這個特殊時期都爲其帶來了困難。

毛毛蟲蛻變成蝴蝶的過程發生在蛹期。在此階段，毛毛蟲的舊體死亡，新的身體在被稱爲蛹的保護殼中形成。死亡是改變過程中不可避免的一部分。在過去幾十年來，多維度的混亂以政治、經濟、文化、環境和精神危機的形式困擾著我們的世界，這些危機在地球的各個角落以不同方式具體化，彼此卻又密不可分，這就是變革的表現。我們目前在世界上看到的所有混亂、恐懼和分裂都可以被解釋爲某種結束，以及一個新的和平、完整、公平共享的繁榮、自由和愛的典範的開端。至少這是一種鼓舞人心、充滿希望解讀當前混亂局面的方式。蛻變無可避免，需要放手。因此，我們面臨了一個重要的抉擇：要不抱有希望、信任和堅持（伴隨變革的重要力量），要不感到害怕、拒絕或抵抗一個新的、沒有壓迫的世界秩序的出現。

放手和信任常常被誤認爲是消極和聽天由命的表現，卽

便它們恰好完全相反地需要勇氣、力量和決心。另一方面，恐懼和抵抗是在面對不確定性和變化的預期反應，我們會堅持自己熟悉和習慣的事情。得益於神經科學的發展，我們知道大腦對於不確定性、不穩定性、模糊性和不可預測性的反應，就像在草原遇到獅子的威脅一樣，會活化大腦的同一部分，引發相同的反應——所謂的急性壓力反應（又稱戰鬥或逃跑反應），就像我們在應對實際危及生命的攻擊一樣。我們的大腦發展出這種功能是為了保護我們免受危險，但在現代世界卻無法得到發揮。對未知的恐懼是如此強烈，以至於使我們之中的許多人產生錯覺，認為抵制和拒絕改變就會帶來安全感。另一方面，放手、信任和希望則需要我們積極參與，並有意識、充滿愛心地接受恐懼。這不是要對抗或避免恐懼，而是要以勇敢的態度面對它，主動地去接受。

　　執著於過去使我們難以想像一個獨立於過去、充滿可能性的未來，陳舊的方式無法創造新的解決方案。為了進一步鞏固這個觀點，我想引用奧德雷·洛德的話，她警告我們不要重蹈覆轍，又再次製造出本來想要解決的問題：「因為奴隸主的工具永遠不會摧毀他的房子。它們或許可以讓我們暫時在他的遊戲中打敗他，卻永遠無法帶來真正的變革。」[3]

如何打破等級制度

「你必須表現得好像可以徹底改變這個世界，
而且要一直這樣持續下去。」
——安吉拉·戴維斯[4]

在我們的星球上，正在發生一場大規模的意識變革。越來越多人開始關注去殖民化的觀點，開始學習反思舊有的模式，開始採用各種形式的知識與存在方式，開始對假設提出質疑，並且開始體驗物質、物理世界之外的維度可能存在的複雜糾結。爲此，我們必須走上一條集體療癒、認同、統一和徹底自愛的道路。我們可以脫離目前的體制，這個體制以人與人之間、人與自然之間的分離、資本主義、父權制度、白人至上主義，以及各種社會和生態暴力形式爲特徵。這一切都建立在藉由日常行爲和思想維持的等級制度之上。這些等級制度具有強大的力量。然而，在它們的脆弱之處仍然存在克服它們的最大希望：因爲它們完全基於人們對於它們存在的集體信念。如果我們明天**都**不再將自己置於這些等級中（無論是透過系統性地與他人比較、永無止境的追求完美、競逐上位，還是深陷自我厭惡），那麼等級制度將失去力量。爲此，我們需要一個新的思維、行動和情感框架。正如美國活動家索尼雅・蕾妮・泰勒（Sonya Renee Taylor）所要求的那樣，我們需要徹底完全地自愛，因爲只有當我們不再將對自己和他人的愛建立在等級制度（她稱之爲「階梯」）上，等級才能被打破[5]。我們每天用來維持等級制度的集體能量將因此被釋放，並得以開創出一個充滿可能性的新世界。

我在上一章節的結尾引述了洛德的話，那段話讓活躍的社會運動領域陷入深思。壓迫的模式滲透了生活的所有領域，其中也包括那些致力於消除壓迫的運動。我們要如何避免再次重蹈壓迫者的覆轍？尼采就曾經警告過權力的惡性循

環:「與魔鬼戰鬥的人要小心,別讓自己也成爲魔鬼。當你長時間凝視深淵時,深淵也同樣凝視著你。」[6]那麼我們該怎麼辦呢?我們能避免陷入重複的陷阱嗎?

那段洛德的話經常讓我思考一個問題:我們可以透過使用製造問題的相同工具來解決問題嗎?對於那些渴望變革的人來說,他們幾乎別無選擇。洛德是什麼意思呢?如果我們進入奴隸主的家中推翻他,並使用他使用的控制工具,例如身體暴力、分而治之策略、非人化等做法,那麼過去的體制只會被另一個壓迫體制所取代,卽使當初的初衷是爲了終結不公。我們所做的只是讓自己變成我們本想摧毀的東西,之所以發生這種情況,是因爲我們仍困在我們熟悉的體制中。洛德的引述與甘地和尼采所說的相符:要改變,也要提防怪物。他們三人都警告我們,不要以推翻權力本身爲目的去篡奪權力。社運活動家金柏莉・瓊斯(Kimberly Jones)在一場有關美國四百年來種族不平等、說服力十足的演講中表示:「白人幸運的是,黑人追求的是平等,而不是報復。」[7]這種報復的可能性令掌權者感到恐懼。當被壓迫者要求平等時,往往會被解讀爲報復。然而,解放運動的目的並不是要顛覆權力並支配壓迫者,而是爲了實現一個更公正、沒有壓迫和等級制度的世界願景。

忘掉你所知道的一切

「要成為真正有遠見的人，我們必須將我們的想像
力扎根於我們具體的現實中，同時也要超越這份現
實，去想像其他可能性。」
——貝爾·胡克斯[8]

那麼，這要如何實現呢？為了充分利用當前的轉變，我
們必須學會從我們熟知的世界中抽離出來。這當然不意味著
我們應該**忘記**過去的事件，相反地，我們應該去理解並揭露
那些至今仍然存在的陳舊結構。只有這樣，我們才能避免永
遠重蹈覆徹。我們需要有意識地處理我們每天接收的所有訊
息，因為這些訊息強化了社會階級。與其被動地讓這些訊息
影響我們，我們應該意識到它們，並決定要讓它們多大程度
地影響我們。惟有能夠辨識出那些褒獎特定族群優越性，以
及貶低他人的圖像、表達和敘事方式，我們才能打破全球性
的社會階級制度，為新事物騰出空間。

因此，創造新的結構需要一個遺忘的過程。我們到底需
要遺忘什麼？忘卻所有在殖民時代產生的一切嗎？

如果我們屈服於相信完美的前殖民社會神話，並且拒絕
和否定殖民化所產生的一切，或是被殖民化、工具化、**粉飾**
和去政治化的事物，那麼我們將一無所獲。這將導致一種二
元對立的世界觀，既不真實也毫無益處。相反地，我們必須
揭穿和面對那些維持壓迫體系的殖民思維模式。要實現知識
的去殖民化，就必須承認知識曾經被殖民化，這也意味著，

我們要承認迄今宣稱的客觀和中立，實際上大多是主觀和有偏見的。這與我在關於西方知識的章節中所討論的客觀性神話相互抵觸，它假定存在一個不容質疑並排除任何其他觀點的現實。當然，如果出現了挑戰主流觀點的狀況，我們傾向於為其辯護並且將其合理化。這是一種正常的心理反應。

信奉學術客觀性的學者們毫不猶豫地宣稱「知識就是力量」，讓他們煩惱的是去承認「權力」就是「知識」。傅柯認為，權力和真理密切相關，甚至可以說是同一事物。馬克思曾說過一句著名的話：「每個時代的主流思想始終只是統治階級的思想。」[9]在科學領域內持續評估他人的觀點本身就是權力的行使。然而，像在大學裡頭對想法進行評估、判斷和討論，在本質上是件壞事嗎？不是的，令人沮喪的是思想被定義為客觀知識的標準。本節的標題〈忘掉你所知道的一切〉意味著接受我們（有時候）犯錯的可能性。這收關容許一個可能性，也就是我們認為是永恆真理的東西，實際上不過是與其他有趣主觀思想並列的東西，而不是絕對真理。因此，知識的去殖民化在實踐上相當困難，需要高度的開放性。有些科學事實被證明是錯誤的，例如所謂的科學種族主義或是將女性視為低人一等的觀點。承認這點沒有什麼問題，但我們卻沒有去質疑最初使它們成為絕對真理的知識體系本身。

首先，我們需要質疑我們認為客觀、中立、理性和普遍的事物，將它們視為現實的一部分，而非**唯一**的現實（就像誠實的科學會將其發現視為暫時性的現象）。我們必須超越人為設定的界限，因為這些界限阻礙我們看待世界的全貌，

阻礙了我們意識到統治、壓迫、控制和不平等之外的多種可能性。

　　如果我們試著實踐洛德的建議，我們是不是應該拒絕對觀念進行任何形式的評價或判斷，並認為一切都是**相對的**？我們沒有人是對的，所有人都錯了嗎？不是這樣的。因為這種相對主義是另一種可能阻礙正義的中立形式，因為顯然不是所有觀點都正確，也不是所有觀點都是有效的。迦納裔的英國作家克瓦米‧安東尼‧阿皮亞（Kwame Anthony Appiah）針對相對主義的分裂性做出了精闢的評論：「如果倫理和道德相對主義是合理的，那我們就必須在許多討論結束時承認：『從我的角度來看，我是對的；從你的角度來看，你是對的。』然後就沒有什麼可以說了。因為視角不同，我們其實也生活在不同的世界中。如果沒有一個共同的世界，那還有什麼可以討論的呢？」[10]相對主義不會替不同觀點帶來更多寬容，反而是延續了壓迫性普遍主義會做的事情：它不是將新的觀點納入對話中，而是冷漠對待它們。那些已經內化了體制邏輯的讀者很可能會拒絕閱讀這本書，以及其中提出的觀點和思想，或者至少會對此抱持懷疑的態度。有些人可能在閱讀最開始的幾個章節時就對這本書感到厭煩，然後將它扔在一旁。在我們目前所處的知識體系中，這本書肯定不會被視為知識。在最理想的情況下，它會被認為是一本關於我個人經驗和觀點的書，無法被普及化（順帶一提，如果這本書的作者是個老白男，那就不一樣了）；在最糟糕的情況下，它會被視為一本基於偏差事實、極具偏見的宣傳文宣。這本書以個人和集體經驗的事實為出發點，可

能會激起最強烈的抵制，拒絕承認這本書是一種知識形式。

　　作為去殖民化過程的一部分，我們還需要學會將知識理解為集體產物，而不僅僅是個人主義的創作（就如誠實的科學也試圖去做的那樣）。這本書不是「我的」書，它基於集體知識與集體經驗，不應該被視為個人創作。喬治‧佛洛伊德被白人警察謀殺的事件前所未有地震撼了全美國，人們第一次普遍認知到，黑人和有色人種不僅在美國，也在法國、德國、葡萄牙、西班牙和世界各地都確實經歷了種族主義。動員始於黑人社區，但很快地，白人便加入其中：書店的櫥窗和書架上擺滿了有關種族主義的書籍，社群媒體幾個星期都在討論這個問題，企業突然想要進行反種族主義的員工培訓。種族主義成為人人皆知的話題，有關白人特權的討論首次出現在主流媒體中，公開討論制度性種族主義的過程終於開始。問題遠未解決，但至少它被提出了：發生了什麼事？為什麼這件事沒有早點發生？警察謀殺黑人的事件屢見不鮮。在我看來，這更像一次集體頓悟，一次意識的飛躍，彷彿全人類被一根看不見的線引導著。改變是紊亂的，不是線性的，永遠無法歸因於明確可識別的個體。這是一個以集體知識和經驗為基礎的集體過程，其中還包括以前被認為是非理性、錯誤和迷信的其他知識形式。

允許改變，接受死亡

「死亡是花朵的凋落，使果實得以飽滿。」
——亨利・沃德・比徹（Henry Ward Beecher）[11]

　　每一次變革都同時意味著一個結束，但我們卻很難想到現行制度的替代方案。例如，對資本主義的批評並沒有引發嚴肅的公開討論，因為我們缺乏關於後資本主義世界的現實想像。許多人都認為當今的資本主義是行不通的，但我們仍在堅持。在新冠疫情爆發之初，有許多聲音想像著資本主義可能終結的情景，預期本土經濟模式的回歸，雇傭工作逐漸消失，可能會出現一種以無償為基礎的體系。疫情在許多人身上引發了某種「放下」的感覺：我們終於被迫停下來，反思我們的世界。阿蘭達蒂・洛伊將新冠危機稱為變革的「入口」（Portal）。許多在危機之前看似烏托邦且難以實現的事情，在幾天內就實現了：天空中沒有飛機的蹤跡，線下消費暫時停擺，全家待在家裡，沒有任何計畫。那些物質生活不受威脅、最有特權的人提出了一個新的社會契約：從「擁有」的享受轉向「生存」的幸福。幾十年來，護理師、照護人員和教師持續向政府提出的、一再被掩蓋的要求，突然間成了大家關注的話題。然而，這個暗示著徹底改變的階段很快就被回歸的常態掩蓋，重新獲得熟悉事物的渴望還是比形塑新世界的需求更為強烈。在經過三個月的人為支持之後，可以理解企業和政府想要迅速重啟經濟的想法，但為什麼那些在這三個月裡曾夢想過更美好未來的人會跟隨這條路？一

方面，因為許多人承受不起財務壓力；另一方面，這樣的改變還是需要集體支持，但這種支持並不夠強大。有些人將眼前的事件視為世界的終結，另一些人則視其為黃金時代的開始。然而，這不是非黑即白的二選一問題，兩者是同時存在的死亡和誕生。

警察和監獄的終結、工作終結、民族國家和邊界的終結、金錢的終結、婚姻的終結，在這之後會發生什麼呢？我們幾乎無法想像一個沒有警察、沒有工作、沒有金錢和沒有婚姻的社會。沒有警察和監獄的社會將變得危險，犯罪率會上升，沒有人覺得安全；沒有工作的社會將帶來貧困、酗酒、暴力、虐待、犯罪、憂鬱和迷失；沒有民族國家和邊界的社會將導致人們湧入富裕地區，使一切超出負荷進而壓垮所有結構，包括社會保險制度、勞動市場、司法和國家認同；沒有婚姻的社會將導致道德敗壞、混亂、身分危機和社會凝聚力的瓦解。

真的是這樣嗎？這些所有機制都是由人創造的，並且絕對不是必需的，即使我們至今一直相信並認為自己依賴它們。問題是：我們真的需要這些機制嗎？除了那些顯而易見的功能外，它們還具有什麼作用？它們可以被替代嗎？之後會發生什麼事？這些至今在我們政治、社會、經濟和文化體系中至關重要的機制逐漸消失，將伴隨著一個可能引起混亂的過渡期。我們需要經歷一種集體哀悼的過程，才能為新的體制騰出空間。

沒有人能預測廢除警察、監獄、邊界、工作、貨幣和婚姻是否會帶來更好的結果。不確定性是變革的一部分，我們

必須學會承受它。目前有許多恐懼、擔憂和混亂存在，這些情緒使許多人的視野變得模糊，這些情緒會阻止人們看到即將到來的、令人驚喜的新祝福和變化。毛毛蟲不知道蛹的外面有什麼，但它不會被困在蛹中。它選擇讓自己大開眼界，對生命和死亡充滿信新。

人類的統一是有可能的嗎？

「某個地方的不公會對各地的正義構成威脅。我們
被困在無法逃脫的相互關係網絡中，被束縛在共同
命運之下。任何直接影響一個人的事情，都會間接
地影響每個人。」
——馬丁・路德・金恩[12]

　　過去曾有過人與人之間、人與動物之間、人與自然和整個宇宙之間的連結是完整無損的時刻嗎？我們曾經處於完美的平衡中嗎？暴力、支配、分裂和階級似乎是一直存在、不分時代的現象，持續刻劃著人與人之間的關係。我們可以建立這種連結嗎？馬丁・路德・金恩詩意地稱之為「無法逃脫的相互關係網絡」。因為「任何直接影響一個人的事情，都會間接地影響每個人」。這是愛因斯坦於一九五〇年寫給羅伯特・馬庫斯（Robert S. Marcus）的一封慰問信內容。馬庫斯是世界猶太人大會（Jüdischer Weltkongress）的政治司長，當時他的兒子剛死於小兒麻痺：「一個人是被稱為

『宇宙』的整體中，在空間和時間上有限的一部分。他體驗到自己和自己的感受與其他人是分開的，這是他意識的視覺錯覺。尋求擺脫這種束縛是真正宗教的唯一目標。不是培育幻覺，而是克服幻覺，才能讓我們獲得內心的平靜。尋求擺脫這種束縛才是真正宗教的唯一目標：不是滋養幻覺，而是只有克服幻想，我們才能獲得內心的平靜。」[13]詹姆斯‧鮑德溫則用另一種方式表達了這種普世存在的感覺：「你認為你的痛苦和憂傷在世界歷史上是獨一無二的，但接著你讀了一些書才明白。這些書教會了我，最折磨我的東西正是將我與所有活著和曾經活著的人連結在一起的東西。」[14]

「不歧視的智慧」是佛教和平運動家一行禪師（Thich Nhat Hanh）提出的理念，它能幫助我們解構整個人類被社會階級制度所束縛的卑下和優越觀念。當我們學習了「不歧視的智慧」，也就是不帶評斷性的區分能力，我們就能打破導致壓迫的等級制度。一行禪師使用了一個貼切的比喻來描述「不歧視的智慧」：雙手具有不同程度的靈活性，但不會覺得一隻手優於或劣於另一隻手。它們是不同的，既沒有優劣也沒有平等之分，彼此的差異亦不伴隨評價。右手和左手沒有分離，而是形成一個整體，也就是它們不被「歧視」（diskriminiertm，該詞源自拉丁語 *discriminare*，意思為分離、隔離、區別）。在一隻手上你可以看到兩者，一行禪師將其稱之為「互相依存」（interbeing）。[15]狄帕克‧喬普拉（Deepak Chopra）也使用了一個令人印象深刻的比喻來描述宇宙的統一。他將人類和宇宙中的每個微粒比作海洋，其中的每個波浪都是獨一無二的，卻又與大海密不可分。不

可能將單獨的波浪放在分開的玻璃杯中，因爲如果與海洋分開，它們就會失去自己的本質。人類也是如此。

　　所有的精神流派和宗教都把人類一體視爲核心理念。所謂的分離意識是一種信念，卽我們與彼此、與環境以及與上帝（或宇宙）是分離的。人類的可分割性是種幻覺，會阻礙我們進入普遍性存在的領域。在印度教經典《薄伽梵歌》中，對普遍性存在有著如下描述：「體驗生命統一之人會在一切衆生中看到他自己的自我，並在他自己的自我中看到一切衆生。」[16]「非暴力」（Ahimsa）是印度教、耆那教和佛教中最重要的原則之一，靈感來源是基於所有生物擁有神聖的靈性能量，傷害其他生命就意味著傷害自己。從靈性的角度來看，自我是個人性格的面紗，阻礙我們進入普遍性存在，使我們無法感受自己與人類和所有生物的連結。使自我偏離中心意味著放下我們構建的自我意識和身分認同，表示放下我們的信念、想法、渴望、束縛，甚至是我們所知道的思維。正是因爲自我，我們才維持著與其他生物分離的感知。這種由自我引起的分離是世界上所有苦難的根本原因，以及將人類分類而形成的社會階級制度的基礎。但這並不意味著我們排斥他者，相反地，「一體」往往被錯誤地理解爲「同質性」的同義詞，而實際上它所需要的是接受、尊重和珍視我們所有的差異。

　　所有人的解放取決於一個人的解放。不公不義帶給所有人物質、身體和精神上的痛苦，無論對延續不公正的人或是遭受苦難的人都是如此。以不同的形式與方式來看，我們都是壓迫體制內的囚犯和受害者。然而，只要我們之中有

一個人不自由，那麼便**沒有人**可以獲得真正的自由。「沒有正義，就沒有和平」這句話也可以從這個角度來解釋。只要不公正依然存在，就沒有人可以感受到內心的平靜。父權制度、種族主義和資本主義可能給予男性、白人和全球中產階級物質上的優勢，包含權力、財富和特權，但同時也對他們造成傷害。塞澤爾、洛德、胡克斯、曼德拉、鮑德溫、摩里森和安吉羅都以不同的方式表達過這樣的觀點：當我們否認他人的人性時，同時也在剝奪自己的人性。當我們對其他生命帶來痛苦，也是在傷害自己（印度教的非暴力原則）。如果我們任由人們淹死在地中海中、對目前在巴西針對亞諾馬米族人（Yanomami）的種族滅絕保持沉默、為了象牙殺害大象、將小雞像廢紙一樣碾碎，只因為牠們對蛋雞產業毫無價值、砍伐雨林以製造商品、摧毀亞馬遜雨林和其中的所有生物，那我們就為全人類帶來了痛苦。社會階級制度殺害人類、動物和自然，也扼殺了我們所有人的一部分，因為就像手的例子一樣，當我們其中一個人受傷時，我們作為一個整體也會受到傷害，即使我們已經逐漸失去了對這種痛苦的感覺。我之前談過沉默，談到沉默是暴力的表現。這種暴力會直接對那些經歷不公不義的人造成傷害，同時也會對那些保持沉默的人造成傷害。布萊克·奧登（Blake Auden，一名白人男性）寫過這樣一首詩，也是我對這個想法的詮釋：

我的心
已被撕成好幾片
給了沉默

致那些寶貴的時刻
那些我本該說些什麼
卻沒說出口
的時刻
——布萊克・奧登[17]

　　人類團結的培養是個深刻、漫長但值得努力的過程，我們需要採取上述步驟，承認分離造成的傷害並願意修復它。

　　有些人很容易用「我們都是人」或「萬物平等」等言論來相對化反種族主義運動，如「黑人的命也是命」運動，還有些人想要將「女性主義」這個詞替換為「人本主義」。這樣的反應不僅適得其反，還具有壓迫性，因為它們否定了分離和分裂的結果，為社會正義抗爭的聲音會被這種標語壓制和非議。解放運動的目標不是分裂，而是修復因為分離、分裂和分類所造成的傷害。像「黑人的命也是命」、「#MeToo」、「跨性別者的命也是命」以及「彩虹正義」等運動，都是圍繞著身分形成的，這些身分成了他們受到歧視、壓迫和非人化的基礎。這並不是要分門別類，而是要對抗壓迫。要恢復人類的團結，我們首先必須承認它已經被幾個世紀的種族主義資本主義父權所損害。但我們要如何做到呢？在不否認過往的情況下，我們要怎麼恢復人類的團結？

　　首先，我們必須給予那些承受了數百年壓迫、被忽視和非人對待而受傷的人們空間和時間。其次，壓迫必須被看見，並且被那些過去從這些體制中受益的人群承認，哪怕他們可能不自覺。療癒是一個集體過程，其中也會影響到那些

屬於主流群體並繼續實施壓迫的人，例如男性和白人。在資本主義父權體制中，權力已經鞏固，對黑人、有色人種、女性和身心障礙者造成了傷害。要意識到那些造成最大傷害的人自己也受到傷害可能很困難，背負著祖先的殺戮行為和沉默的重擔的德國人也面臨著跨世代的創傷，必須治癒這些創傷，才能避免這些傷痛代代相傳。我也背負著壓迫者的創傷，例如我的黑腳家族曾在阿爾及利亞作為殖民者的這段歷史。

同樣地，許多社會問題都源於受傷的「男性能量」，這導致了競爭、控制、虐待和貪婪。權力會掩飾和麻痺受傷的男性自我，這是個社會陷阱，它讓那些在社會化過程中被定義為男性的人們避免情感上的空虛，而這種空虛往往從小就充斥著他們的生活，因為他們就是被教育和社會迫使這樣長大的。當他們積累了權力，便會認為自己不會再感受到痛苦。然而，這種空虛留下的情感創傷必須痊癒，才能使下一代的兒童和成年人能夠擁有情感的深度和自由，而不是建立在權力的濫用和壓迫之上。政治也有責任進行療癒和補救的雙重工作，除了療癒（不分性別的）所有人受傷的自我之外，它還必須承認父權制度、種族主義和資本主義所造成的創傷和創傷後遺症。

只有在療癒和認同發生之後，受損的連結才能得到修復。只有在那個時候（不是在那之前），我們才能說「我們都是人」、「世上只有一個種族」和「人本主義取代女性主義」；只有在所有人都先理解白人優越主義、種族主義、性別歧視和壓迫的重要力量存在我們的集體神經系統的時候，我們之

間的連結才能夠重新建立。

學會處理內疚

> 「你的沉默是默許,你的沉默就是暴力。」
> ──「黑人的命也是命」運動口號

　　本節獻給所有從未親身經歷一種或多種形式壓迫的人;獻給那些**自身**不受影響,可以但不必處理性別歧視、種族主義、恐同、恐跨和障礙歧視問題的人;還有獻給那些符合無形規範的人。

　　我們之中的許多人都承受壓迫的負擔,卻在其他地方享有制度的特權。在某條軸線上遭受壓迫並不意味我們不需要思考我們的特權,以及我們如何從他人的壓迫中受益。我們都以某種方式體驗到特權,而且應該正視這點,哪怕有時候可能會感到不舒服、困難和痛苦。我同時受到種族主義、性別歧視、仇視酷兒和女同性戀的敵意,還有些許反猶太主義的影響。同時,我也因為我的社會經濟狀況、法國護照、非障礙狀態、在黑人群體中較淺的膚色、瘦弱的身材,以及我是一個順性別女性的事實而享有特權。從我的生活經驗和身分來看,壓迫和特權交織在一起。有些人在單一軸線上經歷壓迫,譬如白人異性戀女性、白人同性戀男性和黑人中產階級異性戀男性;有些人根本沒有受到壓迫,譬如白人中產階級、非障礙的異性戀男性;還有一些人在單一軸線上享有特

權，譬如來自工人階級、坐在輪椅上的跨性別白人女性。

壓迫制度只有在對稱的情況下才能被打破。如果只討論一方面而忽略另一方面，我們就無法取得進展，因為我們忽視了特權和劣勢的相互作用。男性受到青睞，因為女性獲得權力和資源的機會較少。每當有一個因種族原因而拒絕面試的黑人，就會有一個白人得到這份工作。每當有個人坐在輪椅上、因為缺少無障礙空間而無法參加工作面試，就有一個沒有行走障礙的人得到這個職位。黑人都具有威脅性的說法不僅為警察和國家的暴力行為提供了藉口，也為白人創造一種與壓迫黑人直接相關的虛假安全感。社會不平等是兩個或多個群體之間不平衡的結果，特權就是在這種一個人（或一群人）相對另一個人（或另一群人）的不平等關係中所產生的。

為什麼我們更偏向關注受到壓迫的一方，而不是兩方都加以考慮呢？在我舉辦的反歧視培訓中，我曾向參加者提出「您是否因為自身的身分而受到不同對待？」針對這個問題，他們幾乎只分享了負面經驗，即使他們每天都比那些被**更糟糕**對待的人得到更好的待遇。如果我們希望全面處理並解決這個問題，那麼我們必須讓被壓迫的這一面更加顯眼。

為什麼我們迄今為止做得這麼少呢？屬於社會主流群體的人大多無意識地內化了他們的優越感。白人、男性、異性戀、順性別人士和無障礙者已經內化自己比有色人種、女性、LGBTQI+人士和身心障礙者更**優秀**的觀念，這種等級制度帶來了權力，因此也隱含著自己應該被尊重和被尊敬的想法。屬於主流群體的人理所當然地會認為次等人應該屈

服於他們（應得）的權力。這種態度在多數情況下是完全無意識的，卻已經在我們的集體潛意識中鞏固了數個世紀。如果女性或黑人要求更多的權力，並批評男性和白人，這對許多人來說就像是侮辱。他們對自己在世界上的位置被威脅感到憤怒。當他們被要求與其他人共享特權，包括對自己的行為負責時，他們就會被激怒。他們希望堅守傳統和自己的特權，而且在主流群體中普遍存在，這種態度不僅能在保守派中觀察到，在左派和進步派圈子也是如此。此外，伴隨優越感而來的是某種（無意識的）壓力，要求人們追求完美以不辜負別人對自己的評價。這些因素都會造成脆弱的自我。自我指的是一個人的自尊心或對自身重要性的認知。「特權」一詞引發了許多人的排斥和抵制*。為了保護自我形象，許多人會將自我封閉起來。特權被許多人誤解為他們在生活中不必面對任何困難，一切都是信手捻來而不需要付出努力。但沒有人會這樣看待自己的生活。特權只是描述了一個人在生活中「沒有」經歷過的困難。

　　保羅・吉洛伊（Paul Gilroy）描述了白人經歷的五種不同自我防衛機制，以意識到他們是種族壓迫的一部分，分別是：否認（「才沒有種族主義」或是「針對白人的種族主義才是真正的問題」）、罪惡感（「我不是有意的，我不是這個意思」）、羞恥感（「所有黑人都討厭我」）、承認（「我是問題的一部分，我能做些什麼」），以及補償（「我不能再保持沉

---

* 在本書的第一部分中，我們已經看到特權扮演的角色。在這裡，我們將探討我們應該如何處理這些特權。

默了。我必須行動起來」）。[18]這個過程對某些人來說可能需要很長時間，對於某些人來說則更加直觀並且進展更快，而有些人可能終其一生都停留在前兩個階段。為什麼有些人很難走到最後三個階段，並加入對抗種族主義的行列呢？一方面，放棄特權需要勇氣和決心。許多被剝奪特權的人（如白人或男性）因為平權法案的實施，不再享有過去從招聘或錄取大學的隱性偏好中受益，因此誤以為自己被歧視。這種不公平感只是因為失去一部分特權而感到的不適。「當你習慣了特權，平等就感覺像壓迫。」這句話完美地表達了這種感覺。另一方面，享有特權的人習慣自己的感受和觀點有很大的空間，他們享受周圍環境對他們無條件的共情，並不需要對受壓迫者表達同樣的同理。[19]

二〇一一年，反種族歧視的白人培訓師羅賓‧狄安吉羅（Robin DiAngelo）寫了一本名為《白色脆弱》（*White Fragility*）的書，描述當白人認為自己不是種族主義者卻受到質疑時，他們表現出的強烈防禦姿態。狄安吉羅認為，我們的社會旨在保護白人免受與種族主義相關的不便，以至於他們在壓力出現時就會閉口不言。白人至上讓白人潛移默化地相信自己有權享受和平與尊重。白人習慣了某種程度的舒適感，因為他們的身體被構建成優越的標準。因此，他們缺乏處理困難對話的耐心，進而導致他們對於種族觸發（racial trigger，例如在德國背景下的「種族」一詞，或哪怕僅是「白人」這個稱呼）會產生憤怒、恐懼、內疚等情緒，並表現出沉默和逃離觸發壓力的情境等種種行為。[20]白人的舒適感維持了種族等級制度中的白人優勢地位。我有多

少次因為太疲倦而無法與白人談論種族主義而停止談話，其中包括我自己的家人和前夫。然而，白人的脆弱性可能導致失業、警察暴力、糟糕成績和其他形式的權力虐待。當白人的自我受到傷害時，對黑人和有色人種可能產生戲劇性的後果。二〇一七年，蕾妮・埃多洛奇（Reni Eddo-Lodge）出版了《為什麼我不再和白人談論種族問題？》（*Why I'm no longer talking to white people about race?*）一書，而在德國則有圖波卡・奧吉特（Tupoka Ogette）的《退出種族主義》（*Exit Rassism*），以及三年之後出版的艾麗絲・哈斯特斯（Alice Hasters）的著作《白人不想聽（但應該要知道）的種族主義之事》（*Was weiße Menschen nicht über Rassismus hören wollen (aber wissen sollten)*）。這些書籍都在討論歐洲背景下的白人脆弱性。

白人的脆弱性支撐著種族主義。種族主義就像一種變異的病毒，會改變形態以求生存。當它的明確表達變成禁忌，它就會隱藏在加密的語言中。在德國基本法中刪除「種族」一詞並不會消除種族主義，只是考慮到對這個術語的不適感。種族主義之所以能存活至今，是因為我們仍然相信它是有心人士故意的偏見。這種二分法假定了一個由邪惡種族主義者和富有同情心的非種族主義者組成的世界，而這種假設本身就是種族主義的構建，掩蓋和忽視了制度的不公正，並賦予種族主義顛覆性的道德意義，好讓白人（尤其是進步派人士）不願與之有任何牽扯。當白人不再以自我為中心，這種脆弱性便可以被克服，白人可以允許自己展示脆弱的一面，換句話說，就是接受他們的錯

誤和不完美。白人一直被塑造成完美無缺的形象，任何暗示他們不完美的事物都會令人不安。就像男性也被塑造成強大而無懈可擊的形象，如果他們不能滿足相關的社會期望，就必須與這種被強加的自我形象抗爭。這就是強加的優越性的另一面。因此，這種「易碎性」（Fragilität）應該被「脆弱性」（Vulnerabilität）所取代。那麼，這是種什麼樣的態度呢？脆弱性（Vulnerabilität）也稱為敏感性（Verwundbarkeit）或易受傷性（Verletzbarkeit），指的是一個人身體或情感上受到攻擊或損害的可能性。脆弱性不僅需要勇氣和韌性，還需要克服自我。脆弱的自我會導致人們不惜一切維持自我優越和完美的形象。

　　有天，我在講台上進行一場長時間的演講，討論正義、權力、不平等和特權。在那之後，有位觀眾指出我方才說了一句對身心障礙者不友善的話：「我們是瞎了嗎？」我感到非常羞愧，回應時結結巴巴，一半是道歉，一半是辯解，經歷了一系列自我保護機制。我的第一個反應是否認（在自己腦海中）：「胡說，這種話怎麼會對身心障礙者不友善！」接著是內疚和辯解：「我說這句話沒有惡意。」然後是羞愧：「真丟臉！尤其是我，我怎麼能說出這樣的話？我應該更了解才對啊！」回家的路上，這些感受轉變成認識：「沒錯！盲人並不代表無知。我的評論確實對盲人不友善，因為這暗示他們無法真正意識到某些事情。」從那以後，我更積極地追求利用我是非障礙者而享有的權力和特權，來對抗對身心障礙者的歧視。我首先必須克服自我，接受錯誤是人之常情。觀眾的這個評論並沒有讓我成為壞人，但是如果我停留

在否認、罪惡感和羞愧中，我將因為自己的脆弱而繼續助長對身心障礙者不友善的體制。

在德國，處理罪行的方式非常特殊。德國人的集體罪責僅涉及納粹時期，描述了納粹後代所需要承擔的責任，但不僅只是罪責。納粹份子的孫子和曾孫雖然沒有參與這些罪行，但他們今天仍受益於由此帶來的**好處**，其中包括在納粹時期透過強迫勞動和侵占（雅利安化〔Arisierung〕*）獲取的經濟利益。與亞洲、非洲和拉丁美洲相比，歐洲今天處於如此成功的經濟地位，主要是因為在奴隸制度和殖民主義期間以及之後，透過新殖民主義機構（如國際貨幣基金組織和世界銀行）剝削奴隸和被殖民地而獲得極大的利潤。許多美國、法國、比利時和英國的白人家族財富都可以直接追溯到奴隸制度。例如，在馬丁尼克島，奴隸主後代的白人家族仍占有該島超過八十％的財產。如果沒有納粹大屠殺和與之相關的強迫勞動，德國女富豪蘇珊娜·克拉登（Susanne Klatten，娘家姓為昆特〔Quant〕）的兩百二十億歐元是不可能存在的。[21] 即使壓迫發生在過去，仍會產生長期的影響。在一個公正的世界中，應該有賠償、報復和其他修正措施來糾正這種不平等。我們還沒有做到這一點，但我們至少應該承認這種經濟不平等及其背後的歷史來源。這是我們應該承擔的最低限度的責任。

絕大多數人都反對壓迫、不平等和歧視。然而，深度、

---

* 納粹將猶太人的財產國有化，變成德國人的財產，實際上則是納粹政府的財產。

長期和可持續的社會變革需要受益於現狀的人走出舒適區，因此忍受不適是變革過程中不可或缺的一部分。許多男性、白人、異性戀者和非障礙者更容易保持沉默，而不是積極對抗他們過去所建立的優越制度。即使特權並不直接影響我們，它還是使我們變得被動，因為我們缺乏同理心而無法察覺到問題。屬於主流群體的人必須忍受來自被邊緣化群體的指責，他們必須能夠承受並接受來自這些群體的負面情緒，如憤怒、挫折和痛苦。我曾經在某個地方讀到這樣一句話：指責實際上是對愛和認同的隱性努力。從那時起，我對指責（無論是自己提出還是接受）有了全新的理解，並嘗試理解背後的需求。表達批評也讓我們被看見和被聽見。在我們社會享有特權的人必須學會面對指責，並不要將此過分個人化。首先，這不是關乎個人，而是與他們因身分而享有的特權有關，關乎他們迄今所受益的這套制度。我們通常會對指責做出防禦性反應，因為指責會引發我們的羞愧感。內疚與行為有關（「我做了壞事」），而羞愧直接涉及到個人（「我是個壞人」）。[22] 從內疚感中產生羞愧，然後產生否認、憤怒和痛苦的情緒。這就是為什麼我們要為處理社會不平等、特權和權力帶來的負面情緒留出空間，而不是把它們隱藏起來，這非常重要。

只要全人類還未擺脫壓迫，就沒有人能真正自由。因此，問題是：我們如何在解放自己的同時，而不將壓迫轉嫁給社會階級更低的人？解放是否可以在不損害邊緣化群體的情況下實現？

承認自身的特權可以實現完全的團結，這也適用於那些

在某些方面擁有特權，而在其他方面處於劣勢的人。例如，許多白人女性和黑人男性可能難以承認自己的特權，因爲他們只關注自己所經歷的壓迫。然而，重要的是不要將不同類型的壓迫和不公正分級排序，因爲彼此受到的壓迫其實密不可分。一九七七年四月，美國身心障礙者權益運動發起的靜坐示威期間，黑豹黨成員（Black Panthers）將一個流動廚房搬到被占領的政府建築中，向靜坐示威者提供食物。這個極端的團結行爲是因爲，黑豹黨成員認知到身心障礙者所遭遇的不公正也間接影響到黑人群體。

我們必須爲所有人實現正義，無一例外。來自主流群體的人們也會從不再有壓迫的情況中受益。問題不在於他們是好人還是壞人，不在於他們是否努力工作才達到現在的地位，也不在他們是否是種族主義者、性別歧視者、反身心障礙者或恐同人士。問題是：你願意從不屬於你的角度看世界嗎？你願意眞正同理那些被塑造成比你次等的人們？如果答案是肯定的，那麼你就能擺脫虛假優越感的負擔，能夠與所有人和衆生建立起更深層次的連結。

治癒之路

「沒有治癒又談何正義？我們必須全身心投入革命工作。這個世間沒有不會對內在產生影響的外在工作，也沒有不會對外發光的內在工作。」
——查妮・尼古拉斯（Chani Nicholas）[23]

本節獻給所有那些人性不斷受到質疑的人，那些背負著世界強加給他們的刻板印象的人，那些需要不斷證明自己價值的人，以及那些因日常壓迫而感到窒息的人。

「我無法呼吸。」（*I can't breathe.*）這句話已經成為「黑人的命也是命」運動的其中一個重要口號。這是黑人男子艾瑞克·賈納（Eric Garner）在二〇一四年因為被掐住脖子而死之前說出的話；這是幾名黑人男子在被警察使用過度暴力逮捕後，死於窒息不久前所說的話，這些人名為安東·布萊克（Anton Black）、哈維爾·安布勒（Javier Ambler）、阿達馬·特拉奧雷、德瑞克·斯柯特（Derrick Scott）、曼努埃爾·艾里斯（Manuel Ellis）和喬治·佛洛伊德。時至今日，這句話被用於全世界關於種族主義警察暴力和警察缺乏問責的抗議活動中。法農早在一九六六年就已經說過：「我們之所以反抗，直白地說，就是因為我們出於很多原因再也不能呼吸了。」[24]

「我無法呼吸」這句話是種族主義、父權資本主義壓迫和全球影響，以及它對我們生活造成窒息影響的具體表現。

> 「我們背後講述著的故事
> 沒有任何脊椎足以承受」
> ──露琵·考爾，《有色女性》（*women of colour*）[25]

我們肩負著壓迫的重擔。塔納哈希·科茨（Ta-Nehisi Coates）寫道：「種族主義是種深刻的身體經驗，它震動大腦，阻塞呼吸道，撕裂肌肉，摧毀器官，打斷骨頭並敲碎牙

齒，你永遠不能閉上眼睛。你必須時刻意識到，社會學、歷史、經濟、表格和統計數據、迴歸分析都對你的身體產生了巨大的衝擊。」[26]當我們揭示壓迫時，終於能夠看到它怎麼傷害我們的身體並給予我們痛苦。對於處於多重壓迫交叉點的人來說，種族主義造成的傷害與父權制度的傷害密不可分；而父權制度的傷害又與針對同性戀、跨性別者和障礙歧視造成的傷害密不可分。女性因為承載著祖先的傷痕，壓抑著她們的渴望和欲望，不斷試圖讓自己變得卑微、不引人注目。父權主義對我造成了刀刀見骨的深刻傷害。當我在異性婚姻當中時，我感到壓抑，就像吸血鬼吸乾了我的血液，讓我疲憊不堪，無法再思考或奮鬥。我壓抑了我的直覺和感受，以至於它們透過身體的方式表現出來。

我們必須意識到這些創傷的存在並加以療癒，不應該輕視已經對我們造成並且仍將繼續造成的傷害。由於我們經歷的集體同理心很少，所以往往會忽視我們的痛苦而不加以認真看待。最近，我意識到這對我的日常生活產生了影響。我在等紅綠燈時，有個黑衣禿頭男子經過並朝我吐口水。這是一種暴力、非人性化和羞辱的行為，但我的第一反應是不加以理睬，並告訴自己：「沒有那麼嚴重，沒關係。事情可能本來會更糟糕的。」情緒糾結在內心，我無法表達它們，卻也沒有給予它們空間和關注。我壓抑了因此引發的痛苦和負面情緒。我不是唯一這樣應對侮辱和壓迫的人。這是一種結構性的反應。我學會將壓力降到最低或者甚至忽視它，因為我們的社會就是這麼做的。種族主義引發的創傷與自戀型虐待（nazisstischer Missbrauch）引發的創傷相似：在這

兩種情況下，我們都會對自己的感知感到懷疑。「這一切都是我自己想像出來的嗎？」這是個在我們腦中反覆出現的問題。我們受到自戀者以及種族主義社會的「操縱」，我們的現實被否認（我們的情感也是）。心理學家拉瑪妮·德瓦蘇拉（Ramani Durvasula）認為，自戀的核心特徵是缺乏同理心、自以為是、自大、膚淺、憤怒和傲慢的情感，是一種表現在個人和社會層面上的不安全感。[27]無論是在社會層面還是個人層面，自戀病態的毒浪潮都對我們造成傷害。壓迫也是基於主導群體對現實的否認：男性否認女性的現實、白人否認黑人和有色人種的現實、非障礙者否認身心障礙者的現實。鮑德溫很精準地表達了心理操縱和迫害帶來的綜合效應以及由此產生的恢復力：「我有時候覺得，美國的所有黑人還沒陷入瘋狂的偏執真是個奇蹟。」[28]

我們要怎麼對抗這種集體、大多時候完全無意識的自戀型虐待呢？首先，所有人都應該停止忽視壓迫帶來的痛苦。但最重要的是，**我們**這些正在遭受壓迫，生活在否定我們觀點、感受和存在的社會中的人，更應該這麼做。**我們**（黑人、有色人種、女性、非二元性別者、跨性別者、身心障礙者、男女同性戀、酷兒、雙性人、窮人、移民和難民）所有被視為次等的人們，應該允許自己感受和存在。這就是療癒。我們要自己給予自己被剝奪的空間。

我們知道治癒究竟是什麼嗎？我們的創傷無所不在，即使在我們努力推動改變時仍背負著。社會正義的行動和運動也是再現創傷的空間，往往是無意識且無意的，這通常是因為我們不知道如何治癒創傷。治癒這個詞帶有某種污名和

羞辱，因為它與受害者的角色及弱點有所關聯，我們不願意承認我們某些人以及我們之前的幾代人受到傷害。然而，韌性和力量也伴隨創傷而來。我們不是受害者，而是倖存者。紀錄片《希望之夏：身心障礙革命》（Crip Camp）中的一位主角是這麼說的：「世界總是想看著我們死去，它不想要我們。如果我要生存下來，我會為了在這裡而奮鬥。有些人稱之為憤怒，但我稱之為動力。你必須準備好生存下來，否則你將無法成功。」在洛德的〈生存連禱文〉（Litany for Survival）這首詩中，她提醒我們：「我們從未注定倖存」[29]，但**我們**還在這裡。這本身就是被壓迫者和他們祖先不可思議韌性的標誌，我們承載著前幾代人的創傷，同時也承載著他們的力量。如果我們能夠從奴隸制度、多次的滅絕威脅和日常的種種壓迫倖存，那麼我們將無懈可擊。

「我們是
你們以為已經死去的
女巫的血脈。

我們的骨子裡流淌著巫術
魔法仍在我們腦海裡吟唱。

當獵巫之人
試圖燒掉魔法時
他們囚禁了先祖

應該有人警告他們

那種魔法無法被馴服。

因為你無法燒毀

那些持續燃燒的東西。」

——妮姬塔・吉兒（Nikita Gil）[30]

　　人們對於治癒的最大誤解是認爲它應該從外部而來，認爲那些對我們做出不公的人（無論現在或是將來）應該來治癒我們的傷口。這個觀念在兩個方面有問題。首先，它延續了對壓迫者的依賴。我們需要他們才能夠得到治癒，而我們的解放也因此取決於他們。其次，這個觀念讓我們處於一個必須不斷證明自己的人性，證明自己值得被治癒。我們應該被看見，我們的痛苦應該被承認。然而，我們的治癒並不需要壓迫者終於看到我們是人，是有價值的人。我們不需要向壓迫者尋求許可。不管壓迫者怎麼思考或對投射他們的想法在我們身上，我們都需要看見自己和愛自己。如果我們把治癒與外界的認可連結在一起，只會讓已經有權力的人變得更加強大，而無法從內在釋放自己的力量，並獨立開始治癒的過程。當我們不再在乎外界是否認爲我們值得，我們才能眞正被治癒。我寫這本書的目的並不是要說服主流社會我們和他們一樣有價值。《終結壓迫》是一種自我主張，我們可以好好利用花在不斷爲自己辯護以及證明自己的這股能量。正如洛德所說的，人們期望被壓迫者說服壓迫者認同他們的人性。這種自我辯解的壓力讓主流群體依舊保持了優勢地位：「我們不斷消耗精力，而這些精力本可以更好地被用於重新定義自己、改變現狀，以及構建未來的現實情境。」[31]

　　治癒掌握在我們手中，它能賦予我們權力，讓我們摧毀由壓迫造成的有毒依賴模式。治癒不僅可以為整個社群的解放鋪平道路，最終解放所有人。治癒自己意味著治癒之前和之後的世代。蘇族人（Sioux）相信，我們的行為會影響我們之前和之後多達十四個世代的人。我們祖先承載的能量會傳承下來。當我們每個人都轉變時，在我們之前的整個祖系的能量也會隨之轉變。每個人都能夠治癒古老的傷口，並寬恕、改變條件反射和信念，釋放長久以來困擾世代的痛苦。當我們的祖先離開這塊土地時，他們留下了未解決的創傷和痛苦的痕跡，但也留下了力量和韌性，在世紀間被傳承並默默延續著。

　　我開始每天思考生存問題的那個時候，已經在柏林住了大約五年的時間。我一直有種潛在的恐懼，害怕自己會陷入殘酷的情境，必須為自己的生存而戰。冰冷、飢餓和疾病的畫面已經深埋在我的潛意識中。這種情況經常發生在日常生活中，尤其是在街上。例如，當我騎自行車時，如果有老鼠出現（在柏林很常見），我就會有種強烈想抓住牠們的衝動，以防萬一有天我必須將牠們當成食物；當我看到地上的木頭塊時，我會短暫思考是否該把它們帶走存在地下室，以應對寒冷的柏林冬天如果沒有電的情況；我還不斷尋找可能的藏身處，以備之後無處可住。當時，我真的覺得這種假設性危險真的存在，而我正在為終將到來的事情做準備。大約在同一時間，我開始研究在大屠殺中喪生的猶太家族成員。我祖母給了我一個文件夾，裡面包含她所有的資料。其中在集中營喪生的姑婆莉娜特別引起我的注意。根據我祖母講述

的故事，她是波蘭的猶太人，死於奧斯維辛的集中營。文件夾中有兩張她的照片，在其中一張照片裡，她站在一個和她幾乎一樣高的入學禮物袋（Schultüte）旁，面帶溫柔而害羞的微笑。她背著一個小肩袋、一個書包，穿著一件刺繡和小珠子裝飾的裙子，踩著時髦的鞋子，長襪及膝。有個性的髮型則襯托出她成熟的臉龐。照片下方是日期一九二八年五月十四日。我以前曾看過這張照片，但我第一次認出那是個入學禮物袋。我把照片翻過來，照片背面是一串德語，以孩子的筆跡寫著：「親愛的哥哥們，我也把我的照片寄給你們。你的妹妹莉娜‧布萊希納敬上。」當我看到她說德語而且用德語寫信時，我非常震驚，立刻打電話給我祖母，問她我的曾姑姑是不是德國人，而不是我們一直以為的波蘭人。她只說她爺爺（莉娜的爸爸）只會說德語和意第緒語，不會波蘭語。這個發現讓我對莉娜有了新的認識，對她的生活也有了新的看法。我感覺自己與她有了一種新的連結，因為我自己就是生活在德國並說著德語。我把這個故事告訴我母親，她說：「多好啊！你來到德國，治癒她的靈魂，替她過著她被剝奪了的生活，過著她在她的國家不能擁有的生活：上學、成為母親、工作、交朋友，就這麼平凡地活著。」從那一刻起，我的生存恐懼就消失了。這些恐懼不屬於我，而是屬於莉娜，抑或是其他在大屠殺中去世的、我並不熟知他們故事的前人們。莉娜在集中營中經歷了冰冷、飢餓，肯定也體驗了疾病之苦，她為自己的生存而奮鬥。我無法確定她在何處和何時去世，只知道她大約二十歲時被謀殺。如果她活著，如今應該已經九十八歲了。莉娜在我的生活中占有一

席之地，伴隨著我。她的兩張照片都掛在我的公寓中。

　　跨代創傷或代際創傷是一個心理學術語，意指創傷可以在世代之間傳遞。在第一代倖存者經歷創傷之後，會透過創傷後壓力症候群的複雜機制將創傷傳遞給他們的孩子和後代。這個研究領域相對較新穎，但近年來有所發展。代際創傷最早是在種族滅絕倖存者的子女身上被發現的。一九六六年，心理學家們開始在加拿大的診所觀察尋求心理幫助的這些孩子。與一般人相比，大屠殺倖存者的孫輩被轉介至精神科門診的比例高達百分之三百。此後，奴隸後代、原住民、戰爭倖存者、難民、虐待倖存者和其他許多群體的代際創傷便被記錄了下來。許多遭受代際創傷的後代描述，他們的家族籠罩著一種無法釋懷的沉默情緒，與此同時，許多人還產生了一種模糊的罪惡感，但他們無法掌握這種罪惡感的根源。許多人受到恐懼、深深的不安全感以及壓抑著的憤怒折磨，感到無所適從。有人會反覆做著令人痛苦的夢，這些夢可以追溯到他們父母或祖父母那一代。許多人懷疑這一切與他們個人的行為或經歷無關。在馬丁尼克島上，奴隸制度和奴隸所遭受的那些無法言喻的暴力留下了痕跡，心理疾病和憂鬱症在島上的比例過高，集體恐懼如同一層濃霧籠罩著每個人，難以消散。我母親在聽了一個關於法屬安地列斯群島奴隸制度和奴隸所受的苦難的 Podcast 後，在 WhatsApp 上傳了訊息給我：「我擔心我的孩子會被帶走的恐懼、對白人孩子的羨慕，因為作為奴隸，唯一有機會看著長大的是奴隸主的孩子、無法控制的對狗的恐懼、無法擺脫的強暴惡夢、不安全感、對體罰的恐懼。簡單地說，這些無止境的恐

懼都是我從我的祖先那裡繼承下來的感受、創傷和害怕。」

　　我能將對生存的恐懼、念頭與莉娜的生活連結起來，是一次偶然的頓悟，也可能不會發生。我們之中的許多人感受到了不屬於我們的恐懼、悲傷、痛苦和苦難，如果無法治癒創傷，那麼創傷將繼續傳遞給未來的世代。從這層意義來說，治癒不僅是個人的過程，也是集體的過程。創傷具有結構性和政治性。有無數途徑可以引導我們走向痊癒，而治癒本身就是充滿起伏的過程，可能永遠不會有停止的一天。換言之，我們每天都能發現，我們一直尋求的力量、愛和認同實際上就存在我們自己身上。治癒既發生在我們的內心，也發生在群體之中。在這裡，有著相同經歷的人們共同踏上解放之路，那份力量難以形容。這些地方雖然不是完美、毫無壓迫的空間（毫無壓迫的空間還不存在），但在這裡我們不需要持續證明人性和觀點的真實之處。而這件事本身也是一種治癒。

　　愛自己運動（Self-Care-Bewegung）近年來急遽增長，它引用了洛德在一九八八年的文章〈光的乍現〉（A Burst of Light）中的一句名言。洛德被診斷出肝癌後，在面對自己的脆弱和有限的生命時，她意識到自己已經「超越了自身的極限」（overextending myself）。她的身體感覺到了自身的極限。她說：「關心自己並不是自我放縱，而是自我保護，這是一種政治性的抗爭行動。」[32]許多人今天生活在一個「我們從未注定可以倖存」的結構中，處在一個不斷告訴我們自己「不夠好」的社會中。愛自己是革命性的，每個人都生來如此，只要做自己，我們都是完美的、足夠

的、值得被愛的。當我們明白自己的價值並非由外界定義時，我們就已經走在治癒這條路上。在一個堅持把我們塞進預設角色的世界中，定義自己就是一種顛覆。愛自己需要時間、奉獻和努力，它是我們對抗壓迫的最大力量和武器，因爲當我們認識到自己的可愛之處時，我們就認識到了整個人類的愛，並能加深我們與他人和世界的連結。

洛德呼籲我們需要自我照顧（Self-Care），這一呼聲對許多酷兒、女性主義、反種族主義和身心障礙正義領域中的運動人士來說都深有體會，因爲他們也受到他們所反對的問題的影響。我們試圖改變這個世界，讓世界對那些過去被排斥、剝削和剝奪人性的人來說能成爲一個更好的地方。因此，我們必須意識到自己受到這場抗爭的影響，以及運動可能導致對自我的忽視。在一個對自我身分、社群和生活方式充滿敵意的世界裡，「自我照顧」成爲一種保持自我的方式，這涉及了如何學會說「不」、意識到自己的能耐，以及學習花時間照顧自己的心靈、身體和思想。「自我照顧」這個詞被廣泛使用，七月二十四日甚至已經成爲官方的「國際自我照顧日」（Self-Care Day），而 Instagram 上的主題標籤#自我照顧（#selfcare）就被使用了超過兩千九百萬次，其中不僅是洛德口中呼籲的那群人，還包括無須反抗體制剝奪人性的那些人，例如白人經理、職業運動員和好萊塢演員。自我照顧可能會陷入新自由主義的陷阱，因爲自我照顧的言論已經被資本主義企業界腐化，使得企業界不再對員工的福祉負責，反倒將責任推給那些內心不舒服的人，因爲他們應該懂得自我照顧。做瑜伽，每天冥想，這樣就能避免筋

疲力竭。我們必須一再審視整個脈絡，並且問自己：自我照顧是誰的責任？就像「身體自愛運動」一樣，企業挪用了自我照顧的概念來銷售產品，吸引廣大的受眾，而這些受眾並不是真的將自我照顧視為一種政治抗爭的行動。

然而，「自我照顧」並不是為了消費，而是黑人女性主義者為了在這個系統性阻止他們自愛和自我接納的世界中，發展出的生存實踐法則，目的是讓「自愛」成為可能。自我照顧是一個集體過程，我們都不需要強大到足以獨自經歷這場戰鬥，我們比以往任何時候都更需要相互依靠。胡克斯的話鼓勵我們走出孤獨，尋找社群和支持：「如果一覺醒來，你生活在一個沒有你所愛和信任的人、沒有社群的地方時，那麼是時候離開這座城市了，收拾行囊出發吧（哪怕今晚就得走），你必須去一個有人可以擁抱你、永遠不放開你的手的地方。」[33] 只有集體的、充滿同理心的歸屬感才能拯救我們，並擴展我們存在的界限。

對我來說，自我照顧是一種反直覺的日常努力。當我因對未知的恐懼而陷入僵局時，離開了有毒的婚姻，並得到了家人和朋友的支持；我尊重真實的自己，完全展現我的性傾向；寫下這本書，說出我真實的想法；在我的社群成員需要的時候，給予他們支持；接受並愛著自己的不完美和錯誤。自我照顧是治癒過程中必不可少的一環。為了實現這一點，我們需要將自我照顧從新自由主義的範疇中解放出來，努力讓自己不再追求功能性、自給自足和完美。正如人們不該被#身體自愛的標籤綁架，仍然可以談論負面的身體感受一樣，自我照顧也不應該妨礙我們尋求幫助和展現脆弱。

　　行動主義（Aktivismus）與自我照顧要如何相互協調呢？

　　一方面需要關注精神上的治癒過程，另一方面則需要倡導政治變革，這兩者之間存在著緊張關係。我們個人的治癒可以為社會變革做出貢獻，因為我們彼此相連。如果我們能夠平衡自我和他人的需求、「女性」和「男性」的原則、身體和心靈、精神和大地時，每個人都能積極地為世界做出貢獻。靈性的成長和治癒是變革的一部分，用甘地的話來說：「我自己就是我希望在世界上看到的變化。」[34] 在這種情況下，我必須改變自己，才能改變世界。然而，從行動主義的觀點來看，必須積極參與為正義而戰的抗爭。在這個意義上，致力於改變不公正的政策和做法是當務之急，這不僅需要我們專注個人的精神治癒，還要採取行動來改變對我們和我們社群產生負面影響的體制。那麼，我們該如何處理個人成長和治癒（內在）與政治行動（外在）之間的緊張關係呢？

　　我認為兩者缺一不可。在爭取更多社會正義的積極行動中，精神工作和治癒有助於我們更堅持，也能更加愛護自己。雖然以自我為中心的精神工作通常無法激發或鼓勵我們參與集體行動，但作為集體和行動團體的一部分，精神工作可以賦予我們力量和靈感。追求這兩者不只有助於我們保持頭腦清醒，還能擴展自己並共同創造真正的力量。民權運動和反種族隔離運動就是將精神和政治行動相結合的良好例子。馬丁‧路德‧金恩曾說：「只有透過內在的精神轉變，我們才能獲得力量，在謙卑和充滿愛的方式下積極地對抗世界的邪惡。」[35] 我們的政治生活必須由比政治更大的事物來

主導，因為我們正在見證的深刻社會變革不僅只是由人們所推動。但現在的問題是，所謂的「精神性」已經被新自由主義利用，例如瑜伽和冥想過去只是個人自我提升的工具。如今，精神性和行動主義似乎已經完全分離。在精神的領域裡，行動主義常常受到壓制，有時甚至被視為偏重自我和心靈的活動，任何形式的身分政治都會遭到譴責，因為它以分裂和恐懼為基礎。此外，呼籲人們集中精神力量於正面思考，並避免消極情緒也成為這種緊張關係的關鍵。拒絕處理「負面能量」的訴求雖是合理的，但這會擋住我們走向需要社會變革的地方，婉轉地說，在那些需要社會變革的地方都存在著負面能量。

因此，我們必須治癒個人的創傷，才能積極參與集體轉型的過程。為此，我們必須走出舒適圈。社會變革運動是由人們發起的，每個人都有潛力推動這些運動。如果我們希望這些變革運動能夠抵抗並創造其他形式的力量，我們就必須給予它們更多的愛和關懷。我們的身體、靈魂和聲音都可以被積極地納入其中。每一份貢獻不僅重要，而且對於創造和滋養一個可以塑造不同世界的集體力量來說更是必要。只有在我們能夠辨識出我們需要哪些工具時，這一切才會發生。

解放了

「我告訴你自由對我來說是什麼，是無所畏懼。」
—— 妮娜・席夢（Nina Simone）

「愛具有深刻的政治性。當我們理解這個真理時，
我們將迎來最深層的革命。」
—— 貝爾・胡克斯[36]

恐懼和愛是同一枚硬幣的兩面。恐懼才是愛的對立面，而不是仇恨或冷漠。我們必須面對到目前為止統治著世界的恐懼，抓住它，並將其轉化為愛。一切壓迫和仇恨的根源是恐懼，是存在我們腦中的恐懼，是對他人權力的恐懼和嫉妒。用胡克斯的話來說：「有時人們試圖摧毀你，是因為他們看見你的力量，不是他們沒有看到它，而是因為他們看到它，並且不希望它存在。」[37]納粹對猶太人感到恐懼，是因為害怕那份他們渴求擁有的力量；白人對黑人感到恐懼，是因為他們投射到黑人身上的內在和外在力量令他們不安；男人對女人感到恐懼，是因為女人散發著難以言喻的力量*感到恐懼；異性戀者對酷兒感到恐懼，是因為他們害怕自己的非異性戀欲望；非障礙者對身心障礙者感到恐懼，因為他們害怕自己的獨特性。

這些恐懼是壓迫的驅動力，在創造出權力和權力濫用的過程中發揮作用。被壓迫者也對自己的力量感到恐懼，因為

＊這同樣與生殖權力有關（也稱為「子宮嫉妒」）。

他們不想讓壓迫者感到不安和恐懼。他們害怕解放的後果。許多女性願意「稍微」解放自己，但同時總注視著男性，關注他們的反應：「這樣還可以嗎？我已經到了令人無法忍受的極限了嗎？」這就是被壓迫者對壓迫者無盡的同理心。這是一種類似斯德哥爾摩症候群的現象，描述人質與綁架者建立了一種積極的關係，進而與他們合作，甚至在警察和法庭面前為他們辯護。解放帶來恐懼，因為它需要付出高昂的代價，並且放棄某種程度的舒適，而這種舒適伴隨著我們自孩提時代所扮演的角色。

如今，我們用來拆除奴隸主之家的工具之一就是權力。我們熟知的權力以及它被用來統治、支配和壓迫的方式都建立在恐懼之上，例如對失去的恐懼、對缺乏的恐懼，以及對死亡的恐懼。我們必須超越我們所熟知的權力，並創造不以恐懼為基礎，而是以愛為基礎的替代權力形式。權力不一定要建立在貪婪、統治和壓迫之上。我們目前將權力視為可以擁有、交換和贏得的商品，這是一種非常簡化看待權力以及追求權力的方式。權力，就像愛一樣，而不是一種貨幣。它不需要被壓榨才能獲得，相反地，它可以倍數增加。

我們的社會深受女性能量（陰）與男性能量（陽）之間嚴重不平衡的困擾。這二者無法分割而存在，當這兩種原則達到平衡時，能量便可以自由流動。在精神世界中，「女性」和「男性」能量與社會性別無關，而是存在所有人身上，無論性別為何。在以異性戀為基礎的社會中，與男性相關聯的陽性特質享有較高地位，與女性相關聯的陰性特質則被低估。這導致了對地球自然資源的掠奪，對金錢、速度的過度

重視，以及對緩慢、關懷、無形世界和愛的低估。治癒受傷的陽性能量有助於培養更多的同理心、愛與連結。

　　愛就像人類一次又一次回歸的主軸一樣，它既是如何克服壓迫這個巨大問題的解答，也是我們應該在這條道路上採取的態度。為正義而戰應該是一場以（自我）關愛、（自我）同理和（自我）關懷而發起的戰鬥。胡克斯在她的作品中將愛置於核心，她說：「在我們決定去愛的那一刻，我們便開始對抗統治，對抗壓迫；在我們選擇去愛的那一瞬間，我們便開始走向自由，以解放我們和他人的方式行動。」[38]

召喚

在我們每個人的內心深處都有召喚
空氣中的低語，戰鬥的號召

就像一個咒語
或一場那樣風暴的開端
帶來了
改變，
轉型。

有人稱之為姐妹情誼
有人稱之為女性主義
但
換句話說
這種典範轉移
就簡單叫做

革命。

——妮姬塔·吉兒

　　關於妮姬塔·吉兒在這首詩中談到的革命，我們首先會
想到暴力、呼喊和傷痛。然而，它意味著轉變，而轉變就是
解放。那些不自由之人的解放，將是我們所有人的解放。

後記

　　把蒼蠅妮娜視為有生命價值的存在，而不是殺死它，對我有什麼好處呢？這擴大了我的心胸，拓展了我的視野，但不僅僅如此。這讓我在某種程度上擺脫了這本書所討論的等級制度，也就是壓迫的基礎。當我把自己置於妮娜之上時，也把自己置於其他生命之下，因為這意味著我已經內化了生命的等級制度。

　　將人類視為次等人、視為無靈魂的動物，就會允許暴力、蔑視、謀殺和種族滅絕。納粹將猶太人、羅姆人和辛堤人稱為老鼠和蝨子；在奴隸制度期間和其後很長一段時間，黑人被視為動物；盧安達種族滅絕期間，圖西人被稱為蟑螂；身心障礙者被視為非人類的怪物。貶低非人類生物是我們必須消除的等級制度的基礎。如果人類與動物之間不存在這種等級制度，如果我們賦予非人類生命與人類相同的尊嚴，那將會從根本上打破等級制度。如果我們想要擺脫壓迫性的等級制度，我們就必須全面做到這點，而不是如迄今為止嘗試的那樣，僅針對人類或人類的其中一部分。

　　世界需要蒼蠅妮娜，就像世界需要所有人類、海洋中的魚和森林中的樹木一樣。如果我們意識到這一點，我們就能擺脫「我們必須超越或低於他人才能有價值，最終證明我們的存在是合理的」的想法。生命的等級制度並不「自然」，它已經主宰我們的世界太長時間。它是由那些宣稱自己優越

並站在頂端的人們所創造、強制實施和維持的，而這是出於對他們自身滅絕的恐懼。這種恐懼對任何人都沒有益處，因為沒有人能倖免於人類的滅絕。金字塔頂端的人們受到一種錯覺支配，認為自己受到保護。這種幻覺對人類造成了太多傷害。我們每個人都是獨一無二的，都有價值，這樣就足夠了。儘管這種等級制度看起來強大且不可改變，但我們有能力打破它。我們再也不需要它。

我們現在的任務，便是在這個世界創造新的存在方式。

誌謝

打從心底，由衷感謝

感謝各位讀者，感謝你們讀完了這本書。

感謝所有為這本書鋪路的人。我無法一一列舉他們的名字，因此以下提及對我影響最大的人：貝爾‧胡克斯、奧德雷‧洛德、金柏莉‧克雷蕭、索傑納‧特魯斯（Sojourner Truth）、孔德、莎拉‧詹森（Sarah P. Johnson）、溫妮‧曼德拉（Winnie Mandela）、阿莎塔‧夏酷爾、安吉拉‧戴維斯、梅‧阿伊姆、童妮‧摩里森、瑪雅‧安吉羅、蓋雅翠‧史碧華克、茱蒂絲‧霍伊曼、詹姆斯‧鮑德溫、弗朗茲‧法農、艾梅‧塞澤爾、克萊麗莎‧平蔻拉‧埃思戴絲、瓊斯、米瑞安‧馬卡貝（Miriam Makeba）、維吉妮‧德龐特、凱西以及索尼婭‧蕾妮‧泰勒。

感謝那些把這本書裡所講述的故事託付給我的人，謝謝你們讓我使用它。

感謝全球的受壓迫者社群，尤其是柏林的BIPOC*社群持續激勵著我，在我感到孤獨的時候給予我支持和歸屬感，有你們真好。

感謝多元交織正義中心的優秀團隊，感謝你們的大力支持。

＊編按：非裔、原住民及有色人種。

感謝圖波卡‧奧吉特、庫布拉‧古慕塞、特蕾莎‧布克（Teresa Bücker）和希比勒‧貝爾格（Sibylle Berg），我從心底感謝各位的閱讀和慷慨。

感謝我的編輯克里斯提安（Christion Koth）。感謝你在這本書尚未出版前就對它展現出的熱忱和信任。跟你的合作相當愉快。

感謝諾拉（Nora Boutaoui）。沒有你，就沒有這本書。感謝你讓我把自己的想法集結成冊，並想到了這本書的書名！

感謝我的經紀人莉莎（Lisa Volp）。多虧你為我打開了通往新世界的大門，讓我有賓至如歸的感覺。感謝你給我機會將我的熱情表達出來。

感謝Aufbau出版社的耶勒（Jele Mensen）。感謝你敏銳的眼光、建議，以及在翻譯許多引文時的耐心；也非常感謝安娜（Anna von Rath）提出的寶貴意見和修改建議。

感謝安瓦爾（Anwar Ouguerram）。感謝你在書籍封面設計時的建議和挑剔的眼光。謝謝那些我跟你關於靈性、占星學、酷兒、跨性別身分、迷因、《X音素》（X-Factor）和《追殺夏娃》（Killing Eve）的珍貴對話。儘管我們相隔遙遠，這段美好的友誼仍溫暖了我的心。

感謝勞倫斯（Laurence Naima Pagni）。感謝你持續給我的鼓勵以及閱讀這本書。你已經是我的姐妹，我非常感激有你在我的生命中（以及我們一起的精神之旅），感謝和你過度活躍的心輪。

感謝愛麗絲（Alice Grindhammer）。感謝你閱讀這

本書，並給予我指導。我們美好的友誼對我來說意義重大，無盡的同理心、慷慨、歡笑、一起住過的飯店、萊姆酒和猶太美食都是這份友誼的一部分。

感謝蘇西（Susi）。感謝你的愛，感謝你讓我腳踏實地，並且每天提醒我，幸福只有在此時此地才能觸手可及。我愛你。

感謝阿娜依（Anaïs）和克萊蒙斯（Clémence）。謝謝你們一直在我身邊。我愛你們。

感謝媽媽。謝謝你做的一切。感謝你的開放、你的靈性、你的勇氣，感謝你讓我和你一起成長。你的慷慨每天都激勵著我。

感謝爸爸。感謝你願意看到我的現實，感謝你的脆弱。我對你的愛遠遠超出了這本書所呈現的範疇。

感謝蒂迪安。你是一份美妙的禮物；感謝你開拓了我的個性界限，開闊了我的視野，並教會我無條件的愛。謝謝你的耐心，我每天都在努力。我愛你。

感謝阿耶爾（Ayélé）。我對你無限感激，感謝你找到了我。我愛你。

德國柏林，二〇二〇年十二月七日
艾蜜莉亞・羅伊格

參考資料與注釋

一、序言——妮娜

1 Do Not Lose Heart, We Were Made for These Times © 2001, 2016, by Clarissa Pinkola Estés, Ph. D.

二、讓壓迫被看見

1 Chimamanda Ngozi Adichie: Arthur Miller Freedom to Write lecture, PEN World Voices Festival 2015. 引用自 https://www.theguardian.com/ books/2015/may/11/chimamanda-ngozi-adichie-fear-causing-offence-a-fetish

2 Nicole Newnham; James Lebrecht; Michelle Obama; Barack Obama (Produktion); Nicole Newnham; James Lebrecht (Regie): *Crip Camp. A Disability Revolution.* USA: Netflix 2020. 由本書作者翻譯。

3 引文中譯引自《我說，所以我存在：語言如何形塑我們的思想並決定社會的政治》，堡壘文化，杜子倩，二〇二三。

三、在家中

1 James Baldwin: *Giovannis Zimmer.* Aus dem Amerikanischen von Axel Kaun und Hans-Heinrich Wellmann. Reinbek bei Hamburg 1967, S. 97.

2 Colette Guillaumin: *Sexe, race et pratique du pouvoir : L' idée de nature*, Paris, iXe, 2016, S. 211.

3 Frantz Fanon: *Black skin, white masks.* New York 2008, S. 41.

4 二〇一八年全球共有三百三十一名跨性別和多元性別人士被謀殺。參見：https://transrespect.org/en/tmm-update-trans-day-ofremembrance-2019/.

5 bell hooks: *The Will to Change: Men, Masculinity, and Love.* New York 2004, S. 15. 由本書作者翻譯。

6 Statistisches Bundesamt, 2018, https://www.destatis.de/DE/Themen/Gesellschaft-Umwelt/Gesundheit/Todesursachen/Tabellen/suizide.html.

7 參見注釋 5, S. 24. 由本書作者翻譯。

8 根據二〇一七年針對伴侶施暴狀況的報告書，德國在二〇一六年共有十三萬八千八百九十三人為伴侶施暴下的受害者（其中八十二‧一％為女性）。警方認為未通報的案例更多，因為並非所有被害人都會通報暴力案件。

9 Virginie Despentes: *King Kong Theorie*. Aus dem Französischen neu übersetzt von Claudia Steinitz und Barbara Heber-Schärer. Köln 2018, S. 28 f.

10 Nayyirah Waheed: *Salt*. CreateSpace Independent Publishing Platform; 8/25/13 edition (24. September 2013), S. 158.

四、在學校與大學裡

1 https://www.bamf.de/SharedDocs/Anlagen/DE/Forschung/WorkingPapers/wp13-schulische-bildung.pdf?__blob=publicationFile&v=11, S. 12.

2 Vgl. Thilo Sarrazin: *Deutschland schafft sich ab. Wie wir unser Land aufs Spiel setzen*. München 2010.

3 J. H. Speke: *Journal of the Discovery of the Source of the Nile*. New York 1864.

4 Aladin El-Maafalani: *Mythos Bildung*. Köln 2020, S. 22.

5 https://www.bamf.de/DE/Themen/Integration/ZugewanderteTeilnehmende/Integrationskurse/InhaltAblauf/inhaltablauf-node.html

6 Joan Wylie (Hg.): *Conversations with Audre Lorde*. Jackson, Mississippi, 2004, S. 91.

7 James Baldwin: »Black English: A Dishonest Argument«, 1980, 引用自紀錄片 *I Am Not Your Negro* (2016) von Raoul Peck.

8 B. L. Hall; R. Tandon: »Decolonization of knowledge, epistemicide, participatory research and higher education«. Research for All, 2017, 1 (1), S. 8.

9 Ramón Grosfoguel: »The structure of knowledge in Westernized universities: Epistemic racism/sexism and the four genocides/epistemicides of the long 16th century«. Human Architecture: Journal of the Sociology of SelfKnowledge, 2013, 11 (1), S. 73–90.

10 獵巫行為不僅存在人們常說的中世紀和近代早期，而是一直持續到十八世紀末，例如一七八二年安娜‧戈爾迪（Anna Göldi）在瑞士被處決。

11 M. J. Gage: »Women, Church and State: The Original Exposé of Male Col-

laboration Against the Female Sex« (1893). 引用自 Venia Soumpenioti: *A Modern Witch Hunting: The HIV Positive Prostitute Case and The Demonization of the Female Body*, Research Gate, 2018.

12 Mona Chollet: *Sorcières*, Paris 2018, S. 194.

13 Susan Bordo: »The Flight to Objectivity: Essays on Cartesianism and Culture« (1987). 引用自 Mona Chollet: *Sorcières*, Paris 2018, S. 194.

14 Francis Bacon: »The Masculine Birth of Time« (1603). 引用自 Mona Chollet: *Sorcières*, Paris 2018, S. 194.

15 Guy Bechtel: *La Sorcière et l'Occident*. Paris 1997. 由本書作者翻譯。引用自 Mona Chollet: *Sorcières*, Paris 2018, S. 194.

16 引用自 Mona Chollet: *Sorcières*, a. a. O., S. 21.

17 在歐洲安達盧斯帝國的鼎盛時期，科爾多瓦市擁有超過五十萬本書。當時歐洲其他知識中心的圖書館擁有五千到一萬本書。 這些抄本是折疊在阿瑪特紙上的插圖手稿，記錄了關於瑪雅人、印加人和阿茲特克人生活的訊息，也記錄了有關宗教、神秘主義、天文學和數學的資訊。瑪雅人擁有一種由圖像、文字和數字符號組成的高度發達的書寫系統。

18 Georg Wilhelm Friedrich Hegel: »Lectures«, 218 引用自 E. Dussel: Eurocentrism and modernity«. Boundary 2: An International Journal of Literature and Culture, 1993, 20 (3), S. 70.

19 二〇〇五年二月二十三日頒布的第 2005-158 號法，旨在承認國家並支持歸國的法國公民，其中第四條因干涉殖民歷史而受到廣泛批評。特別是第二款，其中提到：「學校課程特別承認法國在海外地區，尤其是北非地區的積極影響，並給予這些地區的法國軍隊成員的歷史和受害者應有的卓越地位。」此款條文於二〇〇六年二月十五日被撤銷。

20 *Marx-Engels-Gesamtausgabe*. Abteilung I. Band 25. Berlin 1985, S. 292.

21 Immanuel Kant: *Physische Geographie*. AA IX. 參見：https://korpora.zim.uni-duisburg-essen.de/kant/aa09/316.html

22 Tagebuchbericht von Johann Friedrich Abegg, 引用自Rudolf Malter (Hrsg.): *Immanuel Kant in Rede und Gespräch*. Felix Meiner, Hamburg 1990, S.457

23 Frantz Fanon: *Black Skin, White Masks*. New York 2008 [1967], S. 33.

24 Hannah Arendt: *Elemente und Ursprünge totaler Herrschaft*. Frankfurt a. M. 1958, S. 193.

25 Aimé Césaire: *Discours sur le Colonialisme*. Paris 2011 [1955], S. 14. 由本書作

者翻譯。

26 https://zentralrat.sintiundroma.de/arbeitsbereiche/entschaedigung-und-ns-verfahren/

27 Grada Kilomba: *Plantation Memories*. Münster 2010, S. 28.

28 Friedrich Nietzsche: *Nachgelassene Fragmente. Ende 1886 - Frühjahr 1887*. Stuttgart 1995.

29 引文中譯引自《我說，所以我存在：語言如何形塑我們的思想並決定社會的政治》，堡壘文化，杜子倩，二〇二三。

30 bell hooks: *Teaching Critical Thinking: Practical Wisdom*. New York/Abingdon 2010. 由本書作者翻譯。

31 John Keats: Letter to George and Georgiana Keats (February 14-May 3, 1819). 參見：http://john-keats.com/briefe/140219.htm. 由本書作者翻譯。»Nichts wird jemals real, bis es erlebt wird«.

32 Donna Haraway: »Situated Knowledges: The Science Question in Feminism and the Privilege of Partial Perspective«. Feminist Studies, 1988, 14 (3): S. 595 f.

33 Max Weber: »L'objectivité de la connaissance dans les sciences et la politique sociales« [1904]. In: Julien Freund (Hg.) : *Essais sur la théorie de la science*. Paris 1965, S. 117–213.

34 女性僅獲得英國癌症研究經費的三十％和癌症研究經費總額額二十二％。
C. D. Zhou; M. G. Head; D. C. Marshall; et al.: »A systematic analysis of UK cancer research funding by gender of primary investigator«. BMJ Open 2018; 8:e018625.

35 二〇一八年，英國共有四千七百三十五名教授，其中白人教授數量超過四千人，黑人女性僅有二十五人，佔〇・一％。在德國，由於缺乏數據，只能估計共有四萬五千名教授（其中包括一萬一千四百四十二名女性）中，僅有十三名黑人女教授從事研究和教學工作。

36 Grada Kilomba: *Plantation Memories. Episodes of everyday racism*. Münster 2008, S. 27. Hervorhebung im Original. 由本書作者翻譯。

37 https://www.youtube.com/watch?v=uAMTSPGZRiI

38 Shiv Visvanathan: »The search for cognitive justice« (2009). http://bit.ly/3ZwMD2.

五、在媒體

1 Audre Lorde: *Sister Outsider.* New York 2007 [1984], S. 137. 由本書作者翻譯。

2 Süddeutsche Zeitung, 14. Januar 2019: »Bloß nicht wie ein Mädchen sein«. Von Meredith Haaf.

3 Süddeutsche Zeitung, 11. Januar 2019: »Blaue Bücher, rosa Bücher«. Von Katharina Brunner, Sabrina Ebitsch, Kathleen Hildebrand und Martina Schories.

4 David Elliott: *Voices: The Final Hours of Joan of Arc.* Boston 2019. 由本書作者翻譯。

5 M. Forgiarini; M. Gallucci; A. Maravita: »Racism and the empathy for pain on our skin«. Front Psychol. 2011, 2:108 (23. Mai 2011).

6 S. Trawalter; K. M. Hoffman; A. Waytz: »Racial Bias in Perceptions of Others' Pain«. PLoS ONE 2012, 7(11): e48546.

7 Immanuel Kant: *Beobachtungen über das Gefühl des Schönen und Erhabenen.* Riga 1771, S. 253. 參見：https://korpora.zim.uni-duisburg-essen. de/kant/aa02/253. html

8 IndieWire.com, 17. Januar 2014: »Why White People Don't Like Black Movies«. Von Andre Seewood.

9 「擱置懷疑」指的是觀眾願意暫時接受電影的情節設定，即使這些情節是奇幻的或不可能的，觀眾仍願意陷入幻覺中以獲得娛樂。

10 Anna Everett: »The Other Pleasures: The Narrative Function of Race in the Cinema«. In: Nicole Rafter (Hg.): *Shots in the Mirror: Crime Films and Society.* Oxford 2006 (2. Aufl.), S. 122.

11 George Breitman (Hg.): *Malcolm X speaks.* New York 1990, S. 93. 由本書作者翻譯。

12 二〇一八年，美國記者中有七十七‧四％是白人，其中五十九％是男性；而根據二〇一六年的英國數據，有九十四％的記者是白人，其中五十五％是男性。

Asma Abidi et al.: »Unbias the News - Warum Journalismus Vielfalt braucht«. Hostwriter 2019, S. 8.

13 舉例：「明尼亞波利斯的黑人之死：抗議行動在全美蔓延。在美國，抗議活動不斷。示威者在眾多城市要求為佛洛伊德討回公道，他在明尼亞波利斯市一次暴力的警察行動後去世。抗議期間也爆發了騷亂。」

14 Der Spiegel, 2. Juni 2020: »Ein Bild der Verwüstung«. Von Ralf Neukirch und

Janita Hämäläinen (Video).

15 https://twitter.com/m_d_mccoy/status/1267503074018578438?s=20.

16 Frankfurter Allgemeine Zeitung, 2. Juni 2020: »Im Schatten des Kampfes gegen Polizeigewalt zerstören Kriminelle in Amerika Geschäfte und rauben Einkaufszentren aus – während die Beamten anderweitig im Einsatz sind«. Von Winand von Petersdorff.

17 參見注釋 14。

18 Tagesschau, 30. Mai 2020: »Hier geht es um Chaos«. Mit Informationen von Julia Kastein, ARD-Studio Washington.

19 同上。

20 Spiegel, 2. Juni 2020: »Auch manche Polizisten solidarisieren sich«. Von Janita Hämäläinen.

21 同上，1:26 Min.

22 https://twitter.com/mshannabrooks/status/1266811023379456000?lang=en 由本書作者翻譯。

23 Aus der Rede »The Other America« von Martin Luther King, 1968, 參見：https://the-other-america.com/speech.

24 Stern, 31. August 2018: »Warum es ein Fehler war, die ›besorgten Bürger‹ ernst zu nehmen«. Von Tim Sohr.

25 Frankfurter Allgemeine Zeitung, 5. März 2020: »Hass auf Wiedervorlage«. Von Justus Bender.

26 Resmaa Menakem: »Notice the Rage; Notice the Silence«. In: Krista Tippet: *On Being* [Podcast]. 參見：https://onbeing.org/programs/resmaamenakem-notice-the-rage-notice-the-silence/

27 Essence.com, 7. November 2018: »Tarana Burke Explains Why Black Women Don't Think #MeToo Is For Them«. Von Danielle Young.

28 The Root, 10. Mai 2017: »The Privilege of White Individuality«. Von Michael Harriot.

29 引文中譯引自《我說，所以我存在：語言如何形塑我們的思想並決定社會的政治》，堡壘文化，杜子倩，二〇二三。

30 »U. S.: mass shootings by race 1982–2019«. *Statista.* 參見：https://www.statista.com/statistics/476456/mass-shootings-in-the-us-by-shooter-s-race/.

31 Süddeutsche Zeitung, 30. April 2020: »Wir waren Ihnen kein Wort wert«. Von

Annette Ramelsberger.

32 Zeit Online, 27. März 2020: »Mehr als 1600 Straftaten gegen Flüchtlinge und ihre Unterkünfte«. Von Katharina Heflik.

33 Helen Wood; Berverly Skeggs (Hg.): *Reality Television and Class*. London 2011.

34 David M. Crowe: *Oskar Schindler: The Untold Account of His Life, Wartime Activities, and the True Story Behind The List*. New York 2004.

35 The Independent, 27. Januar 2019: »Holocaust Memorial Day 2019: Three unsung heroes who helped Europe's Jews escape the Nazis«. Von Joe Sommerlad.

36 rupi kaur: *Die Blüten der Sonne*, Frankfurt a. M. 2018, S. 239.

37 參見：Senate Bill No. 188, CHAPTER 58. 參見：https://leginfo. legislature. ca.gov/faces/billTextClient.xhtml?bill_id=201920200SB188.

38 Glamour, 7. Juli 2019: »Michelle Obama Wore Her Natural Curls, and People Are Living for It«. Von Krystin Arneson.

39 NPR, 27. Dezember 2018: »Adults Come Under Scrutiny After HS Wrestler Told To Cut His Dreadlocks Or Forfeit«. Von Laurel Wamsley.

40 Le Monde, 13. April 2013: »Le soutien-gorge seraitil inutile ?« Von Le Monde mit AFP.

41 關於性工作，在第七章〈在工作中〉將進行更詳細的討論。

42 Wear Your Voice Mag, 8. Februar 2019: »Ugly: how beauty was built upon white supremacy«. Von Vanessa Rochelle Lewis.

43 同上。

六、在法庭上

1 Vortrag von Jose Antonio Vargas, University of Massachusetts, 11. April 2017. 由本書作者翻譯。

2 將婚姻中的強暴行為定為刑事犯罪的法律條文直到一九九七年七月一日才生效。在聯邦議會中以四百七十票贊成、一百三十八票反對和三十五票棄權的表決通過，可謂相當新的法條。
參見：https://www.sueddeutsche.de/leben/sexuelle-selbstbestimmung-als-vergewaltigung-in-der-ehenoch-straffrei-war-1.3572377.

3 https://www.bka.de/DE/AktuelleInformationen/StatistikenLagebilder/La-

gebilder/lagebilder_node.html.

4 https://www.bka.de/DE/AktuelleInformationen/StatistikenLagebilder/La-gebilder/Wirtschaftskriminalitaet/wirtschaftskriminalitaet_node.html.

5 M. J. Gage: *Women, Church and State: The Original Exposé of Male Collabo-ration Against the Female Sex.* Watertown, Massachussetts 1893.

6 Vagrancy Act of 1866.

7 Strafgesetzbuch von 1871, § 361. Siehe auch: Wolfgang Ayaß: *Das Arbeitshaus Breitenau. Bettler, Landstreicher, Prostituierte, Zuhälter und Fürsorgeempfänger in der Korrektions- und Landarmenanstalt Breitenau (1874–1949).* Kassel 1992.

8 其中包括被視為社會不良份子，並對德國社會的純潔性構成重大威脅的女同志、跨性別者和身障人士。

參見：http://auschwitz.org/en/history/prisoner-classi-fication/system-of-triangles. Siehe auch Hannah Arendt: *Elemente und Ursprünge totaler Herrschaft,* a. a. O., S. 853. Zum Gesetzentwurf siehe auch: Detlev Peukert: »Arbeitslager und Jugend-KZ: die ›Behandlung Gemeinschaftsfremder‹ im Dritten Reich.« In: ders. (gemeinsam mit Jürgen Reulecke und unter Mitarbeit von Adelheid Gräfin zu Castell Rüdenhausen) (Hg.): *Die Reihen fast geschlossen.* Wuppertal 1981, S. 413–434.

9 Zeit Online, 25. Juni 2015: »Berlin plant Bettelverbot für Kinder«. Von Fatina Keilani und Timo Kather.

10 Le Point, 13. September 2010: »Expulsions des Roms: que dit le droit ?«. Von Laurence Neuer.

11 Rundbrief vom 26. August 2012 bezüglich der Antizipation und Begleitung von Evakuierungsaktionen illegaler Lager.

12 Ligue des Droits de l'Homme, 6. Februar 2018. »Recensement des évacuations forcées de lieux de vie occupés par des Roms (ou des personnes désignées comme telles) en France en 2017«.

13 https://www.nice.fr/fr/securite/les-principaux-arretes.

14 Artikel 312–12–1 des Französischen Strafgesetzbuches.

15 https://www.abc.net.au/news/2019-07-26/a-full-page-advertisement-taken-out-by-donald-trump-during-the/11348504?nw=0.

16 參 見：»Law, Justice, and the Holocaust«. Holocaust Encyclopedia, United States Holocaust Memorial Museum, Washington, DC. https://encyclopedia.

ushmm. org/content/en/article/law-justice-and-the-holocaust.

17 Immanuel Kant: *Grundlegung zur Metaphysik der Sitten*. Frankfurt a. M. 1968, BA 52.

18 The Guardian, 17. Februar 2017: »Adama Traoré's death in police custody casts long shadow over French society«. Von Iman Amrani and Angelique Chrisafis.

19 James Baldwin: *The Price of the Ticket: Collected Nonfiction, 1948–1985*. New York 1985, S. 449. 由本書作者翻譯。

20 Die TAZ, 27. Juli 2020: »Polizei soll ihre Arbeit machen«. Interview mit Çetin Gültkin, von Christian Jakob.

21 Focus.de, 3. April 2016: »Warum wir für kriminelle Migranten mit verantwortlich sind«. Von Peter Seiffert.

22 J. D. Johnson; C. H. Simmons; A. Jordan; L. MacLean; J. Taddei; D. Thomas; J. F. Dovidio; W. Reed: »Rodney King and O. J. revisited: The impact of race and defendant empathy induction on judicial decisions«. Journal of Applied Social Psychology, 2002, 32(6), S. 1208–1223.

23 為「All cops are bastards」的縮寫。

24 Slate.com, 27. Juni 2013: »I Don't Feel Your Pain. A failure of empathy perpetuates racial disparities«. Von Jason Silverstein.

25 A. Rattan; C. S. Levine; C. S. Dweck; J. L. Eberhardt: »Race and the Fragility of the Legal Distinction between Juveniles and Adults«. PLoS ONE, 2012, 7(5): e36680.

26 ABCNews, 23. Mai 2019: »›I so wish the case hadn't been settled‹: 1989 Central Park jogger believes more than 1 person attacked her«. Von Susan Welsh, Keren Schiffman, und Enjoli Francis.

27 Joy Buolamwini, Joy: »Gender shades: Intersectional accuracy disparities in commercial gender classification«. Conference on fairness, accountability and transparency, 2018, 81, S. 77–91.

28 Wired.com, 1. November 2018: »When It Comes to Gorillas, Google Photos Remains Blind«. Von Tom Simonite.

29 The New York Times, 24. Juni 2020: »Wrongfully Accused by an Algorithm«. Von Kashmir Hill.

30 Miranda Fricker: *Epistemic Injustice: Power and the Ethics of knowing*. Oxford 2007, S. 1.

31 Netflix 迷你影集《難以置信》（*Unbelievable*）對此提供了有趣的視角。

32 WDR, 24. Mai 2020: »Zellenbrand in Kleve - Polizei wusste offenbar von Verwechslung«. Von Martina Koch und Boris Baumholt.

33 Angela Davis: Moe Lectureship in Women's Studies, 12. April 2006, Gustavus Adolphus College, Minnesota. 由本書作者翻譯。

34 Angela Y. Davis: »Reflections on the Prison Industrial Complex«. Colorlines, 1998, 參見：https://www.colorlines.com/articles/masked-racism- reflections-prison-industrial-complex. 由本書作者翻譯。

35 Angela Davis: *Are Prisons Obsolete?* New York 2003.

36 National Bureau of Economic Research. https://www.nber.org/digest/jan03/w9061.html.

37 Press conference of New York City mayor Rudolph W. Guiliani on February 24, 1998. »The Next Phase of Quality of Life: Creating a More Civil City.« http://www.nyc.gov/html/records/rwg/html/98a/quality.html.

38 Angela Davis: *Eine Gesellschaft ohne Gefängnisse? Der gefängnisindustrielle Komplex der USA.* Aus dem Amerikanischen von Michael Schiffmann. Berlin 2004, S. 20.

39 Michael Welch: »A Social History of Punishment and Corrections«. In: ders.: *Corrections: A Critical Approach.* Boston 2004.

40 Patricia Turning: »Competition for the Prisoner's Body: Wardens and Jailers in Fourteenth-Century Southern France«. In Albrecht Classen; Connie Scarborough (Hg.): *Crime and Punishment in the Middle Ages and Early Modern Age: Mental-Historical Investigations of Basic Human Problems and Social Responses.* Berlin/Boston 2012, S. 285.

41 Michel Foucault: *Discipline & Punish: The Birth of the Prison.* New York 1995.

42 Angela Y. Davis: *Abolition Democracy: Beyond Empire, Prisons, and Torture.* New York 2011.

43 »Unmenschlich: Nackte Unterbringung in Gefängniszelle«. In: *linksnet.de*, September 2012.

44 Bruce A. Arrigo; Jennifer Leslie Bullock: »The Psychological Effects of Soli-tary Confinement on Prisoners in Supermax Units«. International Journal of Offender Therapy & Comparative Criminology, 2008, 52 (6), S. 622–640.

45 Atul Gawande: »Is long-term solitary confinement torture?«. The New Yorker, 7. Januar 2009.

46 Craig Haney: »Restricting the Use of Solitary Confinement«. Annual Review of

Criminology, 3. November 2017, 1, S. 285–310.

47 Kai Schlieter: »Isolationshaft in Deutschland - Lebendig begraben«. die tageszeitung (taz), 24. Februar 2011.

48 Zeit Online, 13. Mai 2020: »Schafft die Gefängnisse ab!« Von Thomas Galli (Gastbeitrag).

49 DeutschlandFunk Kultur, 11. Mai 2020: »Schafft den Knast ab!« Thomas Galli im Gespräch mit Liane von Billerbeck.

50 Gefangene und Verwahrte in Justizvollzugsanstalten nach Bundesländern 2020. Veröffentlicht von J. Rudnicka, 6. Juli 2020. https://de.statista.com/statistik/daten/studie/72216/umfrage/gefangene-und-verwahrte-in-justiz-vollzugsanstalten-nach-bundeslaendern/.

51 Bundeskriminalamt, 2019.

52 參　見：ADBs für NRW/Antidiskriminierungsbüro Köln: »Menschen wie DU neigen zu Straftaten. (Rassistische) Diskriminierung bei der Polizei: Ursachen, Folgen und Möglichkeiten der Intervention« (2017). // Biplab Basu: »Die Lüge von der Neutralität. Überlegungen zu Rassismus in Polizei, Justiz und Politik«. In: Kampagne für Opfer rassistischer Polizeigewalt (Hg.): Alltäglicher Ausnahmezustand. Institutioneller Rassismus in deutschen Strafverfolgungsbehörden, Münster 2016, S. 85–101. // Bundesregierung der Bundesrepublik Deutschland: »Schlussfolgerungen aus der neuen Rechtsprechung zu verdachtsunabhängigen Personenkontrollen durch die Bundespolizei. Antwort der Bundesregierung auf die Kleine Anfrage der Abgeordneten Ulla Jelpke, Dr. André Hahn, Gökay Akbulut, weiterer Abgeordneter und der Fraktion DIE LINKE«. Drucksache 19/1941. Deutscher Bundestag, 19. Wahlperiode. Berlin 2018 (Drucksache 19/2151) // Hendrik Cremer: »›Racial Profiling‹ – Menschenrechtswidrige Personenkontrollen nach § 22 Abs. 1a Bundespolizeigesetz. Empfehlungen an den Gesetzgeber, Gerichte und Polizei«. Deutsches Institut für Menschenrechte 2013. // Serena Dankwa et al.: »Profiling und Rassismus im Kontext von Sexarbeit«. In: M. Wa Baile et al. (Hg.): Racial Profiling. Struktureller Rassismus und antirassistischer Widerstand. Münster 2019, S. 155–171. // Fatima El-Tayeb; Vanessa E . Thompson (2019): »Racial Profiling als Verbindung zwischen alltäglichem Rassismus, staatlicher Gewalt und kolonialrassistischen Traditionen. Ein Gespräch über Racial Profiling und intersektionale Befreiungsprojekte in Europa«. In: ebd, S. 311– // Joanna

James; Vanessa E. Thompson: »Racial Profiling, Institutio-neller Rassismus und Widerstände«. In: Handbuch des Informations- und Dokumentationszentrums für Antirassismusarbeit e.V. (IDA) zu Flucht und Asyl. Düsseldorf 2016, S. 55–59. // Amnesty International: Positionspapier zu Racial/Ethnic Profiling in Deutschland, 2014.

53 僅根據表型進行無端身份檢查違反了《基本法》（Das Grundgesetz，第三條第三款）、《一般平等待遇法》（Dsa Allgemeine Gleichbehandlungsgesetz）以及《歐洲人權公約》（Die Europäische Menschenrechtskonvention）和《國際反種族歧視公約》（Die internationale Anti-Rassismus-Kovention）中規定的禁止種族歧視的規定。

54 最明顯的例子是蒂洛．薩拉辛（Thilo Sarrazin）及其暢銷書《德國自取滅亡》（*Deutschland schafft sich ab*）。

55 Ava DuVernay 的 Netflix 紀錄片《13th》（2016 年）恰如其分地展示了監獄是全球種族主義資本主義體系的一部分。

56 The New York Times Magazine, 17. April 2019: »Is Prison Necessary?« Ruth Wilson Gilmore Might Change Your Mind. Von Rachel Kushner.

57 戴維斯（Angela Davis）和吉爾摩（Ruth Wilson Gilmore）共同創立了組織「Critical Resistance」，這是一個發起國際運動，質疑「監禁及控制人類」的想法，致力於終結監獄的工業化架構。其他具有類似動機的團體如「PARC」，致力於揭露和打擊一切形式的制度化種族主義、性別歧視、殘疾、異性戀主義和階級鬥爭，特別是在監獄內；「Black & Pink」是一個專注於 LGBTQI+ 權利的廢除監獄組織，廣泛致力於廢除監獄。人權聯盟（Human Rights Coalition）是一個在二〇〇一年發起廢除監獄運動的組織，還有加州女性囚犯聯盟（California Coalition for Women Prisoners），這是一個致力於廢除「事先知情同意」（PIC）的草根組織，他們都希望獲得不同形式的正義。

58 Robin F. Shaw: »Angela Y. Davis and the Prison Abolition Movement, Part II«. Contemporary Justice Review, 2009,12, S. 101–104.

59 Unites Nations Office of Drugs and Crime: *Handbook of basic principles and promising practices on Alternatives to Imprisonment*. Criminal Justice Handbook Series, Wien 2007. http://www.unodc.org/pdf/criminal-justice/Handbook-of_Basic-Principles-and-Promising-Practices-on-Alternatives-to-Imprisonment.pdf.

60 The New York Times, 5. April 2019: »If Prisons Don't Work, What Will?« Von Emily Bazelon.

61 Rehzi Malzahn (Hg.): *Strafe und Gefängnis: Theorie, Kritik, Alternativen. Eine Einführung.* Stuttgart 2018.

62 Thomas Galli: *Weggesperrt: Warum Gefängnisse niemandem nützen.* Frankfurt 2020.

63 Vanessa E. Thompson: »›There is no justice, there is just us!‹ Ansätze zu einer postkolonial-feministischen Kritik der Polizei am Beispiel von Racial Profiling«. In: Daniel Loick (Hg.): *Kritik der Polizei.* Frankfurt 2018.

64 https://www.transformativejustice.eu/de/.

65 https://abolitionistfutures.com/. 想了解更多關於廢奴主義的資訊，請見： https://abolitionistfutures.com/full-reading-list.

66 Allegra M. McLeod: »Prison Abolition and Grounded Justice«. UCLA Law Review, 2015, 62 (5), S. 1156–1239.

67 同上，S. 1162.

68 Reuters.com, 11. Oktober 2019: »California bans private prisons and immigration detention centers«. Von Steve Gorman.

69 同上。

70 同上。

71 https://www.prisonstudies.org/highest-to-lowest/prison-population-total?field-region-taxonomy-tid=All.

72 http://www.kriminalomsorgen.no/index.php?cat=265199.

73 Lawrence W Sherman; Heather Strang: *Restorative Justice: The Evidence.* Philadelphia 2007.

74 參見注釋 48.

75 https://gefaengnisseelsorge.net/manifest.

七、在工作中

1 如同柯萊特‧吉勞明在第二章〈在家中〉中的注釋 2。

2 Lorenz Diefenbach: *Arbeit macht frei: Erzählung von Lorenz Diefenbach.* Bremen 1873. Vorabdruck in der Wiener Zeitung *Die Presse* 225–263, 17. August bis 24. September 1872.

3 Jonah Goldberg: »Arbeit Macht Frei«. National Review, 22. Juni 2010.

4 J. Finch; D. Groves: *Labour of Love: Women, Work and Caring.* London 1983.

5 Stephanie Jones-Rogers: *They Were Her Property: White Women as Slave Owners in the American South*. New Haven 2019.

6 https://www.bls.gov/cps/cpsaat39.htm.

7 Gail Pheterson: *The Whore Stigma: Female Dishonor and Male Unworthiness*. Social Text, No. 37, A Special Section Edited by Anne McClintock Explores the Sex Trade. Durham 1993, S. 39. 由本書作者翻譯。

8 Silvia Federici: *Revolution at Point Zero. Housework, Reproduction, and Feminist Struggle*. Oakland 2012.

9 Gayatri Chakravorty Spivak: »Can the Subaltern Speak?«. In: Cary Nelson/ Lawrence Grossberg (Hg.): *Marxism and the Interpretation of Culture*, Urbana/ Chicago 1988, S. 271–313.

10 R. S. Rajan: »The prostitution question(s). (Female) Agency, sexuality and work«. In: Trafficking, sex work, prostitution, Reproduction 2, 1999. 引用自 Helen Ward: *Marxismus versus Moralismus*. Journal »Permanent Revolution«, Nr. 3 (2007) http://www.trend.infopartisan.net/trd7807/15-21%20 Prostitution.pdf.

11 U. a. Pieke Biermann: »*Wir sind Frauen wie andere auch!*«. *Prostituierte und ihre Kämpfe*. Reinbek 1979. Frédérique Delacoste; Priscilla Alexander (Hg.): *Sex Work. Writings by Women in the Sex Industry*. Pittsburgh 1987.

12 Leider nur auf Französisch: http://www.nouvellesecoutes.fr/podcasts/intime-politique/.

13 Alison Phipps: *Me, Not You: The Trouble with Mainstream Feminism*. Manchester 2020.

14 John Philip Jenkins: »Prostitution«. In: *Encyclopædia Britannica*, https://www. britannica.com/topic/prostitution. 由本書作者翻譯。

15 Helen Ward: *Marxismus versus Moralismus*, a. a. O.

16 在十二至十九歲之間的女學生當中，有三分之一曾經歷過某種形式的蕩婦羞辱。

American Association of University Women: *Crossing the Line: Sexual Harassment at School*. Washington, DC 2011.

17 Virginie Despentes: *King Kong Theorie*, a. a. O., S. 72.

18 Helen Ward: *Marxismus versus Moralismus*, a. a. O.

19 Friedrich Engels, *Der Ursprung der Familie, des Privateigentums und des Staates*, Kapitel II, Die Familie. 引用自：同上。

20 Elisabeth A. Lloyd: *The Case of the Female Orgasm, Bias in the Science of Evolution.* Cambridge 2006.

21 Mithu Sanyal: *Vergewaltigung.* Hamburg 2020.

22 在關於性工作者移民原因的各種案例研究中表明，他們當中的許多人應被看作是能夠自力更生的社會積極參與者，因為他們在很大程度上知道自己將在目的地國從事哪種行業。
參 見：Susanne Thorbek; Bandana Pattanaik (Hg.): *Transnational Prostitution. Changing Patterns in a Global Context.* London 2002. Agnieszka Zimowska: »Gehandelt. Zu Machtverhältnissen in der ost-westeuropäischen sexuellen Ökonomie im Kontext feminisierter Migration«. In: Michaela Fenske; Tatjana Eggeling (Hg.): *Geschlecht und Ökonomie. Beträge der 10. Arbeitstagung der Kommission für Frauen- und Geschlechterforschung der Deutschen Gesellschaft für Volkskunde Göttingen 2004* (Beiträge zur Volkskunde in Niedersachsen, Bd. 21). Göttingen 2005, S. 155–171. Nick Mai: *Migrant Workers in the UK Sex Industry. First Findings.* London 2009.

23 Molly Smith; Juno Mac: *Revolting Prostitutes: The Fight for Sex Workers' Rights.* London 2018.

24 Interview in Cabiria, Lyon, 2011.

25 S. Dewey; P. Kelly; M. Goodyear; R. Weitzer: »International trends in the control of sexual services«. In: S. Dewey; P. Kelly (Hg.): *Policing pleasure: sex work, policy and the state in global perspective.* New York 2011, S. 16–30.

26 A. Krüsi; K. Pacey; L. Bird et al.: »Criminalisation of clients: reproducing vulnerabilities for violence and poor health among street-based sex workers in Canada-a qualitative study«. BMJ Open 2014; 4:e005191. E. Argento; S. Goldenberg; M. Braschel; S. Machat; S. A. Strathdee; K. Shannon: »The impact of end-demand legislation on sex workers' access to health and sex worker-led services: A community-based prospective cohort study in Canada«. PLoS ONE 2020, 15(4): e0225783.

27 H. Lebail et al.: »›Ending demand‹ in France: The impact of the criminali-sation of sexworkers' clients on sexworkers' health, security and exposure to HIV«. IAC 2018, Abstract THAD0105. https://www.medecinsdumonde.org/fr/actualites/france/2018/04/12/travail-du-sexe-la-loi-qui-met-en-danger.

28 A. Bebel, *Woman under socialism,* 1971. 引用自 Helen Ward: *Marxismus versus Moralismus,* a. a. O.

29 https://www.medpagetoday.com/meetingcoverage/iac/74257. 由本書作者翻譯。

30 Karl Marx, *Ökonomische und philosophische Manuskripte*, 1844.

31 Virginie Despentes, im Podcast »Les Couilles sur la table«, https://www.binge. audio/podcast/les-couilles-sur-la-table/virginie-despentes-meuf-king- kong.

32 Sonagachi Project: *Sex workers' manifesto*. Calcutta 1997, www.bays-wan.org/ manifest.html.

33 Michèle Lamont: *The Dignity of Working Men: Morality and the Boundaries of Race, Class, and Immigration*. Cambridge 2002.

34 The Guardian, 19. Januar 2018: »Post-work: the radical idea of a world without jobs«. Von Andy Beckett.

35 引 用 自 The Atlantic, Juli/August 2015 Ausgabe: »A World Without Work«. Von Derek Thompson.

36 Emma Duncan: »Review: Bullshit Jobs: A Theory by David Graeber quit now, your job is pointless«. The Times, 5. Mai 2018.

37 參見注釋 34.

38 Project Syndicate, 19. Februar 2013: »The Rise of the Robots«. Von Robert Skidelsky.

39 The Atlantic, Juli/August 2015 Ausgabe: »A World Without Work«. Von Derek Thompson.

八、在醫院

1 Barbara Ehrenreich; Deidre English: *Witches, Midwives, and Nurses: A History of Women Healers*. New York 2010. 引用自 Mona Chollet: *Sorcières*, a. a. O., S. 73.

2 *Crip Camp*. Netflix Documentary 2020.

3 英國人類學家弗朗西斯·高爾頓早在一八六九年就創造了這個詞,其意為「人類的進步」。直到第二次世界大戰之前,優生學都建立在科學種族主義的基礎上。它基本上是藉由消除那些被認為低等的人,以提高歐洲白人種族的遺傳品質。我將在第十章〈在女性的身體裡〉中詳細探討這個話題。

4 Ruth Graham: »How Down Syndrome Is Redefining the Abortion Debate«. Slate Magazine, 31. Mai 2018. C. Mansfield; S. Hopfer; T. M. Marteau: »Termination rates after prenatal diagnosis of Down syndrome, spina bifida, an-

encephaly, and Turner and Klinefelter syndromes: a systematic literature review. European Concerted Action: DADA (Decision-making After the Diagnosis of a fetal Abnormality)«. Prenatal Diagnosis, Sept. 1999, 19 (9): S. 808–812.

5 Mona Chollet: *Sorcières*, a. a. O., S. 201.

6 Barbara Ehrenreich; Deidre English: *Complaints and Disorders: The Sexual Politics of Sickness*. New York 2011.

7 Isaac Baker Brown: *On the Curability of Certain Forms of Insanity, Epilepsy, Catalepsy and Hysteria in Females*. London 1866.

8 Isaac Baker Brown: *On Surgical Diseases of Women*. ORT 1861. 引用自 https://theconversation.com/the-rise-and-fall-of-fgm-in-victorian-london-38327.

9 WHO: *ICD-10*, Kapitel V, klinisch-diagnostische Leitlinien, Genf 1992.

10 Michael Beattie; Penny Lenihan: *Counselling Skills for Working with Gender Diversity and Identity*. London 2018, S. 83.

11 Carol S. North: »The Classification of Hysteria and Related Disorders: Historical and Phenomenological Considerations«. Behavioral Sciences, 6. November 2015, 5 (4), S. 496–517.

12 Helen King: »Once upon a text: Hysteria from Hippocrates«. In: Sander L. Gilman; Helen King; Roy Porter; G. S. Rousseau; Elaine Showalter (Hg.): *Hysteria Beyond Freud*. Berkeley 1993.

13 Rachel P. Maines: *The Technology of Orgasm: »Hysteria«, the Vibrator, and Women's Sexual Satisfaction*. Baltimore 1999, S. 23.

14 Soraya Chemaly: *Speak out. Die Kraft weiblicher Wut*. Berlin 2020, S. 14–16.

15 R. Puhl; K. D. Brownell: »Confronting and coping with weight stigma: An investigation of overweight and individuals with obesity«. Obesity, 2006, 14, S. 1802–1815.

16 The Guardian, 12. Juni 2020: »›Long overdue‹: lawmakers declare racism a public health emergency«. Von Maanvi Singh.

17 Shawn O. Utsey; Pia M. Stanard; Norman Giesbrecht: »Cultural, sociofamilial, and psychological resources that inhibit psychological distress in African Americans exposed to stressful life events and race-related stress«. Journal of Counceling Psychology, 2008, No. 55, S. 49–62.

18 參考影片：*The roles of gaslighting and narcissism in racism*, Ramani Durvasula. https://www.youtube.com/watch?v=4aZKNck6LDE.

19 E. di Giacomo; M. Krausz; F. Colmegna; F. Aspesi; M. Clerici: »Estimating the Risk of Attempted Suicide Among Sexual Minority Youths: A Systematic Review and Meta-analysis«. JAMA Pediatr. 2018, 172(12), S. 1145–1152.

20 APM Research Lab, 24. Juni 2020, https://www.apmresearchlab.org/covid/deaths-by-race.

21 The Intensive Care National Audit and Research Centre, 2020, https://www.icnarc.org/Our-Audit/Audits/Cmp/Reports.

22 Robert-Koch-Institut: »Armut und Gesundheit«. GBE kompakt 5/2010.

23 Umweltbundesamt, Deutschland, 2020, https://www.umweltbundesamt.de/themen/gesundheit/umwelteinfluesse-auf-den-menschen/umweltgerech tigkeit-umwelt-gesundheit-soziale-lage#umweltgerechtigkeit-umwelt-gesundheit-und-soziale-lage.

24 Studie von Stephan Heblich, Alex Trew und Yanos Zylberberg für das Spa tial Economics Research Centre, 2016, http://www.spatialeconomics.ac.uk/textonly/SERC/publications/download/sercdp0208.pdf.

25 European Center for Constitutional and Human Rights. Case Information: Demand for state oversight of pesticide exports. 18. Oktober 2016. 參見：https://www.ecchr.eu/fileadmin/Fallbeschreibungen/CaseReport_ Bayer_Nativo_India_Germany_20161019.pdf.

26 S. Trawalter; K. M. Hoffman; A. Waytz: »Racial Bias in Perceptions of Others' Pain«, a. a. O. M. Forgiarini; M. Gallucci; A. Maravita: »Racism and the empathy for pain on our skin«, a. a. O.

27 Martin Winckler: *Les Brutes en Blanc: La maltraitance médicale en France.* Paris 2016.

28 Anhörung von Catherine Vidal bei der Französischen Assemblée Nationale am 12. Juli 2016: http://www.assemblee-nationale.fr/14/cr-delf/15-16/c1516033.asp.

29 Mona Chollet : *Sorcières*, a. a. O., S. 203.

30 The New York Times, 11. Januar 2018: »For Serena Williams, Childbirth Was a Harrowing Ordeal. She's Not Alone«. Von Maya Salam.

31 Center for Disease Control and Prevention, Pressemitteilung vom 5. September 2019: Racial and Ethnic Disparities Continue in Pregnancy-Related Deaths. 參見：https://www.cdc.gov/media/releases/2019/p0905-racial-ethnic-

disparities-pregnancy-deaths.html .

32 France Info TV, 7. Juni 2018: »Racisme, homophobie, grossophobie... Après la mort de Naomi Musenga, des associations lancent un questionnaire sur les discriminations dans le monde médical«. Von Lison Verriez.

33 Marie Claire, »Le calvaire de la petite Noélanie mal prise en charge par le samu«. 參見：https://www.marieclaire.fr/samumort-sante,1264055. asp .

34 Spiegel Online, 26. April 2020: »Der ungeklärte Tod des William Tonou-Mbobda«. Von Jean-Pierre Ziegler.

35 C. S. Cleeland; R. Gonin; A. K. Hatfield; J. H. Edmonson; R. H. Blum; J. A. Stewart; K. J. Pandya: »Pain and its treatment in outpatients with metastatic cancer«. New England Journal of Medicine, 1994, 330(9), S. 592– 596.

36 J. H. Tamayo-Sarver; S. W. Hinze; R. K. Cydulka; D. W. Baker: »Racial and ethnic disparities in emergency department analgesic prescription«. Am J Public Health, 2003, 93(12), S. 2067–2073.

37 R. Bernabei; G. Gambassi; K. Lapane et al.: »Management of pain in elderly patients with cancer. SAGE Study Group. Systematic Assessment of Geriatric Drug Use via Epidemiology« JAMA, 1998, 279(23), S. 1877–1882 [published correction appears in JAMA 1999 Jan 13; 281(2):136].

38 M. A. Hostetler; P. Auinger; P. G. Szilagyi: »Parenteral analgesic and sedative use among ED patients in the United States: combined results from the National Hospital Ambulatory Medical Care Survey (NHAMCS) 1992–1997« Am J Emerg Med, 2002, 20(2), S. 83–87 [published correction appears in Am J Emerg Med 2002 Sep; 20(5): 496].

39 S. Trawalter; K. M. Hoffman; A. Waytz: »Correction: Racial Bias in Perceptions of Others' Pain«. PLOS ONE 2016, 11(3): e0152334.

40 M. J. Pletcher; S. G. Kertesz; M. A. Kohn; R. Gonzales: »Trends in Opioid Prescribing by Race/Ethnicity for Patients Seeking Care in US Emergency Departments«. JAMA, 2008, 299(1), S. 70–78.

41 C. R. Green; S. K. Ndao-Brumblay; B. West; T. Washington: »Differences in prescription opioid analgesic availability: comparing minority and white pharmacies across Michigan«. The Journal of Pain: Official Journal of the American Pain Society, 2005, 6(10), S. 689–699.

42 S. Trawalter; K. M. Hoffman; A. Waytz: »Correction: Racial Bias in Percep- tions

of Others' Pain«, a. a. O.

43 C. R. Green; K. O. Anderson; T. A. Baker; L. C. Campbell; S. Decker et al.: »The unequal burden of pain: Confronting racial and ethnic disparities in pain«. Pain Med, 2003, 4, S. 277–294. V. L. Shavers; A. Bakos; V. B. Sheppard: »Race, ethnicity, and pain among the U. S. adult population«. J Health Care Poor Underserved, 2010, 21, S. 177–220.

九、在街上

1 Angela Davis: *Rassismus und Sexismus. Schwarze Frauen und Klassenkampf in den USA.* Aus dem Amerikanischen von Erika Stöppler. Berlin (West) 1982, S. 165.

2 原文為法文：*Majorité Opprimée.*

3 原文為法文：*Femme de la Rue.*

4 Elsa Dorlin, La Matrice de la Race, Paris 2009.

十、在女性的身體裡

1 bell hooks: *Feminist theory: from margin to center.* Boston 1984, S. 5.由本書作者翻譯。»Unterdrückt zu sein, bedeutet die Abwesenheit von Wahlmöglichkeiten.«

2 Laurie Lisle: *Without Child.* New York 1996.

3 J. M. Allain: »Infanticide as Slave Resistance: Evidence from Barbados, Jamaica, and Saint-Domingue«. Inquiries Journal/Student Pulse, 2014, 6 (04).

4 Maryse Condé : *Moi, Tituba sorcière.* Paris 1986. 由本書作者翻譯。

5 Hans-Peter Körner: »Eugenik«. In: Werner E. Gerabek; Bernhard D. Haage; Gundolf Keil: Wolfgang Wegner (Hg.): *Enzyklopädie Medizingeschichte.* Berlin/ New York 2005, S. 380 f., Zitat S. 380. Siehe auch Francis Galton: »Eugenics, its Definition, Scope, and Aim«. In: ders.: *Sociological Papers*, Band 1, London 1905, S. 45–50.

6 Michel Foucault: *Society Must Be Defended.* London 2004, S. 256.

7 https://www.youtube.com/watch?v=GP79UoP4WY8. 由本書作者翻譯。

8 Herwig Birg: *Auswirkung und Kosten der Zuwanderung nach Deutschland. Gutachten im Auftrag des Bayerischen Staatsministeriums des Innern.* Biele-feld

2001, S. 14.

9 同上，S. 15.

10 Bloomberg, 5. November 2019: »Earth Needs Fewer People to Beat the Cli-mate Crisis, Scientists Say. More than 11,000 experts sign an emergency declaration warning that energy, food and reproduction must change immediately«. Von Eric Roston.

11 Simone M. Caron: »Birth Control and the Black Community in the 1960 s: Genocide or Power Politics?«. Journal of Social History, 1998. 31 (3), S. 545–569.

12 Françoise Vergès: *Le ventre des femmes. Capitalisme, racialisation, feminisme, Albin Michel*. Paris 2017.

十一、壓迫的終結

1 Arundhati Roy: »Not Again«. The Guardian, 30. September 2002. 由本書作者翻譯。»Eine andere Welt ist nicht nur möglich, sie ist auf dem Weg. Vielleicht werden viele von uns nicht hier sein, um sie zu begrüßen, aber an einem ruhigen Tag, wenn ich ganz genau hinhöre, kann ich sie atmen hören.«

2 Micah White: *The End of Protest*. Toronto 2016.

3 Audre Lorde: »The Master's Tools«. In: dies.: *Sister Outsider. Essays and Speeches.* Berkeley 1981. 由本書作者翻譯。

4 Vortrag an der Southern Illinois University, Carbondale, 13. Februar 2014. 由本書作者翻譯。»Wir müssen so tun, als wäre es möglich, die Welt radikal zu verändern. Und wir müssen es die ganze Zeit tun.«

5 Sonya Renee Taylor: *The Body Is Not An Apology: The Power of Radical Self-Love.* San Francisco 2018.

6 Friedrich Nietzsche: *Jenseits von Gut und Böse.* Leipzig 1886.

7 Kimberly Jones, 9. Juni 2020, David Jones Media. https://www.youtube.com/watch?v = llci8MVh8J4. 由本書作者翻譯。

8 bell hooks: *Feminism is for everybody* London 2000, S. 110. 由本書作者翻譯。

9 Karl Marx; Friedrich Engels: *Manifest der Kommunistischen Partei*, 1848, IV (MEW 4), S. 480, http://www.mlwerke.de/me/me04/me04_459.htm

10 Kwame Anthony Appiah: *Der Kosmopolit. Philosophie des Weltbürgertums.* Aus

dem Englischen übersetzt von Michael Bischoff. München 2007, S. 54.

11 Henry Ward Beecher: *Life Thoughts: Gathered From the Extemporaneous Discourses of Henry Ward Beecher.* New York 1858, S. 92. 由本書作者翻譯。»Der Tod ist das Fallenlassen der Blüte, damit die Frucht anschwillt.«

12 Martin Luther King: »Letter from a Birmingham Jail«, 16. April 1963. 權限取得請至：https://www.csuchico.edu/iege/_assets/documents/susi-letter-from-birmingham-jail.pdf.

13 https://www.thymindoman.com/einsteins-misquote-on-the-illusion-of-feeling-separate-from-the-whole/. 由本書作者翻譯。

14 這句話出自記者霍華德（Jane Howard）對鮑德溫的人物刻畫，以《一位黑人作家的講述》（*Telling Talk from a Negro Writer*）這個過時的標題呈現鮑德溫對於生活和藝術的永恆智慧。https://www.brain-pickings.org/2017/05/24/james-baldwin-life-magazine-1963/. 由本書作者翻譯。

15 Thich Nhat Hanh: *Reconciliation: Healing the Inner Child.* Berkeley 2010, S. 59.

16 *Bhagavad Gita,* Übersetzung von Shri Purohit Swami (1882–1941), in Kapitel 6: »Self-Control«. London 2001.

17 參見：https://www.blakeauden.com/poetry. 由本書作者翻譯。»Ich habe so viele Teile meines Herzens an die Stille verloren. An diese kostbaren Sekunden, in denen ich etwas hätte sagen müssen, es aber nicht tat.«

18 引用自 Grada Kilomba: *Plantation Memories: Episodes of Everyday Racism.* München 2. Aufl. 2010. S. 22. Die Sätze wurden inspiriert von Grada Kilomba.

19 參見第五章〈在媒體〉

20 Robin DiAngelo: *White Fragility.* Boston 2018.

21 ARD-Dokumentation *The Silence of the Quandts,* https://www.youtube.com/watch?v=FpQpgd_EeWY.

22 Brené Brown: *Dearing Greatly, How the Courage to be Vulnerable Transforms the Way We Live, Love, Parent, and Lead.* New York 2015, S. 71.

23 Raquel Willis: : »Where Astrology and Social Justice Meet«: Q&A mit Chani Nicholas, 8. November 2018. Rewire News Group. 由本書作者翻譯。

24 Frantz Fanon: *Black Skin, White Masks.* London 1952. S. 226. 由本書作者翻譯。

25 rupi kaur: *milk and honey/milch und honig.* München 2017.

26 Coates, Ta-Nehisi: *Zwischen mir und der Welt.* Aus dem Englischen von Miriam Mandelkow. Berlin 2016, S. 17.

27 Ramani Durvasula: »*Don't You Know Who I Am?*«: *How to Stay Sane in an Era of Narcissism, Entitlement, and Incivility*. New York/Nashville 2019.

28 James Baldwin: »I am not your Negro«. https://www.tvo.org/transcript/131095X/i-am-not-your-negro. 由本書作者翻譯。

29 Audre Lorde: »A Litany for Survival« (1978). In: dies.: *The Collected Poems of Audre Lorde*. New York 2000. 由本書作者翻譯。

30 Nikita Gill: *Wild Embers: Poems of rebellion, fire and beauty*. London 2017, S. 25.

31 Audre Lorde: *Sister Outsider: Essays and Speeches*. Berkeley 1981. 由本書作者翻譯。S. 115.

32 Audre Lorde: »Lichtblick«, in: dies.: *Auf Leben und Tod. Krebstagebuch*. Aus dem Amerikanischen von Renate Stendhal und Margarete Längsfeld. Berlin 1994, S. 153.

33 bell hooks: *Sisters of the Yam: Black Women and Self-Recovery*. New York 2015, S. 114. 由本書作者翻譯。

34 在此翻譯中，甘地的名言眾所周知，與原文略有不同：»If we could change ourselves, the tendencies in the world would also change. As a man changes his own nature, so does the attitude of the world change towards him.« 1964, The Collected Works of Mahatma Gandhi, Volume XII, April 1913 to December 1914, Chapter: General Knowledge About Health XXXII: Accidents Snake-Bite, (From Gujarati, Indian Opinion, 9–8–1913), Start Page 156, Quote Page 158, The Publications Division, Ministry of Information and Broadcasting, Government of India. (Collected Works of Mahatma Gandhi at gandhiheritageportal.org

35 Martin Luther King: *The Strength to Love*, New York 1963, S. 13. 由本書作者翻譯。

36 bell hooks: *Salvation: Black People and Love*. New York 2001.

37 同上，由本書作者翻譯。

38 bell hooks: *Outlaw Culture*. New York 1994. 由本書作者翻譯。

39 Nikita Gill: *Wild Embers*, a. a. O., S. 37.

Diverge 006

終結壓迫：
從日常生活到特定場域，覺察你我無意識的內化歧視
Why We Matter: Das Ende der Unterdrückung

作　　者　艾蜜莉亞・羅伊格（Emilia Roig）
譯　　者　陳冠宇

堡壘文化有限公司
總 編 輯　簡欣彥
副總編輯　簡伯儒
責任編輯　張詠翔
行銷企劃　曾羽彤
封面設計　IAT-HUÂN TIUNN
內頁排版　家思排版工作室
文字校對　魏秋稠

出　　版　堡壘文化有限公司
發　　行　遠足文化事業股份有限公司（讀書共和國出版集團）
地　　址　231新北市新店區民權路108-3號8樓
電　　話　02-22181417
Email　　service@bookrep.com.tw
郵撥帳號　19504465 遠足文化事業股份有限公司
客服專線　0800-221-029
網　　址　http://www.bookrep.com.tw
法律顧問　華洋法律事務所　蘇文生律師
印　　製　呈靖彩印有限公司
初版1刷　2023年10月
定　　價　480元

© Aufbau Verlage GmbH & Co. KG, Berlin 2021

國家圖書館出版品預行編目（CIP）資料

終結壓迫：從日常生活到特定場域，覺察你我無意識的內化歧視 /
艾蜜莉亞・羅伊格（Emilia Roig）作；陳冠宇譯. -- 初版. -- 新北市：
堡壘文化有限公司出版：遠足文化事業股份有限公司發行, 2023.10
　面；　公分. --（Diverge；6）
譯自：Why we matter : Das Ende der Unterdrückung.
ISBN 978-626-7375-04-4（平裝）

1. CST: 種族主義　2. CST: 性別歧視

546.54　　　　　　　　　　　　　　　　　　112014277